Jutta Rebmann

Fürstinnen aus Italien im Hause Württemberg

Jutta Rebmann

Fürstinnen aus Italien im Hause Württemberg

Stieglitz Verlag
D-75417 Mühlacker
A-8952 Irdning/Steiermark

Gestaltung des Umschlags: Volker Riedel, Knittlingen
Titelbild: Barbara Gonzaga genannt „la bellissima“
Gemälde von Mantegna, Palazzo Ducale Mantua

Bibliografische Information der Deutschen Bibliothek
Die Deutsche Bibliothek verzeichnet diese Publikation
in der Deutschen Nationalbibliografie;
detaillierte bibliografische Daten sind im Internet
über http://dnb.ddb.de abrufbar.

ISBN 3-7987-0381-7

D-75417 Mühlacker
A-8952 Irdning / Steiermark
2005

Druck: Karl Elser Druck GmbH, Mühlacker

Antonia Visconti, Gräfin von Württemberg

Mailand 1380.

Die Nacht war warm und sternenklar. Beatrice Visconti stand am Fenster ihres Schlafgemachs im Broleto Vecchio und atmete die kühle Luft des heraufziehenden Morgens in tiefen Zügen ein. Sie liebte diese Stunde zwischen Nacht und Morgen und sehnte doch den Augenblick herbei, in dem die Stadt, aus der Ruhe erwachend, zur gewohnten Betriebsamkeit finden würde. Die Dunkelheit mit ihrer Stille und ihrem Frieden hatte viel Raum für Nachdenken und Besinnung. Fast zu viel. Manchmal spürte sie die Schatten der Vergangenheit wie bleierne Ringe auf sich lasten. Dann kamen die Erinnerungen an Ereignisse, die sonst der Tag mit seinen Anforderungen in den Hintergrund drängte.

Mailand war reich, unermesslich reich. Die Stadt lebte in einem Wohlstand, den sie ihrer günstigen Lage an den Fernhandelsstraßen verdankte. Eingebettet in die Flussebene des Po und doch eine Tagesreise vom Strom entfernt, war Mailand seit der Antike Wegmarke und Haltepunkt nach der Überquerung der Alpenpässe. Hier kreuzten sich die großen Handelsstraßen. Am Ende des 13. Jahrhunderts wies die Stadt mehr als 150 Gasthöfe und an die tausend Wirtshäuser auf. Dort fanden Kaufleute, Handelsherren, durchreisende Diplomaten und Priester Unterkunft und Verpflegung. Handwerker, Geldwechsler und Wagenführer hatten ein gutes Auskommen, Banken entstanden, Handel und Wandel blühten. Die Frauen des Ortsadels kleideten sich nach der neuesten Mode. Eine Festlichkeit folgte der anderen. Das fruchtbare Land der Poebene versorgte die Märkte in der Stadt mit Obst und Gemüse, die Bauern lieferten Rind- und Schweinefleisch, eine berühmt gute Salami und würzigen Käse, der Adel speiste Kapaune und in Gold und Silber getauchte Gerichte, die die Küche Mailands berühmt machten. Mit 90.000 Einwohnern war die Stadt nach Venedig eine der großen Metropolen Italiens.

Aber der Reichtum hatte auch seine Schattenseiten: Die Raubüberfälle häuften sich jetzt sogar schon am helllichten Tag. Eifersucht und Neid waren Anlass für blutige Fehden und Mordanschläge, Intrigen um Macht und Geld an der Tagesordnung. Daraus bestanden auch die Kämpfe, in denen die Familie Visconti schließlich alle anderen Adels-Familien besiegt hatte. Machtbewusst, listenreich, grausam bis zur Brutalität.

Aus dem Dunkel der Geschichte aufgetaucht war die Familie, so wusste es die Legende, als Papst Gregor der Große die Geschicke der Kirche lenkte und der Langobardenkönig Desiderius regierte. Das war um das Jahr 600 nach Christi. 400 Jahre später gehörten die Visconti dem Ortsadel an und erlangten nur wenig später den Mailänder Grafentitel. Immer auf Seiten der Staufer, riss der Tod Kaiser Friedrichs II. im Jahre 1250 die Visconti hinein in den Strudel des daraus entstehenden Machtvakuums. Aber die vitale Familie erholte sich schnell. Bereits zwölf Jahre später wurde Ottone Visconti zum Erzbischof seiner Heimatstadt ernannt. Damit setzte sich zum ersten Male ein Visconti gegen die bisherigen Herren der Stadt, die Familie della Torre durch. Ein politisches Meisterstück, über das sich Napoleone della Torre, erst beruhigen konnte, als der Visconti-Kirchenfürst als Exilant einen Palast am Lago Maggiore beziehen musste. Ein letztes Mal hatten die Visconti sich fügen müssen.

In Como, inmitten der herrlichsten Landschaft, entwickelte Erzbischof Ottone einen ebenso grausamen wie genialen Plan, seiner Familie die Macht in Mailand zu sichern. Fünfzehn Jahre nach seiner Wahl zum Erzbischof überfiel Ottone Visconti mit einer Streitmacht die ahnungslose und unbewaffnete Familie della Torre bei einem Aufenthalt in der Stadt Desio, rund fünfzehn

Kilometer von Mailand entfernt. Dem ungleichen Gemetzel fielen fast alle Angehörigen der Familie della Torre mitsamt ihren Getreuen zum Opfer. Die wenigen Überlebenden, darunter der Anführer Napoleone, wurden gefangen genommen und in Holzkäfigen in Mailand zur Schau gestellt. Der frühere Beherrscher der Stadt konnte die Schande und die seiner Familie angetane Schmach nicht ertragen. Er starb neunzehn Monate später – von den Mailändern bereits vergessen – im Kerker.

Ottone hatte sein Ziel erreicht: Er ließ sich als Erzbischof einsetzen und als Herrscher huldigen. Der Kirchenfürst, schon weit über sechzig, legte mit seiner klugen Politik den Grundstein für die weitere gute Entwicklung der Stadt. Innerhalb weniger Jahrzehnte wurde Mailand neben Venedig zur zweiten Großmacht in der Poebene. Nachdem Ottone die Macht errungen hatte, wurde ihm das Amt bald zu beschwerlich. Er setzte seinen Neffen Matteo als Nachfolger ein und zog sich in seinen Palast beim südlich Mailands gelegenen Zisterzienserkloster Chiaravalle zurück. Hier starb er 1295 hochgeachtet und geehrt mit 88 Jahren. Mit kluger Hand und für einen Herrscher seiner Zeit ungewöhnlich gewaltfrei, verließ sich Matteo Visconti beim Erreichen seiner Ziele mehr auf sein diplomatisches Geschick als auf Waffen. So selbstverständlich war die Stellung der Visconti geworden, dass der deutsche König Adolf von Nassau Matteo zum Reichsvikar ernannte. Ein Rang, um den ihn nicht nur seine Gegner beneideten. Mit diplomatischer Unauffälligkeit verschaffte er seinen Söhnen Schlüsselpositionen in Verwaltung und Gesellschaft, überschrieb ihnen Ländereien und anderen städtischen Besitz. Bald wehte die Fahne mit dem Wappen der Visconti neben dem Reichsadler auf den Verwaltungsgebäuden Mailands. Für kurze Zeit wurde auch Matteo von Anhängern der welfischen Partei ins Exil nach Verona geschickt. Aber bald schon konnte er mit Hilfe Kaiser Heinrichs VII. zurückkehren. Ein weiser Herrscher, der mit Klugheit und

Geschick die auseinander strebenden Parteien in der Stadt zusammenhielt und fast ganz Norditalien unter seinen Einfluss brachte, immer die Zukunft seiner fünf Söhne im Blick.

Als Papst Johannes XXII., dem die Machtfülle der Visconti in Mailand unheimlich zu werden begann, Matteo und seinem Sohn Galeazzo Geisterbeschwörung und Zauberei vorwarf und beide in einen langwierigen Kirchenprozess verwickelte, gab Matteo klug nach. Er ließ den Papst siegen und trat zurück. Herrscher wurde an seiner Stelle sein Sohn Galeazzo. Damit hatte der Heilige Vater in Rom seinen Willen durchgesetzt, aber dennoch verloren. Der Visconti-Sprössling war aus anderem Holz geschnitzt als sein vorsichtiger Vater. Geboren in jener Nacht, als sein Großonkel Ottone die Herrschaft der della Torre bei Desio niederrang, hatte er den Willen zur Macht im Blut. Er habe gekräht wie ein Hahn, als er das Licht der Welt erblickte, erzählte seine Mutter. Bereits kurz nachdem Galeazzo seinen Platz an der Spitze der Stadt eingenommen hatte, dehnte Mailand seinen Herrschaftsbereich über Como, Bergamo, Piacenca, Tortona, Alessandria und Pavia hinaus aus. Galeazzos Ehe mit Beatrice d'Este war die erste Verbindung der norditalienischen Aufsteiger mit einer der großen Familien Italiens. Mit dieser Heirat manifestierten die Visconti ihren Anspruch, zu den ersten Familien des Landes zu gehören. Obwohl die Hochzeit noch nicht im Entferntesten an den Glanz und den Luxus kommender Familienfestlichkeiten heranreichte.

Auf Galeazzo I. folgte sein Sohn Azzone. In ihm paarten sich Charme und Eleganz mit angeborener Liebenswürdigkeit. Blond und blauäugig war er von Mailand und den Mailändern genauso hingerissen wie sie von ihrem neuen Landesherrn. Er kümmerte sich um alles, die Liste seiner Tugenden ist lang und eindrucksvoll: Er konnte zuhören, ließ sich etwas sagen, war bereit auf andere einzugehen. Was ihn nicht hinderte, nach alter Familientradition zwei seiner Onkel umbringen zu lassen. Für Mailand aber war er immer da, er kümmerte sich um alles. Azzone legte den Grundstein für die architektonische Schönheit der Stadt. Mit Architekten und Künstlern entwarf er ein ausgeklügeltes Netz von Straßen, Brücken und Kanälen, ließ Mauern erneuern und entwickelte ein Abwassersystem, um das die Stadt von vielen ihrer Nachbarn beneidet wurde. Liebevoll verwandelte er den zuletzt von seinem Großvater Matteo umgebauten Broleto Vecchio in eine moderne Residenz. Azzone ließ die Palastkapelle San Gottardo mit dem charakteristischen achteckigen Turm errichten, die kein Geringerer als Giotto ausmalte. Als der jugendliche Herrscher mit nur 37 Jahren an der Gicht starb, folgte ganz Mailand dem Trauerzug. Aufrichtig beweinten die Bürger ihren schönen jungen Herrscher. Der Pisaner Giovanni di Balduccio schuf sein Grabmal in San Gottardo: Da liegt er, in ewiger Jugend in vollendeter Schönheit hingestreckt. Giovanni di Balduccio hat auch einen der stolzesten Tage im Leben Azzones für die Nachwelt in einem Relief festgehalten: Den Tag, als Kaiser Ludwig der Bayer den Visconti-Herrscher als Reichsvikar in Mailand einsetzte.

Nachfolger des so früh Dahingegangenen wurden seine beiden überlebenden Onkel: Lucchino und Erzbischof Giovanni, der die kluge Familien- und Bündnispolitik seiner Vorgänger fortsetzte. Seinen Neffen Galeazzo II. verheiratete er mit Bianca, der Schwester Herzog Amadeus VI. von Savoyen. Ein kluger Schachzug, denn die Familie der Braut herrschte über den italienischen Piemont und das französische Savoyen und beherrschte damit die für Mailand lebenswichtige Handelsstraße nach Frankreich. Nach dem Tode des Erzbischofs teilten sich Galeazzo und sein Bruder Bernabo die Macht. Weitreichende politische Entscheidungen trafen sie gemeinsam, ansonsten hüteten sie sich, einander in die Quere zu kommen.

Die Dynastie der Visconti kontrollierte die meisten norditalienischen Städte, eifersüchtig beäugt von Venedig, der anderen, alles beherrschenden Macht. Verträge und Abkommen sicherten die Einflussnahme in der Toskana, in Umbrien und den Marken. Galeazzo überließ Mailand dem Bruder. Er schuf sich einen Palast bei Pavia der die größten Schlösser Europas an Glanz und Größe übertraf. Hierher kamen Schriftsteller und Künstler, die von Gärtnern und Architekten geschaffenen Gartenanlagen atmeten den Geist der Frührenaissance. Ein von Menschen geschaffenes Paradies, beherrscht von einem Tyrannen und Despoten, der enormen Stimmungsschwankungen unterworfen war. Von einer Sekunde zur anderen konnte der Gründer der Universität Pavia, der großzügige Mäzen und Zuhörer ein brutaler Mörder und verschlagener Politiker werden. Wie hatte Bianca Visconti gelitten, als ihr Vater Amadeus gemeinsame Sache mit dem Papst machte und in den Machtbereich der Visconti eindrang, Städte und Dörfer verwüstete, der Mann gegen den Vater. Schließlich hatte Galeazzo einen Sonderfrieden geschlossen mit der Bedingung, dass die savoyische Allianz niemals seinen Bruder Bernabo unterstützen dürfe. Der schäumte darüber vor Wut, überlegte, wie er die Schwägerin am besten aus dem Wege räumen könne. Galeazzo II. liebte seine Familie über alles. Seinen einzigen Sohn Gian Galeazzo verheiratete er mit Isabelle von Valois, einer Tochter Johanns II. von Frankreich. Töchterchen Violante heiratete Lionel, Herzog von Clarence, und wurde als Frau des zweiten Sohnes Edwards III. Schwiegertochter des englischen Königs. Eine Hochzeit, die Galeazzo II. immerhin 200.000 Goldflorin kostete, aber die Aufwertung der Familie war ein Vielfaches der eingesetzten Summe wert.

Beide Heiratsverträge hatte der berühmte Dichter Francesco Petrarca ausgearbeitet und formuliert. Acht Jahre hatte er an den Höfen der Visconti gelebt, war ihr Botschafter am Hofe Karls IV. in Prag gewesen, ihr Ratgeber und Höfling. Dichter, Künstler und Gelehrte waren nach Mailand und Pavia gekommen, hatten mit ihm diskutiert, das Neue seiner Dichtkunst in sich aufgesogen. Die Trauer um Laura de Sade, die die Liebe seines Lebens gewesen war und die zu den ersten Opfern des Schwarzen Todes in Avignon im großen Pestjahr 1348 gehört hatte, ließ ihn nicht zur Ruhe kommen. Beatrice della Scala war gerade drei Jahre mit Bernabo Visconti verheiratet, als Petrarca nach Mailand kam. Ein stiller, vergrämter Nörgler, dessen formvollendete Liebesgedichte alle, die sie hörten, zu Tränen hinrissen. Fast drei Jahrzehnte waren seit damals vergangen, und es kam ihr vor, als sei es gestern gewesen.

Beatrice war fünfzehn gewesen, als Bernabo Visconti ihr auf Wunsch seines Onkels, des Erzbischofs Giovanni einen Heiratsantrag machte. Natürlich hatten die Eltern vorher schon alles vertraglich festgelegt. Aber der Zauber des Augenblicks hatte sie doch ergriffen. Auf einem mächtigen Apfelschimmel saß der Herrscher Mailands, fast zehn Jahre älter als sie, ein Hüne von einem Mann, leutselig winkte er in die jubelnde Menge, die den prächtig gekleideten Bräutigam der Beatrice della Scala in ihrer Stadt willkommen hieß. Ein spöttisches Lächeln hatte um seine Mundwinkel gespielt, als er aus dem Sattel sprang und vor ihr das Knie beugte: „Regina Beatrice – Beatrice meine Königin“.

Versonnen griff sie nach der silbernen Bürste, um ihre Haare zu richten, die jetzt von den ersten silbernen Fäden durchzogen wurden. Damals waren sie ihr, dunkelbraun, von goldfarbenen Bändern durchflochten, fast bis auf ihre Hüften gefallen. Die Erinnerung an die Hochzeit in Verona, die nicht enden wollenden Festlichkeiten, zu denen auch die Bevölkerung eingeladen war, die Weinbrunnen auf den Plätzen – schöne Zeit der unbeschwerten Jugend. Sie sah die illuminierte Etsch, die sich durch die Stadt wand, einer leuchtenden Schlange gleich. Der Schlange der Visconti. Und überall die Leiter, das Wappen der Scaliger. Ohne einen Tag Ruhe waren sie nach Mailand gezogen, die Hochrufe an den Straßen, die Menschen, die staunend ihre prächtigen Kleider anstarrten und den endlosen Zug der Wagen mit dem Hochzeitsgut bewunderten. Feiern und kein Ende, die Mailänder gaben große Feste und intime kleine Bälle in immer wieder anderen Palästen. Es gab nächtliche Kanufahrten auf den durch künstliches Licht in silbernen Glanz getauchten Gewässern am Rande der Stadt.

Mit rotem Samt hatte Bernabo Beatrices Gemächer im Broleto Vecchio ausschlagen lassen. Dabei vernachlässigte er seine Regierungsgeschäfte nicht. Es schien ihm alles zu gelingen, jeder Kampf, den er kämpfte, wurde ein Sieg. Immer stärker und reicher wurden Mailand und seine Verbündeten. Zur Geburt ihres ersten Sohnes ließ Bernabo für seine angebetete Regina Beatrice die Kirche Santa Maria della Scala bauen. Ihr zu Ehren, dem Sohn zum Willkommen. Siebzehn Kinder hatte sie Bernabo seit 1351 geboren, Mädchen und Jungen, die ihren Vater nicht oft zu Gesicht bekommen hatten. Meistens war er auf Kriegszügen. Verschlagen, grausam, gefürchtet und doch ein zärtlicher Familienvater, ein liebevoller Ehemann. Zu Hause in vielen Schlafzimmern, die ihm nicht immer bereitwillig geöffnet wurden. Die Schar der von ihm anerkannten illegitimen Kinder reichte fast an die seiner ehelichen Nachkommen heran. Sie alle wurden von Regina Beatrice großgezogen. Sie überwachte die Erziehung, suchte gute Heiratspartien für die Mädchen, während die Jungen im Kriegsdienst ihr Auskommen fanden. Es war nicht immer leicht gewesen, die Balance zu behalten in dieser friedlichen Familienwelt, die bedroht war von Kriegsstürmen, Krankheiten wie dem mörderischen Schwarzen Tod, der Pest, die auch Mailand heimgesucht hatte. Rasch und unerbittlich wechselten die Koalitionen im politischen Spiel, verloren war derjenige, der nicht mitbekam, wie rasch aus Freunden erbitterte Feinde werden konnten.

Langsam ging Beatrice hinüber in ihr Arbeitszimmer. Auf dem Sekretär lag das Schreiben Elisabeths von Württemberg. Vor drei Jahrzehnten waren sie Schwägerinnen gewesen. Damals hatte die junge Prinzessin aus Bayern die Veroneser zu Beifallsstürmen hingerissen. Die Tochter Kaiser Ludwigs des Bayern war eine wundervolle Braut. Blond und blauäugig, dazu gut erzogen, besonnen und ruhig, hatte sie sich schnell in Verona eingelebt. Geheiratet hatte sie Beatrices Bruder Cangrande, der aber hatte bald nach der Hochzeit sein Junggesellenleben wieder aufgenommen. In jedem Haus in Verona ein angewärmtes Bett – bloß im eigenen Palast blieb das Ehebett kalt – solche Gerüchte hatten bald die Runde in der Stadt gemacht. Beatrice hatte die Schwägerin gemocht, sie hatte sie gerne in ihrer Umgebung. Aber es gab nur wenige Begegnungen. Selten nur war Elisabeth nach Mailand gekommen. Dann hatte sie entzückt die immer neuen, dunkeläugigen und braunlockigen Visconti-Säuglinge in die Arme genommen und sich eines von jeder Sorte ausbedungen als Braut und Bräutigam für den eigenen Nachwuchs, der sich zu ihrem Kummer nicht einstellen wollte. Immer drängender waren die Fragen der Familie geworden – und dann starb Cangrande hingemetzelt vom Bruder Cansignorio auf dem Weg zu einer seiner Geliebten. Bittere Tage für Elisabeth. Nichts war in Verona mehr wie vordem. Der dritte Bruder Albion übernahm die Macht. Elisabeth kehrte nach Bayern zurück.

Auch nach ihrer zweiten Heirat mit Ulrich von Württemberg war der Kontakt zu Beatrice nicht abgerissen. Mit schöner Regelmäßigkeit hatte Elisabeth flügge werdende Visconti-Töchter mit Neffen und Großneffen in München und Landshut vermählt. Nicht zum Schaden des Hauses Wittelsbach, denn Bernabo und Beatrice statteten die Töchter großzügig aus. Diesmal nun bat die Schwägerin von ehedem um die „schönste aller Visconti-Töchter" für ihren einzigen Sohn Eberhard. Bald sei er achtzehn, ein hübscher junger Prinz, gut erzogen, der Erbe des Landes. Beatrice seufzte. Noch eine Tochter auf der anderen Seite der Alpen, noch ein Kind in der Kälte des Nordens. Nachdem Magdalena Herzog Friedrich von Bayern-Landshut versprochen war, blieb Antonia. Merkwürdigerweise hatte sie lange unter dem Tod ihres Bräutigams Friedrich III. von Sizilien gelitten. Obwohl sie ihn doch nie gesehen hatte. Heute noch regte sie sich auf, wenn ihre Geschwister sie neckten, sie könne ja froh sein, Friedrich dem Einfältigen gerade noch entkommen zu sein. Wie hatte sie sich auf Sizilien gefreut, auf Palermo und Catania, die Wärme und die Blütenpracht des Südens. Antonia liebte Blumen und Pflanzen, sie hatte Freude an Literatur, an Musik, an Schmuck und schönen Kleidern. Was würde sie erwarten, dort in Württemberg. Rau wie die Sitten – so auch das Wetter, hatte man ihr erzählt. Wie in Bayern sollten die Winter lang sein, es gab viel Schnee, vereiste Seen, im Frühjahr traten die Flüsse über die Ufer, überschwemmten Städte und Dörfer, rissen das Vieh mit sich fort. Antonia fror so leicht, sie würde warme Decken und Pelze brauchen. Ihr Brautschatz musste erweitert werden, soviel stand fest. Aber wenn die Tochter eines Kaisers dort leben konnte, dann würde das Land, dessen Hauptstadt den für Beatrice unaussprechlichen Namen Stuttgart hatte, auch gut genug für eine Visconti sein. Entschlossen legte Beatrice das Schreiben beiseite. Später, nach dem Unterricht, würde sie mit Antonia sprechen.

Antonia saß in dem kleinen Garten hinter der Kirche San Gottardo mit ihrem achteckigen Turm im Südosten des Broleto Vecchio. Sie liebte die steinerne Bank, auf deren Wangen die Wappen der Visconti und der Scaliger miteinander vereinigt waren: Die Schlange und die Leiter. Als sie ihre Mutter sah, erhob sie sich und verbeugte sich leicht. Beatrice gab der Tochter einen Kuss auf die Stirn. Als sie nebeneinander auf der Bank saßen, legte sie den Arm um das Mädchen und zog es nahe an sich heran. Erstaunt betrachtete Antonia die Mutter. Sie war so anders, bestimmt hatte das etwas zu bedeuten. Sie fühlte, wie ihr Herz schneller schlug. Auch Beatrice spürte die aufkommende Spannung und lächelte aufmunternd. Ihr Blick fiel auf das Buch, in dem die Tochter gelesen hatte. Von klein auf war vor Antonia kein Buch sicher gewesen. Schneller als die anderen Kinder hatte sie die Welt der Buchstaben begriffen. Welch ein Glück, lesen zu können, bei der Entschlüsselung eines Textes nicht auf andere angewiesen zu sein. Seit sie wusste, dass Francesco Petrarca bei seinen Besuchen in Mailand immer den kleinen Garten hinter San Gottardo aufgesucht hatte, war er auch zu Antonias Lieblingsplatz geworden. Hierher zog sie sich zurück, zum Lesen, zum Nachdenken und zum Briefe schreiben.

Antonia war dem Blick der Mutter gefolgt: „Ein neues Buch, gerade hat es Pater Grigorio aus dem Kloster gebracht, es ist wunderbar illustriert, man kann sich gar nicht satt sehen daran. Und die Schrift, so schön, wenn ich doch nur auch so schreiben könnte!“ Sie runzelte die Brauen: „Petrarca sagt, alles, was den Menschen aus der Ruhe bringt, hat keinen Wert. Ob Glück oder Unglück, Reichtum oder Wohlstand – alles ist störend auf dem Weg des Menschen zu Gott. Alles, was schön ist, auch Musik und Literatur, hat demnach keinen Wert, ist nur eitel und hilft dem Menschen nicht. Wie kann er so etwas sagen, er, der so viel Schönes geschaffen hat?“

Nachdenklich betrachtete Beatrice dieses Kind, das zur Witwe geworden war, bevor die sorgfältig aufgesetzten Verträge zweier Kanzleien in die Tat umgesetzt werden konnten. Ein fragendes Kind, das in den Büchern eines verehrten Dichters nach Antworten suchte, für das, was es nicht verstand.

Zärtlichkeit erfüllte Beatrice für diese Tochter mit den dunklen Scaliger- Augen, deren Mundpartie sie immer an ihre stille Mutter, die schöne Taddäa di Carrara erinnerte. Fast noch ein Kind, war die Tochter Jacobs II. von Padua mit einem der reichsten und mächtigsten Stadtherren Italiens, Mastino III. von Verona, verheiratet worden. Das verhieß Glanz und unendlichen Reichtum, vielleicht auch Frieden in diesen kriegerischen Zeiten mit wechselnden Koalitionen, oft erreicht durch die Heiratsversprechen der Töchter. Nicht immer freilich zu deren Glück. Manche von ihnen waren unerwünscht und verschwanden nach prächtigen Hochzeitsfeiern hinter Kloster- oder Kerkermauern, wurden umgebracht oder zur Schande ihrer Familie mit fadenscheinigen Begründungen an den elterlichen Hof zurückgeschickt.

Antonia war bei aller Zartheit robust, sie war nie viel krank gewesen, war begeisterungsfähig, und sie hatte dazu die Nüchternheit ihres Vaters geerbt, wenn es galt, Vorteile zu berechnen. Sie liebte Sprache und Tanz, hatte eine ausgeprägte Vorliebe für Musik und Literatur. Ein Erbteil, das sie der Familie ihrer Mutter verdankte. Den Ahnherrn der Familie, Cangrande I., den berühmtesten aller Scaliger, hatte eine tiefe Freundschaft mit Dante Alighieri verbunden. Eine Freundschaft, der der berühmte Dichter in seiner „Göttlichen Komödie“ ein literarisches Denkmal gesetzt hatte.

„Meine frühere Schwägerin, die Frau deines Onkels Cangrande, Elisabeth von Bayern hat kurz nach seinem Tod den Grafen Ulrich von Württemberg geheiratet. Sie haben einen Sohn, der einmal die Grafschaft erben wird. Ein schönes Land, nicht gar so weit hinter den Alpen. Vor Jahren schon hat Elisabeth angefragt, ob dein Vater und ich nicht eine unserer Töchter ihrem Sohn anvertrauen möchten. Sie hätte gar zu gerne etwas von mir in ihrem Schloss in Stuttgart.“

Antonia hielt die Luft an, das Blut hämmerte in ihren Schläfen. Sie musste fort. In ein Land, das sie nicht kannte. In ein Land hinter den Alpen, dort war es kalt, die Menschen sprachen eine Sprache, die man nicht verstand, auch wenn man sich noch so sehr bemühte. Ihre Schwestern hatten das immer wieder in langen, traurigen Briefen voller Heimweh geschrieben. Schluchzend hatte die noch nicht vierzehnjährige Viridis Abschied von ihrer Familie genommen, nachdem die Werbung des österreichischen Herzogs Friedrich IV. für seinen fast gleichaltrigen Bruder Leopold III. vertraglich abgesichert worden war. Ein schönes junges Mädchen nahm Abschied vom Paradies seiner Kindheit und zog einer ungewissen Zukunft entgegen. Vor kurzem erst war der blutige Streit in der Habsburger-Familie beigelegt worden, Leopolds Bruder Albrecht hatte Österreich Ober und Unter der Enns erhalten, während Leopold die Steiermark, Kärnten, Krain, Tirol und die österreichischen Vorlande zugesprochen bekam. Wie mochte sich die Schwester, deren Mitgift, den Krieg ihres Mannes finanziert hatte, dabei wohl gefühlt haben.

Nur wenig später war Taddäa nach Ingolstadt gezogen, um dort an der Seite Stephans III. Herzogin von Bayern-Ingolstadt zu werden. Antonias Bruder Marco hatte die Schwester in die neue Heimat begleiten dürfen und hatte in Bayern eine Frau gefunden: Nur wenige Monate nach seiner Rückkehr war die stämmige Wittelsbacherin Elisabeth aus Ingolstadt nach Mailand gekommen und die Frau Marcos geworden. Um die Bindungen mit dem reichen und mächtigen Haus Wittelsbach noch stärker werden zu lassen, sollte jetzt auch Magdalena, die Schwester, die Antonia im Alter am nächsten stand, ins Bayerische ziehen. Herzog Friedrich von Landshut war der Heiratskandidat, die Verträge waren schon unterschrieben, jetzt musste nur noch der Zeitplan ausgearbeitet werden.

Über die Alpen nordwärts ziehen, Antonia biss die Zähne zusammen. Wie beneidete sie ihre Schwester

Agnese weil sie für den Hof der Gonzaga in Mantua bestimmt war, eine in Antonias Augen ungleich vorteilhaftere Partie als die mit dem weit entfernten Württemberg.

Während die Kanzlei der Visconti ordnungsgemäß im Auftrage der Beatrice Visconti nach Stuttgart den erfolgreichen Abschluss der Eheverhandlungen für „unsere Tochter Antonia" meldete – noch einmal hatte Beatrice überlegt, ob sie nicht lieber die robustere Magdalena schicken sollte –, hatte dann aber den Namen wieder ausstreichen lassen und endgültig Antonia eingesetzt. Bernabo selber hatte den württembergischen Gesandten Peter von Torberg über die glücklich beendeten Verhandlungen unterrichtet. Jetzt ging es um die Höhe der Mitgift. Die nach Bayern verheirateten Töchter hatten eine Mitgift von 100.000 Florin erhalten. Genügten für Württemberg 70.000? Nach einigem Zögern hatten die württembergischen Herren, die im Auftrage des Grafen Eberhard des Greiners die Verhandlungen führten, den Absprachen zugestimmt. Was für die Mailänder Seite angesichts der vielen Töchter Bernabos fast schon zur Routine geworden war, bedeutete für die Württemberger das Ausloten von Neuland. Noch nie war eine künftige Gräfin von Württemberg mit so reichen Schätzen ausgestattet ins Land gekommen. Solch eine Summe musste auch von württembergischer Seite außergewöhnlich gut abgesichert werden. Antonias stolze Aussteuer wurde auf die Städte Brackenheim, Bietigheim und das Amt Zabergäu versichert. Alle Einkünfte daraus sollten der zukünftigen Frau des Landeserben gehören.

Vorsichtig hatte Antonia versucht Neuigkeiten über ihre neue Heimat einzuholen. Elisabeth, Marcos junge Frau, hatte die Augen zum Himmel gedreht und die Backen aufgeblasen, als Antonia sie befragte. Aber das war kein Wunder, die Wittelsbacherin hielt ihre eigene Familie für die mächtigste, die reichste und die angesehenste im ganzen Heiligen Römischen Reich Deutscher Nation. Danach kamen vielleicht die Luxemburger und die Habsburger, dann kam eine ganze Weile nichts und noch mal nichts und dann kamen die Württemberger, obwohl die ja eigentlich mit den Habsburgern verwandt waren. Elisabeth zog die Augenbrauen hoch und rümpfte ein ganz klein wenig die Nase. Antonia war nicht zu Unrecht die Tochter Bernabo Viscontis, am liebsten hatte sie mit Püffen geantwortet, aber dazu war sie ganz einfach zu gut erzogen. Sie würde es allen zeigen. Elisabeth von Württemberg war die Tochter eines Kaisers. Also war ihr, Antonias, zukünftiger Ehemann ein Kaiserenkel. Das war kein schlechter Stammbaum. Nicht einmal für eine Visconti. Sie stampfte mit dem Fuß auf und beschloss, alles, was ihr lieb war, mitzunehmen an den Hof in – wie hieß die Stadt doch gleich – Stuttgart.

Antonia bestand darauf, alle ihre Bücher einzupacken, ihre Musikinstrumente sowieso. Dazu die kleine Orgel, die Gian Galeazzo der Cousine aus Paris mitgebracht hatte. Sie war das Allerneueste auf dem Gebiet des Orgelbaus. Beatrice schüttelte den Kopf. Sie könne doch nicht mit dem gesamten Mobiliar des Mailänder Palastes über den Gotthard ziehen. Antonia zuckte die Achseln. Warum eigentlich nicht? Hatte nicht Hannibal selbst Elefanten mitgenommen? Von den neuen Stoffen aus geschorenem Samt mit den Mustern aus Venedig brauchte sie auch ein paar Ballen, und die Schuhe mit den hohen Absätzen nach der neuesten Mode durften nicht vergessen werden. Schließlich müsse sie ja, so argumentierte Antonia, ihren zukünftigen Gemahl beeindrucken. Plötzlich war sie Feuer und Flamme für die Abreise. Nichts konnte ihr schnell genug gehen. Kaum kamen die Schreiber in der Kanzlei mit der Liste des Inventars nach. Kisten und Kasten, Truhen und Stoffballen, Schmuck, Kissen und edle Decken – das alles stapelte sich und wartete darauf, sorgfältig verpackt den Weg nach Württemberg anzutreten. Bernabo Visconti stellte selbst mit seinen engsten Beratern den Hochzeitszug seiner Tochter zusammen. Der goldverzierte Brautwagen musste aufgearbeitet werden, die Tafeln mit dem Visconti-Wappen wurden sorgfältig erneuert, das Wittelsbacher Wappen der letzten Brautfahrt gegen die Hirschstangen von Württemberg ausgetauscht. Bernabo Visconti selber suchte die Herren des Hofstaates aus, die seine Tochter nach Urach, der Stadt des Beilagers, begleiten sollten. Regina Beatrice wählte die Damen aus. Diener, Kammerzofen und Mägde waren dabei. Auf Antonias Wunsch begleiteten sie ihre Amme und ihr Bruder Marco. Bei der letzten Brautfahrt nach Bayern hatte er sich als guter Diplomat erwiesen und die Huldigungen und Empfänge, die die angrenzenden Länder, Städte und Gemeinden dem durchziehenden Tross bereitet hatten, geschickt zu einer Aufwertung der Beziehungen genutzt.

Kurze Zeit später reisten die Gesandten Eberhards nach Württemberg zurück, um dort die Ankunft der Visconti-Tochter anzukündigen und die feierliche Einholung der Braut vorzubereiten. In Urach sollte Hochzeit gehalten werden. Neugierig hatte Antonia gefragt, ob Urach schön sei. Ernsthaft hatten die Württemberger genickt und gesagt: Fast so schön wie Mailand, nur nicht so groß. Ein festes Schloss sei da, das sogar dem Winter auf der Alb trotze und eine Burg oberhalb des Ortes. Von da an machte sich Antonia ihr eigenes Bild von der Stadt Urach, in der sie heiraten sollte. Auch Stuttgart, die Residenzstadt, sollte ein Schloss haben, sicher gab es dort Dichter. Wo Schlösser waren, da gab es auch Maler und Dichter und Musiker, die zum Tanz aufspielten.

Manchmal konnte sie den Tag der Abreise kaum erwarten, dann wieder wurde ihr beim Gedanken an den Abschied das Herz schwer, und sie zog sich in ihr kleines Gärtchen zurück. Aber die Tage, an denen Antonia auf ihrer Bank in einem Buch lesen konnte, wurden immer seltener. Unmerklich fast wandelte sie sich von einer der vielen Töchter Bernabo Viscontis zu einer jungen Frau, die sich daran zu gewöhnen hatte, im Mittelpunkt zu stehen. Antonia ertappte sich dabei, ihre Mutter zu beobachten. Kerzengerade stand Regina Beatrice unter den Würdenträgern und Gesandten, lächelnd, nach allen Seiten grüßend, eine imponierende Erscheinung. Mit leichter Hand die Bedienten dirigierend und bei all der Sorge um die Hochzeit Antonias doch nicht die anderen Kinder aus den Augen lassend. Galt es doch gleichzeitig die für das nächste Jahr geplante Hochzeit ihrer Tochter Magdalena vorzubereiten.

Ereignisse, die geeignet waren, Freund und Feind die Macht und den Reichtum Mailands vor Augen zu führen. Lange Gespräche mit der Mutter hatte es gegeben bei der Frage, wie viele ihrer engsten Vertrauten Antonia in Stuttgart an ihrer Seite behalten sollte. Regina Beatrice wusste aus eigener Erfahrung: Eigentlich sah niemand gerne, wenn die Braut aus fernen Landen ihre Berater um sich hatte. Eberhard in Württemberg würde entscheiden, wie viel persönliche Freiheit er seiner Frau zubilligte. Um Antonia nicht zu beunruhigen, behielt die Mutter dies Wissen für sich.

Es schien, als hätte sich ganz Mailand zur Verabschiedung der schönen Visconti-Tochter eingefunden. Dicht drängten sich die Menschen auf der Piazza vor dem Broleto Vecchio. Alle warteten auf die Braut, es hieß, sie sei die anmutigste der Töchter Bernabos. Sorgfältig frisiert, gekleidet in eine ihrer neuen Roben aus geschorenem Samt trat Antonia, geführt von ihrem Bruder Marco, auf die Piazza. Ihr Haar war in florentinische, mit goldenen Fäden durchzogene Zöpfe geflochten, lächelnd verneigte sie sich vor ihrem Vater, dann trat sie zu ihrer Mutter und den Geschwistern. Die ganze Familie hatte sich zum Abschied eingefunden, die kleinsten Geschwister mit ihren Ammen und Wärterinnen, die bayerische Schwägerin, hochschwanger. Das Kind würde in der Abwesenheit seines Vaters zur Welt kommen. Antonia fühlte, wie die Tränen ihre Wangen hinabliefen. Sie küsste und umarmte Schwestern und Brüder, fühlte, wie die bayerische Schwägerin sich an sie klammerte und weinte. Dann kam das Schwerste, der Abschied von der Mutter. Regina Beatrice stand sehr aufrecht, sehr gerade, während sie die Tochter an sich drückte:

„Vergiss nie, dass du eine Visconti bist und eine della Scala dazu." Aus den Augenwinkeln sah sie, dass Bernabo Visconti ungeduldig die Szene beobachtete und schob Antonia von sich.

Noch einmal deutete die Braut des Hauses Visconti einen Knicks an, dann geleitete ihr Vater sie zu dem bereit stehenden Brautwagen, in dem nacheinander die vornehmsten Damen ihrer Gefolgschaft Platz nahmen. Herolde ritten dem Zug voran. Die Pferde hatten allesamt neues Zaumzeug, ihre Satteldecken schmückte das Allianz-Wappen der künftigen Gräfin von Württemberg. Unzählige Maultiere trugen die kostbare Mitgift. Jetzt bliesen die Herolde das Signal zum Aufbruch, langsam setzte sich der schier endlose Zug unter dem tosenden Jubel der Zuschauer in Bewegung. Immer wieder sah Antonia zurück, solange, bis der Nacken schmerzte und Mailand am Horizont verschwand.

Bis Como wollte Bernabo Visconti die Tochter begleiten. Der kostbare Zug, die vornehmen Herrschaften, sie sollten aller Welt zeigen, wie mächtig und einflussreich Bernabo Visconti war. Ein Fürst, der seine Töchter in die bedeutendsten Häuser des Heiligen Römischen Reiches einheiraten lassen konnte. Jede Ortschaft, jedes Dorf hatte sich festlich herausgeputzt. Überall wurde der Zug mit Jubel empfangen, gab es Geschenke und Huldigungen. Das blühende Land zeigte der scheidenden Tochter noch einmal alle Schönheiten, die es aufzuweisen hatte. Der blaue Himmel, die wogenden Felder, die blühenden Wiesen – das alles sog Antonia in sich auf, um sich später daran erinnern zu können. So bewusst hatte sie die Landschaft noch nie erlebt. In Como übernachtete sie im alten Palast der Visconti. Dort, wo einst Erzbischof Ottone die

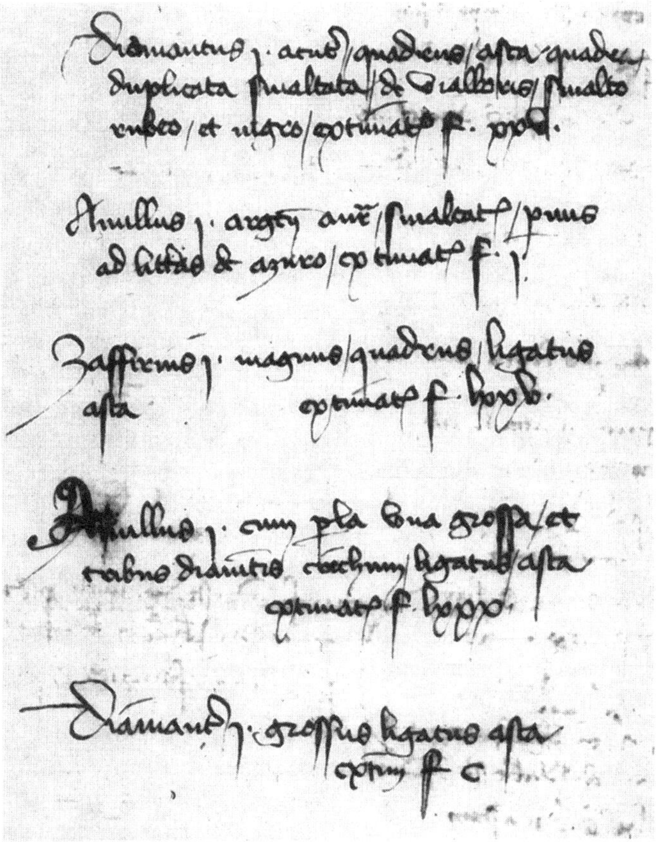

Aus dem „Buch der Kostbarkeiten" der Antonia Visconti von Mailand über ihre fürstliche Mitgift.

Vernichtung der Familie della Torre geplant hatte. Heiter präsentierte sich die Stadt, die, eng an die Uferberge des Comer Sees geschmiegt, reich geworden war durch ihre Lage an einer der wichtigsten Handelsstraßen.

Oft war Antonia als Kind hier gewesen, heitere Sommerabende im Park, Kahnfahrten auf dem See, Ballspiele mit den Geschwistern, das alles gehörte nun der Vergangenheit an. Noch einmal hieß es Abschied nehmen, diesmal von ihrem Vater. Herrisch und sehr beherrscht saß er auf seinem Apfelschimmel und beobachtete den Aufbruch. Eine beeindruckende Gestalt. Gefürchtet. Mächtig. Verschlagen. Listenreich. Und doch ihr Vater. Ein Heben der Reitgerte und alles verharrte in völligem Stillstand. Ob sie ihn jemals wiedersehen würde? Antonia schluckte. Als sie an ihm vorüberging, den Kopf leicht neigte, warf er dem Knappen die Zügel zu und sprang vom Pferd. Lachend schloss er die Tochter in die Arme, hob sie hoch und drehte sie einige Male im Kreise. Dann setzte er sie ab und verharrte regungslos. Jubel brandete auf, Antonia schritt zum Brautwagen. Der Zug setzte sich in Bewegung.

Sie erreichten die Levantina, zogen an der Adda entlang, vorbei an blühenden Wiesen und fruchtbaren Feldern. Allmählich veränderte sich die Landschaft. Die Heiterkeit des Südens hatte keinen Platz mehr in den immer enger werdenden Tälern. Himmelhoch türmten sich die Hänge, die Berge wurden schroffer, in kurzer Zeit überwand der Tross mehrere hundert Meter Steigung, dem Lauf des Ticino folgend, der sich, je höher es hinaufging, immer wilder gebärdete. Jeder neue Eindruck machte Antonia schmerzlich bewusst, dass ihre Kindheit und ihre Jugend unwiederbringlich vorbei waren. Sie reiste einem neuen Leben entgegen, und niemand von denen, die sie erwarteten, hatte auch nur den Hauch einer Ahnung, von dem, was bisher ihr Leben ausgemacht hatte.

In Airolo wurde der Brautwagen nach Mailand zurückgeschickt. Auch die Frauen ritten nun im Damensitz der Passhöhe entgegen. Weiter oben war auch das nicht mehr möglich. Wohl oder über mussten sie dann reiten wie die Männer. Zuerst hatte Antonia das nicht glauben wollen, zu unschicklich war ihr das vorgekommen. Aber der Bruder hatte nur gelacht: „Wenn das Leben dran hängt, dann macht der Mensch viel." Einheimische Bergführer und Säumer hatten den Zug übernommen. Sie kannten sich aus, lachten über die Entsetzensschreie der Damen und berichteten, dass sie in der schlimmen Schöllenenschlucht den ängstlichen Reisenden die Augen verbinden würden: „Tote seien eher selten zu beklagen, und wenn, dann seien es Damen, die beim Anblick der steilen Granithänge in Ohnmacht gefallen und deswegen mehrere hundert Meter tief gestürzt seien!"

Aber auch die zwischen Airolo und der Passhöhe liegende Tremolaschlucht flößte unerfahrenen Bergreisenden Furcht und Schrecken ein. Sie forderte die volle Aufmerksamkeit der Säumer und Knechte. Ein Fehltritt konnte den Tod bedeuten, und selbst die als trittsicher geltenden Maultiere brauchten oft Zuspruch und Führung.

Marco ritt neben seiner Schwester und erklärte ihr, sie brauche wirklich keine Angst zu haben. Besonders nicht vor der gefürchteten Schöllenenschlucht. Das sei einfach nur ein anderes Wort für Treppe. Also sei die Schlucht eigentlich ein Gebiet, das den Scaligern gehöre, und da brauche sie keine Furcht zu haben. Im Übrigen seien die Nachtquartiere bereits von einer dem Zug vorangehenden Vorhut besorgt worden, die auch Essen und Trinken vorbestellt habe. Mit frischer Kraft könne man dann den nächsten Teil der Reise angehen.

Das Hospiz lag genau auf der Höhe des Passes, mehr als zweitausend Meter hoch. Hingeduckt zwischen den schroff aufsteigenden Felsen wirkten die Gebäude kleiner, als sie waren. Die ersten Häuser hatten noch die Äbte der ehrwürdigen Abtei Disentis errichtet. Silbrigblau glänzten die Oberflächen der kleinen Bergseen im Lichte der hochstehenden Mittagssonne. Entzückt betrachtete Antonia die kleine Kirche, die im Jahre 1230 vom Erzbischof Mailands erbaut worden und „Ecclesia sancti Godeardi" genannt worden war. Nach jenem 960 in Niederbayern geborenen Kirchenmann Godehard, der als Bischof von Hildesheim 1038 gestorben war. Nach dem Konzil von Reims war der Kirchenstifter und Klostererneuerer heilig gesprochen worden und danach hatte sich sein Kult wie ein Lauffeuer über ganz Europa verbreitet. Überall waren Godehard geweihte Kirchen und Kapellen, in denen die Gläubigen etwas von seinem Geist zu spüren meinten, etwas, das ihnen Kraft gab und Zuversicht in einer Zeit der Umbrüche und politischen Verwerfungen. Nirgendwo aber war er als Namensgeber so authentisch wie hier, hatte er doch, so erzählte die Legende, als er einmal über diesen direktesten aller Alpenpässe in großer Eile von Hildesheim nach Rom zum Papst gezogen war, hier oben ein Wunder gewirkt. Leider berichtete die Legende nicht, was für ein Wunder das gewesen war. Aber soviel war sicher: Es gab in den ganzen Alpen eben nur diesen einen Übergang, auf dem man die Berge mit einer einzigen Steigung überwinden konnte.

Vor noch gar nicht so langer Zeit hatte der Gottardo, der „Berg der Mitte", der „Mons Elvelinus" oder, wie man ihn auch nannte, der „Mons Ursare" als unbezwingbar gegolten. Immer wieder hatten die Menschen versucht, dieses Hindernis, das wie ein schützendes Dach mitten in der Bergwelt der Alpen die vier Himmelsrichtungen voneinander trennte, zu überwinden. Manchmal, so überlegte Antonia, muss man viel wagen, um etwas zu erreichen. Aber das ist nicht nur in den Bergen so. Was hier so feindlich erscheint, so abweisend, war auch eine Brücke zwischen den Welten. Viele der Geschichten, die sich um die Pässe und unbezwingbaren Berge rankten, seien eben nun einmal nicht für vornehme Damen gemacht, gab der Anführer der Säumer, der ehrfürchtig neben Antonia getreten war, zu bedenken. Die junge Gräfin lächelte:

„Ich möchte sie aber trotzdem hören, es ist so schön, hier oben zu sitzen, so hoch und so weit von allem anderen entfernt. Dazu passen Geschichten!"

Der Mann lächelte zurück:

„Ihr werdet schon noch merken, wie das Leben ist. Hier oben von der Höhe des Hospizes aus sehen die Täler der Flüsse aus wie kleine Schlangen, die ganz weit weg ihren Weg ziehen. Aber Ihr werdet schon noch sehen, wie breit sich der Rhein in sein Tal ergießt, wie er vom winzigen Bach zu einem breiten Fluss wird. Er führt dann in einen See, so groß wie ein Meer, daran liegen Städte, reich und alt wie Mailand und Bellinzona. Sagen die, die schon dort waren." Antonia schwieg. Von hier oben sah man fast kein Tal, die schmalen Einschnitte der Wasserläufe wurden immer wieder durch vorspringende Gebirgsstöcke verdeckt.

„Jetzt in der Mitte des Jahres ist es nicht ganz so beklemmend hier herauf zu steigen, noch dazu mit einer so edlen und erfahrenen Gesellschaft, aber im Winter, wenn die Lawinen niedergehen, dann sind selbst die besten Säumer und ihre Tiere nicht sicher. Deshalb werden die Schlitten der Reisenden an langen Leinen gezogen, um möglichst viel Abstand zu halten, damit die einen den anderen helfen können." In das entstandene Schweigen hinein sagte der Säumer:

„Schaut genau hin, Madonna, sogar die Flüsse müssen sich hier oben auf der Passhöhe erst ihren Weg suchen. Es sieht so aus, als wüssten sie noch nicht, ob sie nach Süden oder Norden, nach Osten oder Westen wollten. Doch überall sind es die Läufe der Flüsse, an denen die Menschen ihren Weg finden. Wie die Sterne am Himmel nach allen Seiten strahlen, so sendet auch der Berg der Mitte seine Strahlen aus in die Täler zu seinen Füssen. Rhein und Rhone – sie fließen von hier aus ihrer Bestimmung entgegen, vorbei an Städten und Dörfern, wo niemand etwas ahnt, von dieser Stelle, an der wir jetzt sitzen. Die Reuß, die in die deutschen Lande fließt, ist kleiner. Am liebsten aber ist mir der Ticino. Vielleicht, weil er durch das Land fließt, das ich kenne und wo ich zu Hause bin."

Antonia nickte. Der Ticino – er durchquerte Gegenden, die sie kannte, konnte die Eltern und die Geschwister von ihr grüßen. Wieder spürte sie den Kloß im Hals und das Brennen in den Augen. Mühsam drängte sie die Tränen zurück. Ihre Stimme klang wie immer, als sie erwiderte:

„Er liebt den Süden und die Wärme, ich werde ihn immer in meinem Herzen bewahren!" Entschlossen stand sie auf. Wie hatte Francesco Petrarca gesagt? Sie antwortete sich selber: „Auf den Gipfel ist das Ziel und das Ende unseres Lebens, auf ihn ist unsere Wallfahrt gerichtet."

Hatte nicht Petrarca bei der Besteigung des Mont Ventoux ähnliche Gedanken gehabt wie sie jetzt? Vom Gipfel, von ganz oben in alle Richtungen zu schauen und sich an der Natur, an ihrer Wildheit, an ihren Geräuschen zu ergötzen, das war der Lohn für die Mühen eines Aufstieges. Etwas zu vollbringen, eine Leistung, das kam dem Erklimmen eines Gipfels gleich. Aber um dieses Gefühl zu spüren, müsse man zuvor Hindernisse überwinden, die auch in einem selber liegen können. Die Freude über das Erreichte macht die Mühen später leicht. Bergsteigen, so hatte es Petrarca formuliert, bedeute auch, eine Last im Tal zurückzulassen und in der Natur zu sich selber zu finden.

Unbemerkt war Marco zu seiner seine Schwester getreten. Lachend breitete er die Arme aus und rief:

„Wenn es uns nicht verdrießt, so viel Schweiß und Mühsal zu ertragen, um den Körper dem Himmel ein wenig näher zu bringen: welches Kreuz, welcher Stachel darf eine Seele schrecken, die sich Gott nähern will!" Als

Antonia ihn fragend anblickte, legte er den Arm um ihre Schultern. „Ebenfalls Euer herzlieber Petrarca, Madonna Antonia, geliebtes Schwesterchen. Aber wir nähern uns mit dieser Reise weniger Gott als deinem dir bereits in Mailand angetrauten Ehemann. Es dauert zwar noch etwas, bis wir die Eskorte treffen, die er dir entgegenschicken will, dieser Graf mit dem unaussprechlichen Namen Eberhard. Und bis dahin, Frau Gräfin, müssen wir die Huldigungen der Honoratioren der Städte, Klöster und Länder, durch die wir kommen, entgegennehmen. Das wird noch sehr anstrengend. Deswegen sollten wir jetzt schlafen gehen."

Im Herrensitz saß Antonia zu Pferd. Sie hatte sich nicht gesträubt. Man musste sich abfinden mit Dingen, die nicht zu ändern waren. Beeindruckt blickte sie auf die Brücken und hängenden Stege, die Menschen – sie wusste nicht wie – in die Berge hineingehängt hatten, um den Pass begehbar zu machen. Dadurch war das unzugängliche Tal der Urner für alle diejenigen, die von Norden nach Süden mussten interessant geworden. Der Handel über den Gotthard war schneller und damit billiger als über andere Pässe. Wo Handel und Wandel blühte, da klingelten die Kassen, da waren aber auch diejenigen, die kassieren wollten, nicht weit. Die Habsburger hatten zuerst diese lukrative Einnahmequelle entdeckt. Die Einnahmen aus dem Pass hatten es den Bergbauern möglich gemacht die Habsburger abzuschütteln. Nach der Schlacht bei Morgarten im November 1315 hatten die drei Waldstätten ihren Treueschwur erneuert und sich zu einem Trutz- und Schutzbündnis zusammengeschlossen. In der Folgezeit hatten sich die armen Waldbauern als Säumer ein gutes Zubrot gesichert, denn sie kannten die Berge genau.

Es gab viele Legenden und Geschichten um diese unwirtliche Gegend. Da war die Schöllenenschlucht, und dort lag er, der Teufelsstein. Ob der Teufel tatsächlich die

Brücke in einer Nacht gebaut hatte? Antonia schauderte es. Luzifer hatte sich für diesen Dienst bei den Urnern das erste Leben, das über die Brücke ging, ausbedungen. Die schlauen Bergbauern waren ihm nicht in die Falle gelaufen. Der Landammann hatte seinen gehörnten Ziegenbock, der auf alles Jagd machte, was gleich ihm zwei Hörner hatte, über die Brücke gejagt. Der geprellte Teufel hatte den Ziegenbock am Schwanz zu fassen bekommen und ihn ausgerissen. Seit damals hatten alle Ziegen einen kurzen Stummelschwanz. Dann war der Teufel in den Wald gelaufen, hatte den ersten Felsbrocken, den er sah, aufgehoben, um ihn auf die treulosen Urner und die Brücke zu werfen. Aber ein listiges altes Kräuterweiblein hatte ihn abgelenkt und ein Kreuz in den Stein geritzt. Als er das entdeckte, hatte der Teufel entsetzt den Felsbrocken fallen lassen und an der Stelle, da liegt der Felsbrocken heute noch. Antonia schauderte es. Gruselige Geschichten gab es in den Bergen. Wenn sie nur schon wieder unten im Tal wären. Die Maultiere fassten Tritt, trotz ihrer schweren Last. Mit ihrem kehligen Singsang beruhigten die Säumer die immer wieder unruhig tänzelnden Pferde.

Ein armes Land – vom Krieg verwüstet

Stille lastete über der Stadt. Dabei war das Wetter schön, die Sonne schien strahlend. Nichts war geblieben von der Geschäftigkeit früherer Tage. Dabei war Markttag. Doch kaum ein Kunde hatte sich davon anlocken lassen. Die Händler blieben zu ihrem Ärger unter sich, besprachen die trüben Zeiten und hofften auf Besserung. Die wenigen Waren, die sie feilboten, waren teuer. Zu teuer für die Bewohner der verarmten Stadt. Das trutzige Schloss erinnerte die Stuttgarter, die an ihm vorbei zur Stiftskirche mit dem imposanten neuen Chor gingen, an vergangene bessere Zeiten.

Vor wenigen Monaten noch war Stuttgart die Hauptstadt eines zwar nicht reichen, aber doch immerhin blühenden Landes gewesen. Eines Landes, dessen gut tragende Obstbaumwiesen, saftige Weiden und grüne Weinberge an den Hängen des Neckar einen guten Herbst versprachen. Aber dann war wieder einmal der unselige Krieg mit den Reichsstädten aufgeflammt. Angefangen hatte eigentlich alles ganz harmlos als ein Streit unter Nachbarn. Bewaffnete Reutlinger Bürger hatten bei Urach die Ochsen württembergischer Bauern geraubt. Aber die wollten ihr Vieh den Räubern nicht so einfach überlassen und wehrten sich. Die Feindseligkeiten weiteten sich aus, nahmen kein Ende. Schließlich beorderte der Landesfürst, Graf Eberhard, der Greiner, seinen Sohn Ulrich mit einer stattlichen Streitmacht auf die württembergische Burg Achalm hoch über der Reichsstadt Reutlingen. Daraufhin waren die Reutlinger noch einmal zu ihren Raubzügen aufgebrochen, sollten doch die Württemberger wissen, wozu die Reichsstädte fähig waren. Es gab eine blutige Schlacht mit vielen Toten, der Erbe des Landes wurde verwundet und rettete sich kaum auf die Achalm, die Niederlage war vollständig, und der Vater, der alte Haudegen, tobte. Sein Sohn, ein Versager! Der Vater war so aufgebracht über diesen Sohn, der seine jahrzehntelange Politik und sein zähes Ringen um eine territoriale Erweiterung des Landes mit einer unnötigen Niederlage zunichte gemacht hatte, dass er von Ulrich nichts mehr wissen wollte.

Es war nicht die verlorene Schlacht allein, die den Grafen aufbrachte. Der erfahrene Politiker wusste, dass der Erfolg gegen den alten Gegner Württemberg die Reichsstädte nicht ruhen lassen würde, bis sie der Grafschaft weitere empfindliche Schläge erteilt hatten. Dem kam er zuvor, indem er die beiden Orte Möhringen und Vaihingen, die der Freien Reichsstadt Esslingen gehörten, überfiel und sie seiner Grafschaft einverleibte. Das war nicht nur ein Rachefeldzug, das war bewusstes Kalkül: Beide Orte lagen zu nahe an der Residenzstadt Stuttgart, waren eine ständige Gefahr für die aufstrebende Hauptstadt der Grafschaft Württemberg. Nicht einmal die trutzige Burg Kaltental konnte diese Gefahr eindämmen. Aber auch die Städte waren auf der Hut. Das durften sie sich nicht gefallen lassen. Gemeinsam rüsteten Esslingen, Augsburg, Reutlingen und Ulm auf und zogen vor Stuttgart. Den Einwohnern wurde es Angst und Bange. Zwar hielten die Mauern der Belagerung stand, aber die Geschosse der Wurfmaschinen und die ersten Waffen mit dem gerade erst erfundenen Schießpulver vollführten nicht nur einen Höllenlärm. Sie waren auch eine ganz neue, nie zuvor erfahrene Bedrohung. Dabei wussten die geängstigten Menschen innerhalb der Mauern nicht, was sich hinter den feindlichen Linien abspielte: Bewusst eingesetzte Marodeure verwüsteten die Felder, fällten die Obstbäume und rissen die Rebstöcke in den Weinbergen heraus. Die schutzlos den feindlichen Truppen ausgesetzten württembergischen Dörfer wurden abgebrannt. So wie es Graf Ulrich vorgemacht hatte, als er die Reichsstadt Wimpfen in Brand steckte.

Mit der systematischen Vernichtung der Weinberge, Obstwiesen und Felder war der Bevölkerung die Existenzgrundlage entzogen. Woher sollten die Bauern das Saatgut nehmen, wer die neuen Rebstöcke kaufen, die, einmal gepflanzt, wenigstens fünf Jahre wachsen mussten, um neue Reben zu tragen. Zähneknirschend hatte der alte Haudegen Eberhard sich dem Willen Kaiser Karls IV. beugen müssen, der befahl, dass sich Württemberg und die Reichsstädte mindestens in den nächsten zehn Jahren friedlich begegneten. Zuvor aber sollte „schad gen schad, brand gegen brand, totschlag gen totschlag, schuld gen schuld“ miteinander verrechnet werden.

Das war bitter für Württemberg. Vaihingen und Möhringen, diese so ungünstig fast in das Stuttgarter Stadtgebiet hineinragenden zu Esslingen gehörenden Orte mussten unverzüglich zurückgegeben werden. Dazu brauchte die bettelarme Bevölkerung finanzielle Unterstützung, um das daniederliegende Land wieder aufzubauen. Der Landesfürst musste alles zu Geld machen, was nicht niet- und nagelfest war. Die Dinge standen nicht gut für das Land. Württemberg brauchte neues Kapital von außen, um im Innern zur Ruhe zu kommen und um wirtschaftlich und politisch zu seiner alten Stärke zurückzufinden.

Schon einmal hatte die reiche Aussteuer einer Braut aus wohlhabendem Hause das Land aus der Not eines langen Krieges befreit. Das war, als Ulrich III. sich mit Sophie von Pfirt aus dem Hause der Grafen von Ferette verband. Mit ihrem Geld wurde der Türnitz-Flügel des Alten Schlosses in Stuttgart errichtet. Ausgebaut und umgebaut wurde das alte, von Wasser umgebene Gemäuer zu einer schützenden Burg, einem festen Haus für die Dynastie der Grafen von Württemberg. Auch die Stiftskirche, die Grablege des Geschlechts, wurde mit einem gotischen Chor aufgewertet. All dies war Elisabeth von Württemberg nur zu bewusst. Sie hatte oft genug erfahren müssen, wie ohnmächtig der Einzelne dem Treiben der Zeit ausgeliefert ist. Man durfte sich nicht gehen lassen, musste versuchen selbst das Geschehen zu bestimmen. Wie einsam hatte sie sich zuerst in Stuttgart gefühlt. Wie überschaubar war diese Stadt. Wie ernst und arbeitsam die Menschen. Auch in Verona hatte sie sich oft alleine gefühlt. Aber die Heiterkeit der norditalienischen Landschaft, die Üppigkeit der Gärten, die Feste nicht nur an Sommerabenden hatten sie diese Einsamkeit nicht so spüren lassen.

Oft hatte sie daran denken müssen, dass ihr Vater, Kaiser Ludwig der Bayer bei seinen Besuchen in Württemberg in dem Wasserschloss mit den trutzigen Mauern abgestiegen war. Damals war sie ein naives Kind von vierzehn oder fünfzehn Jahren gewesen. Sie hatte den Vater kaum gekannt, der ihre Mutter, Margarete von Holland, kurz nach dem Tod seiner ersten Frau geheiratet hatte. Immer wieder wurden die Träume des Kaisers von territorialem Zuwachs und mehr Macht für sein Haus, das Geschlecht der Wittelsbacher, zunichte gemacht. Immer wieder hatten die aus seinen Aktionen erwachsenen Gegenkräfte die Pläne des Vaters durchkreuzt. Rücksichtslos hatte er seine Wünsche oft durchgesetzt. Obwohl er mit seinem Wunsch, die wirtschaftlich gut entwickelten Landstriche an der Mündung von Schelde, Rhein und Maas für die Wittelsbacher zu sichern, den Interessen der Familie seiner Frau zuwiderhandelte, hatte Ludwig an seiner Idee festgehalten. Wie hatte ihre Mutter unter diesem Interessenkonflikt gelitten, wie war sie von ihren Geschwistern angefeindet worden. Aber alles hatte nichts genützt. Das Haus Wittelsbach hatte ihm alles bedeutet. Den Söhnen aus der ersten Ehe Länder zu verschaffen, dafür hatte er manches Mal politische Haken geschlagen. Der Traum vom Wittelsbacher Reich in der Mitte Europas hatte ihn alle Bedenken, alle politische Vorsicht vergessen lassen.

Am schlimmsten aber rächte sich sein selbstherrliches Vorgehen, als er die Ehe der Erbin Tirols, Margarete Maultasch mit Johann-Heinrich von Luxemburg durch ein kaiserliches Machtwort löste und sie kurzerhand mit seinem Sohn Ludwig dem Brandenburger verheiratete. Die Bischöfe von Augsburg, Freising und Regensburg stimmten der Verbindung mit dem Kaisersohn zu, die so formal den Segen der Kirche erhielt. Damit wurde einer der für unerfüllbar gehaltenen Träume des bayerischen Kaisers Wirklichkeit: Südtirol, das einst im Besitz Bayerns gewesen war, bekam er nun zurück. Was muss er empfunden haben, als er nach seinem Schachzug auf den Zinnen von Schloss Tirol stand und hinaussah in das weite Land bis hinüber nach Italien. Nie wieder würde er sich den Zugang dorthin erbetteln oder erzwingen müssen. Er hatte ihn jetzt in der eigenen Hand und damit seinen Nachfolgern eine strategisch günstige Ausgangslage für alle südwärts gerichteten Aktivitäten geschaffen. Natürlich hatten sich die Luxemburger, angestachelt von dem ausgebooteten Ehemann Johann Heinrich, diesen Affront nicht so einfach gefallen lassen und dabei den Papst auf ihre Seite gebracht.

Außerdem konnten die Kurfürsten nicht an einer Stärkung des Königs und seiner Familie interessiert sein. Immer mehr verwischte die Grenze zwischen Freund und Feind. Die Haltung des Papstes gab schließlich den Ausschlag. Er ersetzte den Ludwig dem Bayern treu ergebenen Erzbischof Heinrich von Mainz durch den Luxemburger-Freund Gerlach von Nassau. Obwohl die Mainzer dem neuen Bischof zunächst die Stadttore nicht öffneten, hatten die Ludwig feindlichen Kurfürsten damit eine Stimme mehr. Im Juli 1346 trafen sich die drei geistlichen Kurfürsten, der König von Böhmen und der Herzog von Sachsen in Rhense. Dort wählten sie den Luxemburger Karl zum Gegenkönig. Er wurde auch gekrönt, aber nicht in der ehrwürdigen Krönungsstadt Aachen, dort hatte man dem Gegenkönig die Tore nicht geöffnet, sondern im rheinischen Bonn. Es sah wieder einmal düster aus für den Frieden in Deutschland. Denn der rechtmäßige König Ludwig bestand auf seinem Recht und war bereit, es mit Hilfe seiner Söhne auch zu verteidigen, als er plötzlich und unerwartet am 11. November 1347 auf der Jagd im bayerischen Fürstenfeld starb. Ein Schlaganfall ließ ihn vom Pferd stürzen und in den Armen eines herbeigeeilten Landmannes hauchte er sein Leben aus mit den Worten: „Mutter Gottes, Himmelskunigin, bis bi miner Schidung …". Beerdigt wurde sein Herz im Kloster Fürstenfeld, die Gebeine aber wurden nach München überführt und dort in der Michaelskapelle beigesetzt. Der Bannfluch des Papstes war nie gelöst worden und lastete auch im Tode auf dem Kaiser, obwohl sich seine Familie immer wieder bemüht hatte, ihn davon befreien zu lassen.

Beim Tode des Vaters war Elisabeth siebzehn Jahre alt gewesen. Ein großgewachsenes Mädchen mit wachem Verstand, für das sich die Welt jäh und unwiderruflich verändert hatte. Sie war nun keine kaiserliche Prinzessin mehr, sie war eine Halbwaise, deren Wohl und Wehe den erwachsenen Söhnen des Kaisers aus seiner ersten Ehe anvertraut war. Ein Faustpfand, das, geschickt eingesetzt, Macht- und Geldzuwachs bedeutete. Ludwig der Brandenburger, Herzog von Tirol, setzte die Schwester höchst gewinnbringend ein. Cangrande della Scala, Herr in Verona, bekam Elisabeth von Bayern zur Frau. Das sicherte dem Bruder den so wichtigen Zugang nach Italien, außerdem erhielt er von den Scaligern finanzielle und militärische Unterstützung. Mit der Einheirat der Kaisertochter erlangte das Haus della Scala auch nach außen hin die Legalität, die es brauchte, um den Stadtstaat Verona im oberitalienischen Beziehungsgeflecht abzusichern.

Verona – nach so vielen Jahren nur noch eine flüchtige Erinnerung im Gedächtnis Elisabeths: an die glanzvolle Residenz Reggia degli Scaligeri, die von dem bedeutendsten Mitglied des Hauses Cangrande I., dem Freund und Mäzen Dantes, an den alten Geschlechterturm der Familie angebaut worden war. Wie oft hatte sie bewundernd vor den Fresken Giottos im großen Festsaal gestanden, sich an der prachtvollen Ausstattung der Innenräume des Palastes gefreut und gestaunt über die großzügige Gastfreundschaft und die Freigiebigkeit der Familie. Viele Wochen hatte es gebraucht, bis sie sich in den ungezählten Sälen und Gemächern nicht mehr verlaufen hatte. Der Reichtum der Kirchen in der Stadt, die Pracht der Häuser und Paläste, die Schönheit der Gärten, sie hatte sich nicht sattsehen können an den Farben und war begeistert von der Lebensfreude des Südens, die ihr überall entgegenschlug.

Und doch, noch immer quälten sie nächtliche Alpträume, wenn sie an die Jahre in Verona dachte. Hochfahrend und ablehnend so erschien ihr Cangrande II., der ihr angetraute Ehemann selbst heute noch in ihren Träumen.

Kaum ein gutes Wort hatte er für sie übrig gehabt. Als sie ihm den ersehnten Erben nicht schenkte, hatte er jegliches Interesse an ihr verloren. Er kam und ging, wie er wollte. Die Zahl seiner Konkubinen war unendlich. Gerade noch von umgänglicher Heiterkeit konnte er von einer Sekunde auf die andere unnahbar und von todbringender Schärfe sein. Immer mehr hatte sich die tief verletzte Elisabeth zurückgezogen. Glückliche Tage, wenn die fast gleichaltrige Schwester Cangrandes, Beatrice, in Mailand verheiratet mit Bernabo Visconti nach Verona kam. Oder wenn der Bruder Schwester und Schwager in Mailand seine Aufwartung machte. Unvergessen die Stunden, die sie dort mit den Kindern Beatrices verbracht hatte. Fast jedes Jahr lag ein neuer Säugling in der Wiege. Elisabeth bewunderte die stets heitere Regina Beatrice, die mit leichter Hand und scheinbar mühelos den gefürchteten Bernabo Visconti an der langen Leine hielt und sich offensichtlich nichts aus den zahlreichen Affären ihres Mannes machte.

Obwohl ihre Ehe nur noch auf dem Vertragspapier bestand, war es für Elisabeth ein Schock gewesen, als sie erfuhr, das Cangrande auf dem Weg zu einer seiner Geliebten von seinem Bruder Cansignorio erstochen worden war. Am ganzen Körper zitternd hatte sie den Knauf des Treppengeländers vor dem Festsaal in der Reggia umklammert, den Blick starr auf ein Gemälde gerichtet, das die Mutter Gottes mit dem neugeborenen Jesus darstellte. Ein Brudermord. Es dauerte eine Weile, bis der Alptraum dieser Ehe, der sich wie ein Panzer um sie gelegt hatte, einer zufriedenen Heiterkeit gewichen war. Nach München zurückgekehrt, hatte sie einen Briefwechsel mit Beatrice Visconti begonnen. Denn mehr noch als Verona war ihr Mailand im Gedächtnis geblieben. Dort hatten ihre Eltern, Kaiser Ludwig der Bayer und ihre Mutter, Margarete von Holland, in der Kirche von Sant Ambrogio aus den Händen von Erzbischof Guido von Mailand die Krone der Lombardei entgegengenommen, ein glücklicher Tag auf dem Zug nach Rom.

Lange war Elisabeth nicht in München geblieben. Schneller, als sie selber es sich gewünscht hatte, war von ihren Brüdern eine neue Hochzeit für sie arrangiert worden. Im Herbst 1362, drei Jahre nach dem Tod Cangrandes von Verona, wurde Elisabeth in Stuttgart mit dem Erben der Grafschaft Württemberg verbunden. Eine nach dem Verständnis der Zeit nicht mehr junge Braut von dreiunddreißig Jahren, deren Ehemann elf Jahre jünger war. Ihre vornehme Abkunft brachte dem aufstrebenden Haus Württemberg Glanz und Ansehen. Vorsichtig die Risiken nach allen Seiten abwägend hatte der Schwiegervater Eberhard der Greiner sich im Jahr vor der Hochzeit von Kaiser Karl IV. die weibliche Erbfolge für seine Lehen verbriefen lassen. Elisabeth hatte schlucken müssen, als sie davon erfuhr. Zu bitter hatte sie ihre Kinderlosigkeit in Verona erlebt. In Stuttgart hatte der Greiner die Doppelhochzeit seiner Tochter Sophie mit Herzog Johann I. von Lothringen und seines Sohnes Ulrich mit Elisabeth von Bayern gefeiert. Ein Jahr nach dem großen Ereignis hatte dann schon der ersehnte Erbe, wieder ein Eberhard, gesund und munter im alten Wasserschloss am Nesenbach das Licht der Welt erblickt. Ein Erbe für die Grafschaft. Ihr einziges Kind. Die Hoffnung Württembergs.

Wie oft hatte sie in der Vergangenheit für ihre Neffen die Wahl getroffen unter den Töchtern Beatrice Viscontis. Jetzt kam ihre Schwiegertochter Antonia über die Alpen. Im Alter ihrem Eberhard gleich. Ihre Mitgift würde helfen, das verarmte Land wieder aufzubauen. Elisabeths Blick wanderte von der Stiftskirche weiter zu den die Stadt umgebenden Weinberge. Noch immer waren viele von ihnen nicht wieder bepflanzt. Denn seit die Pest in der Grafschaft Württemberg gewütet hatte, waren neben dem Geld auch die Arbeitskräfte knapp geworden. Die Reichsstädte warben mit immer lukrativeren Privilegien und Vergünstigungen um den Zuzug von Bürgern. Dadurch nahm die Landflucht beständig zu und ließ die regulären Einnahmen des Landes noch weiter sinken. Ein Teufelskreis, aus dem es kaum ein Entrinnen gab. Schon überlegte Graf Eberhard, ob er nicht alle Einwohner der Grafschaft, einen heiligen Eid schwören lassen sollte, die Grafschaft niemals zu verlassen. Aber ob so ein Schwur auch gehalten wurde, wer mochte daran glauben. Brachen doch selbst Fürsten ihre einmal gegebenen Ehrenworte allzu häufig. Diejenigen, denen es gut ging, die würden freiwillig bleiben. Deswegen wünschte sich Elisabeth fast verzweifelt, dass Segen auf der so sorgfältig ausgehandelten Verbindung des jungen Eberhard mit Antonia Visconti liegen möge.

Hoffnung auf ein besseres Leben

Seit Jahrhunderten schon grüßte die Burg Hohenurach die Kaufleute und Reisenden, die auf der alten Handelsstraße entlang der Erms ihres Weges zogen. Erstmals erwähnt im Jahre 1100, gehörte sie zum Besitz der Grafen von Urach. Älter als die Burg war die Stadt Urach, die wie eine Talsperre die Ermstalstraße beherrschte. Einst, so erzählte die Sage, habe der Ort nur aus einem Wirtshaus bestanden, in dem die Fahrleute übernachteten, die nach Ulm oder nach Augsburg weiterreisen wollten. Daraus hatte sich mit der Zeit ein stark befestigter Marktflecken entwickelt. Durch Erbschaft war die Grafschaft Urach nach dem Tode Bertholds von Urach Mitte des 13. Jahrhunderts an das Haus Württemberg gekommen. Damals hatte Graf Ulrich von Württemberg auch die Burg Wittlingen „mitsamt dem Berg und allem Zubehör für 1100 Groschen Silber“ kaufen können. Der Besitz blieb Lehen des Bischofs von Konstanz. Der war ein treuer Parteigänger des Papstes Innozenz IV., in dessen Gefolge Ulrich von Württemberg damals zu Verhandlungen in Reichsangelegenheiten mit nach Avignon gereist war. Mit der Uracher Erbschaft und dem Erwerb der wehrhaften Burg hoch über dem Seeburger Tal konnte das Haus Württemberg die Grenzen der Grafschaft gen Osten absichern.

Die Württemberger hatten Urach kräftig ausgebaut. Handel und Gewerbe blühten. Vor wenigen Jahren erst war ein großes, im Osten der Stadt gelegenes Waldgebiet gerodet und mit Mauern befestigt worden. Jetzt standen bereits die ersten neuen Häuser „auf dem Gereut" und umrahmten den neuen großzügigen Marktplatz, an dem auch das Rathaus seinen Platz hatte. Das alte, von den Armen der Erms umschlossene Wasserschloss war von Eberhard dem Greiner ausgebaut und modernisiert worden. Die aufstrebende Stadt begann, die außerhalb der Mauern liegenden Weiler Mietenhausen, Merzhausen, Bickelhausen, Eberstetten, Egenhausen und Pfälen einzugemeinden, denn immer mehr Handwerksbetriebe drängten in die schützenden Mauern.

Argwöhnisch beobachteten die Reutlinger das Aufblühen der Stadt im Ermstal. Sie konnten nicht daran interessiert sein, die Grafschaft Württemberg zu stärken. So zogen sie immer wieder zu Plünderungen ins Ermstal, stahlen Vieh und brannten Gehöfte nieder. Das war auch im Mai 1377 so gewesen, als Graf Ulrich gerade mit einer großen Anzahl württembergischer Ritter auf Burg Achalm weilte. Was wohl als bewusste Provokation gedacht war, endete in einer für den Erben des Landes und seine Ritter außerordentlich verlustreichen Schlacht. Der Graf stellte die heimwärts ziehenden Reichsstädte unterhalb der Achalm, die zahlenmäßig überlegenen Reutlinger siegten, Ulrich wurde verwundet und zog sich mit seinen Rittern auf die Achalm zurück. Die Reutlinger triumphierten. Damals hatte – so berichtet eine Sage, der wütende Landesherr Eberhard zwischen sich und seinem einzigen Sohn das Tischtuch zerschnitten. Nach dem Rechtsverständnis der Zeit bedeutete dies die Aufkündigung der häuslichen Gemeinschaft. Ein schwelender Familienzwist, der nicht beigelegt wurde, weil beide Seiten schwiegen und unter dem besonders Ulrichs Frau Elisabeth litt.

Gestern nun waren Graf Eberhard und seine Gemahlin Elisabeth, eine geborene Gräfin von Henneberg-Schleusingen, Graf Ulrich und Gräfin Elisabeth samt ihrem Sohn, dem Erbgrafen Eberhard, auf Schloss Urach angekommen. Überall in der Stadt herrschte fieberhafte Aufregung. Wie mochte sie aussehen, die italienische Braut? Wen würde sie mitbringen? Gab es genug Quartiere in der Stadt für ihre Begleitung. Und vor allem waren sie vornehm genug für die mailändischen Gäste? Pferde und Maultiere sollten auf den umliegenden Gehöften untergestellt werden. Vogt und Bürgermeister, Handwerker, Bürger und Beamte arbeiteten Hand in Hand, um ihre Stadt herauszuputzen. Neue Teppiche und Wandverkleidungen hatten aus dem sonst eher unwirtlichen Wasserschloss eine jetzt im Oktober noch leidlich behagliche Unterkunft gemacht. Schon berichteten Kaufleute von dem Aufsehen erregenden Hochzeitszug der Visconti-Tochter vom Bodensee herauf durch das Allgäu auf Württemberg zu. Sensationell sei, das schworen die Kaufleute, dass die junge Gräfin, abseits von Dörfern, Städten und Klöstern im Herrensitz zu reiten pflegte.

Die Uracher wollten es nicht glauben. Es hieß, die junge Antonia habe diese Art der Fortbewegung bei ihrem beschwerlichen Ritt über die Alpen kennen- und schätzen gelernt. Für Kritiker habe sie nur ein Lächeln übrig und den Satz: Auch Margarete von Brabant, die Frau Kaiser Heinrich VII., sei im Herrensitz geritten, wenn es sich nicht habe vermeiden lassen. Und wann sich etwas vermeiden lasse, entscheide sie selber. Das war aber lediglich ein Gerücht. Kein Gerücht war der endlose Zug der Wagen und Maultiere, die zu ihrem Gefolge gehörten. Täglich kamen neue Meldungen, täglich wurde der Zug in den Erzählungen länger und die Geschichten, die sich um Antonia und ihren Tross rankten, sensationeller. In Kempten hatten die Württemberger auf den Zug der Gräfin gewartet und geleiteten ihn nun nach Urach. Jetzt lag die Sicherheit Antonias in den Händen der Württemberger. Marco atmete auf.

Obwohl tagsüber immer noch die Sonne schien, war es in den Nächten Ende Oktober schon empfindlich kühl. Antonia betrachtete mit großen Augen die Landschaft der Schwäbischen Alb, ihr gefielen die Hügel, die Wiesen und Weiden, auf denen friedlich das Vieh graste. Unendlich viele Burgen gab es hier, sie grüßten von den nicht übermäßig hohen Bergen herunter, als wollten sie die Braut aus fernem Land willkommen heißen.

„Noch eine Nacht, dann sind wir am Ziel“, Marco raunte es seiner Schwester zu. „Am Tor der Stadt Urach erwartet dich der Bräutigam mit seiner Familie. Er wird dir entgegenreiten, sobald die Trompeten deine Ankunft ankündigen.“

Antonia nickte. Noch einmal schlafen. Es gelang ihr fast nicht, die Augen zu schließen. Wie würde er aussehen? Freute er sich auf sie? Wie war seine Familie? Würde sie willkommen sein? Fragen über Fragen, die ihr niemand beantworten konnte. Sie schluckte, niemand konnte ihr helfen. Sie fühlte sich so alleine wie noch nie in ihrem Leben.

Am nächsten Morgen ließ sie sich in das bereitgelegte Kleid mit den feinen weißen Applikationen helfen. Sorgfältig bürstete ihr die Amme die Haare, half den Mädchen, die dunkle Pracht in feine Zöpfe zu flechten und mit goldenen Bändern hochzubinden. Antonia bestand auf den hochhackigen Schuhen mit den neuen Sohlen, so wie man sie jetzt in Mailand trug, obwohl die ziemlich unbequem beim Reiten waren. Aber sie würde ja zu Fuß am Arm ihres Bräutigams durch das Stadttor hinein in ihr neues Leben schreiten. So war es bestimmt. Ihr Magen krampfte sich zusammen, sie spürte, wie ihr das Herz bis in den Hals hinein schlug. Am liebsten hätte sie geschrien. Sie ballte die Fäuste und schloss die Augen: Sie war eine Visconti, undenkbar, dass sie sich etwas anmerken ließ.

Aufrecht wie eine Statue stand sie, ließ sich schmücken mit Ketten, Ringen und Armbändern. Als Antonia zu der langen Perlenkette greifen wollte, hatte die Amme entsetzt abgewinkt, Perlen bedeuteten Tränen. Marco half ihr auf das mit goldgewebten Decken geschmückte Pferd. Der Damensattel war unbequem wie immer, die neuen Schuhe drückten, und die Sonne schien ihr gerade ins Gesicht. Langsam ritten sie auf die Stadt zu. Schon erklangen die Trompeten der Herolde. Der Zug hielt an. Angestrengt blinzelte Antonia. Sehr aufrecht und unbewegt saß sie im Sattel. Sie sah ihn kommen, zwei Begleiter zur Seite ritt er ihr langsam entgegen, grüßte ritterlich, warf einem der Begleiter die Zügel zu, sprang vom Pferd und verneigte sich vor ihr. Dann beugte er die Knie:

„Willkommen in Württemberg, Madonna Antonia!"

Er blickte ihr in die Augen, dunkle Augen hinter langen Wimpern. Trotz ihrer Aufregung gelang es ihr zu lächeln und die Zügel des Pferdes dem neben ihr stehenden Reitknecht zuzuwerfen.

Vorsichtig, als wäre sie aus Glas, half Eberhard ihr vom Pferd, schob sie ein wenig von sich und sagte:

„Wir werden dies jetzt gemeinsam zu einem guten Ende bringen." Er lächelte ein beruhigend jungenhaftes Lächeln und bot ihr den Arm. Wenn er sie nicht gehalten hätte, wäre sie gestolpert: „Sie drücken wohl, die Schuhe!" Wieder dies Lächeln. Antonia lächelte zurück:

„Aber sie sind die neueste Mode!" Er nickte ernsthaft und verzog den Mund:

„Für Neues hat man hier nicht viel Sinn, das werdet Ihr auch noch merken!" Dann schritten sie nebeneinander gemessenen Schrittes, begleitet vom Klang der Trompeten, dem Tor zu. Dort hatte die gräfliche Familie Aufstellung genommen.

Antonia versank in einem tiefen Knicks. Sie sah, wie der alte Eberhard sie musterte. Was war von diesem Goldvögelein aus Mailand für das Land zu erwarten? Für seinen Geschmack trug sie zu viel Schmuck, sie putzte sich heraus, wie es bisher bei Frauen des Hauses Württemberg nicht üblich war. Und sie senkte den Blick nicht, wenn man sie ansah. Im Gegenteil. Sie hob die Brauen ein wenig und lächelte, dann knickste sie noch einmal vor dem Grafen, der nun auch ihr Großvater war. Die ältere Elisabeth, nun ihre Großmutter, nahm das Mädchen kurz in die Arme. Graf Ulrich, der Schwiegervater, drückte ihr einen herzhaften Willkommenskuss auf die Stirn. Unendlich liebevoll, als würde sie eine lange entbehrte Tochter endlich wieder in die Arme schließen können, wurde Antonia von Eberhards Mutter Elisabeth begrüßt. Wieder und wieder streichelte sie die Hände der Schwiegertochter, die genau so aussah und sich bewegte, wie sie es sich erträumt hatte.

Jetzt wurden ihr die Damen und Herren des Hofes vorgestellt. Antonias Augen brannten von der Sonne, die Füße taten ihr weh. Immer wieder betrachtete sie den Jungen an ihrer Seite. Hübsch war er, gut gewachsen, vielleicht eine Spur zu dick. Alle schienen ihn zu mögen. Für jeden hatte er ein aufmunterndes Wort, und er kümmerte sich aufmerksam und ritterlich um seine Braut. Wenn er sich unbeobachtet glaubte, betrachtete er ein wenig scheu das Mädchen, mit dem er nach den ausgehandelten Verträgen verheiratet war. Hübsch war sie, schnell im Begreifen und interessiert an allem, was sie zu sehen bekam. Sie erwiderte höflich alle Artigkeiten, selbstbewusst und ohne sich anzubiedern. Sie verstand nicht alles, was um sie herum vorging und was gesprochen wurde. Manches schien sie zu erschrecken, das sah er an ihren Augen, die sich verdunkelten, wenn ihr etwas Angst machte.

Es wurde ein langer Abend. Sie tanzten, als alle es wollten, und sie gingen in das vorbereitete Schlafgemach. Das war so, sie würden es gemeinsam durchstehen. Leise sagte der junge Graf, als er Antonias Hand nahm:

„Wir haben noch viel Zeit zu tun, was wir wollen!“ Antonia nickte.

Am nächsten Morgen fand die feierliche Überschreibung der Morgengabe statt. Das Amt Zabergäu, Brackenheim und Bietigheim, Städte und Ortschaften, die Antonia nun samt allen Einkünften gehören sollten. Sie verstand nicht alles, was der Notar Johannes Falconus aus Bergamo verlas und was die Anwälte Dr. Faustinus Lantana und Paganinus de Blassano im näselnden Tonfall bestätigten. Doppelt unterschrieben und gesiegelt wurde das vierseitige Dokument, in dem alle Einkünfte sorgfältig aufgelistet waren, dann schließlich dem dicken Inventarverzeichnis ihrer Mitgift und dem Ehevertrag beigefügt. Eilfertig nahm der Hofmarschall das Original in Verwahrung, während Marco Visconti eine unterzeichnete Abschrift entgegennahm. Die Mailänder Delegation war zufrieden. Sie hatten ihre Mission erfolgreich zu Ende geführt. Antonia Visconti war Gräfin von Württemberg. Der Vertrag war erfüllt. Es gab nichts mehr zu tun.

Wie klein dies Urach war, mit Mailand nicht zu vergleichen. Eigentlich hatten das ja die Vertreter des württembergischen Hofes schon im Broleto Vecchio gesagt. Bloß hatte Antonia es nicht so verstanden, wie es gemeint war. Sie fror, dem eisigen Wind hielten die verglasten Fenster des alten Wasserschlosses nicht stand. Fröstelnd ließ sich Antonia den gräflichen Vogt und seine Beamten vorstellen, plauderte mit dem Bürgermeister, erriet mehr, was er sagte, als dass sie es verstand. Denn so gut war ihr Deutsch noch nicht, dass sie dem schwäbischen Dialekt ohne Mühe hätte folgen können. Sie fühlte, dass der alte Graf sie beobachtete, während es doch so aussehen sollte, als hinge er seinen Gedanken nach: Sie hielt sich wacker, die kleine Mailänderin! Fürstliche Hochzeiten, so resümierte der alte Haudegen, konnten Kriegen vorbeugen. Mit dieser hier zeigte er seinen Feinden, dass er nicht geschlagen war, sondern immer noch über genügend Kraft verfügte, allen Paroli zu bieten. So eine glanzvolle Verbindung konnte nicht jedes gräfliche Haus anknüpfen. So etwas fiel selbst Fürstenhäusern nicht in den Schoß. Aber Geld hatte selbst diese so einträgliche Hochzeit gekostet. Zähneknirschend hatte er zustimmen müssen, das gesamte Gefolge für Urach neu einzukleiden. Teuer war auch der eigens einstudierte nächtliche Umzug gewesen, an dem Gäste und Bevölkerung ihre Freude gehabt hatten. Wein für alle hatte er ausgeben lassen. Extra Musiker waren engagiert worden für den Tanz im großen Saal. Aber wenn die Unterzeichnung der Verträge beendet war, dann würden alle so schnell wie möglich in ihren Alltag zurückkehren. Das war gewiss.

Endlich war auch diese Zeremonie zu Ende. Danach hatte Eberhard, nun wohl endgültig verbrieft ihr Eheherr, wie er lachend feststellte, sie zu dem neuen Stadtteil geführt, von dem er so angetan war. Antonia ließ sich von ihm erklären, warum der Marktplatz, so und nicht anders ausgeführt werden musste und wie viele Märkte eine Stadt wie Urach brauchte, um noch mehr Menschen anzuziehen. Neugierig und interessiert hörte Antonia zu. Es machte ihr Spaß, Neues entstehen zu sehen. Sie wollte alles wissen, alles verstehen. Nur noch wenige Tage blieben die italienischen Gäste in Urach. Schon hatte sich Marco von der Schwester verabschiedet. Antonia hatte ihre Tränen nicht zurückhalten können. Würde sie den Bruder, würde sie überhaupt jemanden aus ihrer Familie jemals wiedersehen? Erst jetzt, beim Abschied, machte sie sich klar, was es bedeutete, nicht mehr zu Hause zu sein. Allein in der Fremde. Da nützte es wenig, dass Eberhard beruhigend ihre Hand nahm. Hilflos sah Marco die Tränen der Schwester. Er hatte seine Aufgabe erfüllt, es drängte ihn zu seiner Frau und dem Kind, das jetzt auf der Welt sein musste. Mit ihm verließ sein Reisemarschall und der größere Teil seiner Begleitung Württemberg. Es war schon spät im Jahr und wenn sie vor der kalten Jahreszeit über die Pässe wollten, dann mussten sie sich sputen. Zurück blieb ein großer Teil der Maultiere. Das Hochzeitsgut wurde in Urach auf Wagen umgeladen. Nur wenige Maultiere und Pferde wollte Antonia auf Eberhards Rat mit nach Stuttgart nehmen. Eberhard der Greiner hatte es eilig, in die Hauptstadt zurückzukommen. Er hielt nicht viel vom Feiern. Die Arbeit wurde dabei nicht weniger, und die Zeit drängte. Außerdem sollte das Hochzeitsgut Antonias so schnell wie möglich hinter den Mauern von Stuttgart in Sicherheit gebracht werden. Die Städte würden nicht nachlassen in ihrem Bemühen, Württemberg zu schaden, dessen war er sich sicher.

Der junge Eberhard aber wollte noch einige Tage mit seiner jungen Frau in Urach bleiben. Gemeinsam ritten sie hinauf zur Burg Hohenurach und blickten hinaus in die Weite des Landes. Die Wälder hier waren wildreich, Vater und Großvater kamen oft hierher, um zu jagen und um sich zu erholen. Eberhard selber fand nicht viel Freude am Waidwerk, er liebte schöne Pferde und sprach immer wieder davon, wie gerne er ein Gestüt einrichten wolle. Bei Kirchheim im Schatten der Teck habe er schon ein großes Stück Land erworben, aber sein Großvater hielt nicht viel von der Idee, das sei nur hinausgeschmissenes Geld und wollte seine Zustimmung nicht geben. Lachend nahm Antonia die Hand ihres Mannes: Das würde sie schon einrichten, er würde schon sehen, so ein Gestüt könne ja wohl nicht die Welt kosten. Gemeinsam statteten sie Burg Wittlingen einen Besuch ab, zu zweit, ganz alleine, ihre Begleitung hatten sie in Urach gelassen. Antonia ritt diesmal im Herrensitz und machte – das musste Eberhard zugeben – dabei eine wirklich gute Figur. Nach einem Abstecher zur unheimlichen Wittlinger Schlucht blickten sie hinaus in das Seeburger Tal. Das schönste von allem aber war der Blick über das Albvorland und auf die Alb vom Florian bei Metzingen, fand Antonia. Sie standen am Gütersteiner Wasserfall und betrachteten die sprühende Gischt der herabstürzenden Wassermassen durch die zu Schlitzen zusammengekniffenen Augen. Wie Silber glänzte das Wasser, und sie bewunderten den Wasserfall bei Urach. Hier habe der Großvater schon Bären gejagt, erwähnte Eberhard beiläufig und sah, wie sich Antonia ängstlich umblickte. Aber der Held in Gestalt ihres Ehemannes versprach, sie aus allen Gefahren zu retten und sie heil in die Residenzstadt Stuttgart zu bringen. In diesen Tagen in Urach fühlte sich Antonia glücklich, zufrieden und stark. Oft, wenn sie später ihr Mut und ihre Kraft verlassen wollten, wenn sie krank vor Heimweh nach ihren Eltern und Geschwistern und nach der Schönheit Mailands war, dann rief sie sich die Tage ihrer jungen Ehe in Urach ins Gedächtnis zurück, und sie vergaß, was sie bedrückte.

Jäh schlug das Wetter um, es wurde kalt, und die Nächte brachten Frost und Raureif. Ein Naturwunder, das Antonia nicht kannte und das sie kleine Entzückensschreie ausstoßen ließ. Die Landschaft sah aus, wie mit Mehl bestäubt. Sie war neugierig auf Stuttgart. Urach hatte ihr gefallen. Dort hatte sie Eberhard kennengelernt und mit ihm unbeschwerte Tage erlebt. Es war ein wenig wie in Como in den Sommern ihrer Kinderjahre. Müde und erschöpft hatten Eberhard und Antonia Stuttgart erreicht. Die kleine Reise durch die Grafschaft hatte Antonia entzückt. So viele verschiedene Landschaften, kleine Bäche, idyllische Täler und sanfte Hügel, von Burgen gekrönt. Wie schön war dieses Land. Die auf den Feldern arbeitenden Menschen, die Bauern in den Dörfern und Weilern hatten dem schönen jungen Paar gehuldigt, Kinder waren ihnen entgegengelaufen. Aber die Menschen waren arm, hatten nur das Nötigste, viele Weinberge lagen noch verwüstet. Es gab ganze Weiler, in denen niemand mehr lebte. Eberhard zuckte die Achseln, als ihn Antonias fragende Blicke trafen:

„Eines Tages wird das Land wieder blühen, es braucht alles seine Zeit!“

Antonia nagte selbstvergessen an ihrer Unterlippe. Menschen, die nichts hatten, konnten nicht gut Steuern und Abgaben zahlen. Das war in Württemberg sicher nicht anders als in Mailand. Den Menschen musste geholfen werden, den Bauern auf den Feldern und den Handwerkern in den Städten, dann würde der Wohlstand kommen. Mit Verträgen und ausgeklügelten Verbindungen musste man den Wohlstand vor Feinden schützen, so wie ihr Vater das in Mailand tat. Nach einem Blick auf Eberhard, revidierte sie ihre Meinung. Vielleicht nicht ganz so wie ihr Vater, das passte nicht nach Württemberg, aber das Ergebnis musste ähnlich sein. Sie warf den Kopf in den Nacken. Wenn es nach ihr ginge, dann sollte es bald aufwärts gehen wie in Urach, wo sich immer mehr Handwerker ansiedelten und Handel und Gewerbe blühten.

Die Residenzstadt Stuttgart hatte an die fünftausend Einwohner, ein großer Teil davon schien auf den Straßen zu sein und wollte die schöne junge Gräfin aus Mailand sehen, deren enormes Hochzeitsgut seit einigen Tagen das Stadtgespräch bildete. Was mochte in all den Kisten und Kasten, den Ballen und sorgfältig gepackten Paketen stecken. Von Gold und Silber, von Edelsteinen und Schmuck war die Rede und von viel Geld. Noch war nichts davon ausgepackt, das hatten Kammerfrauen und Küchenmädchen ausgeplaudert. Der Ruf ihrer Schönheit war Antonia vorausgeeilt. Wie jung sie war und wie elegant die Frau, die sich der junge Graf aus Mailand geholt hatte, im Sattel saß. Reich und schön. Wenn auch nicht aus besonders hohem Hause. Hatte man nicht gehört, sie würde sogar im Herrensitz reiten? Trotzdem – sie waren ein wirklich schönes Paar. Die Stuttgarter Frauen mussten es neidvoll eingestehen, auch wenn der junge Graf, so ganz anders als bei Angehörigen seines Geschlechtes gewohnt, nicht gerade mager war. Deswegen wurde er manchmal auch „der Feiste“ genannt. Aber er strahlte so viel heitere Gelassenheit aus, als er die Huldigungen der Bürger der Residenz entgegennahm, dass der Jubel nicht enden wollte.

Schließlich deutete er lachend auf die Frau an seiner Seite. Die junge Gräfin trug ein dunkelgrünes Reitkleid aus wunderbar glänzendem Samt, die Haare hatte sie hochgesteckt, sehr streng und sehr vornehm. Ihr Schmuck war dezent. Aufsehen erregend aber waren die Schuhe. Die Damen fragten sich, ob man denn auf so hohen Absätzen überhaupt laufen könne. Und „die solle mal in die Nähe des Nesenbaches und des übelriechenden Abfalls an seinen Ufern geraten". Aber das war ja bei einer Gräfin nicht anzunehmen. Trotz ihrer Müdigkeit verharrte Antonia vor dem Einreiten in den Schlosshof und grüßte in die Menschenmenge, die gekommen war, sie willkommen zu heißen. Dann richtete sie ihre Blicke neugierig auf das Schloss, das nun ihre Heimat werden sollte: Ein von einem breiten Wassergraben umgebener rechteckiger Block, dessen gesamtes Untergeschoss von dem imponierenden Dürnitzsaal eingenommen wurde. Alles war schmucklos, keine Kunstgegenstände waren auf den Gängen zu sehen. Ärmlich fast wohnten die Grafen von Württemberg. Antonia hielt die Luft an, als sie die ihr und ihrem Mann zugewiesen Räumlichkeiten in Augenschein nahm. Aber sie war entschlossen, das Beste daraus zu machen. Dazu gehörte auch, sich nichts anmerken zu lassen.

Von Beginn an war ihr ihre Schwiegermutter Elisabeth von Bayern eine große Hilfe. Die Kaisertochter wusste aus eigener leidvoller Erfahrung, wie schwierig es war, sich in eine Familiengemeinschaft einzufügen. Mit heiterer Gelassenheit unterwies sie die unerfahrene Schwiegertochter im Umgang mit den in überkommenen Ritualen erstarrten behäbigen württembergischen Hofleuten. Elisabeth sorgte dafür, dass nicht jedes spitze Wort der jungen Mailänderin auf die Goldwaage gelegt wurde. Denn es fiel Antonia nicht leicht, sich anzupassen an die mehr als sparsame Hofhaltung. Wenn etwas nicht da war, dann musste es eben gekauft werden. Das Geld dafür hatte sie schließlich mitgebracht. Eine Einstellung, die der Wahrheit entsprach, aber nicht jedem am Hof gefiel. Die drei verschiedenen Hofhaltungen des regierenden Grafen, des Grafen Ulrich und nun die neu hinzugekommene des jungen Eberhard gerieten nicht selten aneinander und machten sich gegenseitig das Leben schwer. Da hing der Haussegen oft schief. Denn für ihre Amme war Antonia die wichtigste Person auf Erden, da konnte kein Württemberger mithalten, und bald waren die drastischen italienischen Schimpfworte auch in ihrer deutschen Übersetzung allen Beteiligten nur zu gut bekannt.

Mit der Zeit glätteten sich die Wogen. Die meisten der von Antonia mitgebrachten Bücher und Bilder hatten ihren Platz gefunden. Die Musikinstrumente warteten darauf benutzt zu werden. Noch hatte sie keine Zeit gehabt, die Werke des von ihr so sehr geliebten Komponisten Bartolino da Padua, die ihrer Familie gewidmet waren und deren Abschriften sie mit nach Stuttgart genommen hatte, zu spielen. Sie sehnte sich danach, einige der Madrigale wieder zu hören. Aber wer sollte sie mit ihr genießen? Energisch schob Antonia die trüben Gedanken beiseite. Es würde sich alles finden. Antonia hatte die Wände ihrer Gemächer mit dem wunderbar feinen roten Samt bespannen lassen, den auch ihre Mutter bevorzugte. Er tauchte die Räume in ein behagliches rötlich schimmerndes Licht. Hierher konnte sie sich zurückziehen, hier hatten die Träume Raum, die sie zusammen mit Eberhard träumte und die sich fast immer um eine bessere Zukunft für Württemberg drehten.

Das Mailänder Geld erwies sich als ein wahrer Segen. Es war gut, wenn man eine notwendige Maßnahme einfach anordnen und auch gleich bezahlen konnte. Er gewöhnte sich daran, der junge Eberhard, nicht mehr jeden Kreuzer dreimal umzudrehen, sondern manchmal auch Dinge zu kaufen, zu bezahlen oder durchzuführen, die eigentlich nicht notwendig, sondern lediglich wünschenswert waren. So etwas hatte es in Württemberg noch nicht gegeben. Staunend sahen die Untertanen dem zu und das Wort vom Geldausgeben mit leichter Hand machte die Runde. Eberhard und Antonia aber focht das nicht an. Es war genug da, und wenn es nach ihnen ging, dann würde es sich auch vermehren. Nur wer säte, konnte ernten, das war auf dem Feld nicht anders als beim Geld.

Die junge Gräfin erwartete ihr erstes Kind. Eine Zeit der Hoffnung und doch auch des Bangens. Wieder war es Elisabeth von Bayern, die sich rührend um die Schwiegertochter bemühte. Südlich vor dem Schloss, mit Blick auf die Weinberge und den Wald, hatte Antonia ein Stück Land erworben, auf dem sie einen Garten anzulegen begann, wie es ihn in der Residenz bisher noch nicht gegeben hatte. Irritiert sahen es die Bürger: Abgeschirmt durch hohe Mauern entstand dort kein Kräutergarten, und kein Garten, wie ihn die Bauern draußen auf dem Lande hatten oder gar die Klöster. Es entstand ein wohldurchdachtes Miteinander von Pflanzen, Blumen und Bäumen, langsam nur, aber seine Besonderheit war schon jetzt in den Anfängen sichtbar. Hier suchte die junge Gräfin Ruhe und Erholung, hier konnte sie lesen und Briefe schreiben. Ein irdisches Paradies, in dem man sich zum Vergnügen aufhielt. Getreu den Lehren ihres Vorbildes Francesco Petrarca war der Frau von Mailand Garten ein Spiegelbild ihrer der Natur verbundenen Seele. Seltene Blumen, Pflanzen und Bäume in diesem von Menschenhand geschaffenen Garten Eden verschafften ihr Ruhe und innere Ausgeglichenheit. Hier konnte sie sitzen und von der sonnenüberfluteten Landschaft der Lombardei träumen, von den Pflanzen und Blumen, die sie so liebte. Dort gab es Früchte, die in Württemberg nicht reiften, weil sie niemals genügend Sonne bekamen. Vielleicht konnte man einige der empfindlichen Pflanzen im Winter hineinholen unter ein schützendes Dach, unter dem sie überleben konnten? Sie würde sich Gärtner holen, die das ausprobierten. Kuriere aus Mailand brachten exotische Pflanzen und zierliche Bäumchen. Ein Garten entstand, wie er wohl in ihrer Heimat Italien üblich war. Der alte Graf Eberhard sah es mit zusammengekniffenen Lippen, aber die Freude der jungen Antonia an ihrem „Hortus conclusus“ rührte selbst ihn.

Dann hielt sie ihren ersten Sohn in den Armen. Ein wohlgebildetes, schönes Kind. Ludwig sollte er heißen, so hatte es der junge Vater bestimmt. Nach dem Kaiser, dessen Urenkel er war und nach dem Heiligen Ludwig, König von Frankreich, auch er einer der Vorfahren des kleinen Grafen. Die Freude war unermesslich. Doch der Erbe Württembergs starb, noch nicht einmal dem Säuglingsalter entwachsen. Und damit nicht genug. Es folgten Schwangerschaften und Geburten, eine kurze Freude und dann wieder der Tod. Antonia war wie gelähmt, die besorgten Blicke der Familie taten ein Übriges. Auf wie vielen Beinen stand denn das Haus Württemberg? Das Land brauchte einen Erben. Das wusste auch die von Geburten und Fehlgeburten erschöpfte junge Frau, die zudem noch anderen Kummer zu tragen hatte. Regina Beatrice, die Königin Mailands, die Freundin der Künstler und Dichter, der Maler und Bildhauer war plötzlich und unerwartet gestorben. Der untröstliche Bernabo Visconti gebot in einem Schreiben den Bürgern Mailands, so wie sie sonst an seiner Freude teilhatten, nun auch seine Trauer mit ihm zu teilen und ein Jahr lang für Regina Beatrice Trauerkleidung zu tragen. Antonia hatte die Mutter verloren und trauerte um die Kinder, die sie geboren hatte und die nun in der Gruft unter der Stiftskirche ruhten.

Jedes eine zerronnene Hoffnung, im kleinen Sarg der Ewigkeit entgegenschlafend. Antonia begann die Stiftskirche in einem ganz anderen, ganz neuen Licht zu sehen. Ihr Schmerz und ihr Kummer brauchten etwas, das einzigartig war, das sie ablenkte, das den Schlaf ihrer Kinder begleitete. Sie wollte eine Orgel für diese Kirche und sie setzte sich durch. Am Anfang war es für alle etwas ungewohnt, wenn das neue und sehr teure Instrument, gespielt von einem aus Mailand herbeigeholten Musiker den Gesang der Gläubigen begleitete. Aber Antonia half es, ihren Kummer zu überwinden und wenigstens nach außen die schöne und elegante Frau des jungen Grafen zu sein. Eine trostlose Zeit, in der noch ein weiterer Schlag auf Antonia wartete. Bernabo Visconti, der Vater, der so unangefochten von Mailand aus die Fäden der Politik gezogen hatte, er wurde durch seinen Neffen Gian Galeazzo mit einer List niedergerungen und eingekerkert. Immer argwöhnisch, immer auf der Hut hatte der Condottiere einer Bitte seines Neffen stattgegeben, ihn auf der Durchreise zu einer dringend benötigten Kur in Mailand aufzusuchen. Getäuscht durch den unterwürfigen Ton Gian Galeazzos hatte Bernabo Visconti dem Neffen den Wunsch erfüllt und traf sich, umgeben von einigen seiner Söhne mit ihm und seinem Gefolge. Plötzlich blitzten Messer, der überraschte Bernabo wurde samt seinen Söhnen gefangengenommen und eingekerkert.

Seitdem hatte Antonia von den Brüdern nichts mehr gehört. Die Welt ihrer Kindheit und Jugend, sie war vernichtet, es gab sie nicht mehr. Niemals konnte sie nach Mailand zurückkehren. Die Stadt, die sie liebte, in der sie aufgewachsen war, gab es nicht mehr. Bernabo Visconti, den alle einen grausamen Tyrannen nannten und der trotzdem ihr Vater war, starb nur wenige Monate später fast schon vergessen im Kerker. Es gab noch immer keine Nachricht von den Brüdern in Mailand. Nur von der Schwester Catarina, die Gian Galeazzo, um beide Zweige der Familie wieder zu vereinigen, gezwungen hatte, ihn zu heiraten. Trost fand Antonia in diesen trüben Tagen bei Francesco Petrarca. Immer wieder las sie in seinem Traktat von Glück und Unglück. Alles, was der Mensch besitzt und was ihn glücklich macht, ist am Ende nicht dazu geeignet seinen Seelenfrieden zu erhalten. Trost und Erfüllung wird derjenige finden, der auch im schlimmsten Unglück noch einen Sinn sehen und dadurch zu Gott finden kann. Ängste seien dazu da, überwunden zu werden und um daraus gestärkt und zufrieden hervorzugehen. Noch fiel es Antonia schwer, das, was sie mit dem Verstand erfassen konnte, auch im Herzen zu glauben. Dazu brauchte sie – auch das hatte sie von Petrarca gelernt – Wissenschaft und Künste.

Denn aus der Einsamkeit des Herzens wurde der Mensch durch Musik und Literatur in die Gesellschaft der Wissenden geführt. Eine schwierig umzusetzende Gewissheit in einem Land, in dem es am Nötigsten fehlte und das schon wieder vom Kriege bedroht wurde.

Antonia erwartete wieder ein Kind. Nach all dem, was sie erlebt hatte, war es unmöglich ohne Angst zu sein, aber sie würde es wenigstens versuchen.

Dabei war es mit dem Land aufwärts gegangen. Die Weinberge trugen wieder, seit Jahren war eine gute Ernte auf die andere. Schon wuchs mancherorts bescheidener Wohlstand, Neues wurde gebaut, Altes ausgewechselt. Allen Unkenrufen zum Trotz hielt das von Kaiser Karl IV. ausgehandelte Stillhalteabkommen mit den Reichsstädten nun schon bald zehn Jahre. Aber der gewiefte Taktiker Eberhard der Greiner traute dem Frieden nicht, er sah sich nach Bundesgenossen um, sammelte Vertraute und baute im Geheimen ein Heer auf. Auch die Städte ruhten nicht. Nach der Niederlage der Habsburger in der Schlacht bei Sempach hatten die Reichsstädte Morgenluft gewittert und unternahmen alle Anstrengungen, nun auch den Württemberger Grafen niederzuringen. Der alte Streit brach im Frühjahr 1388 wieder auf. Innerhalb weniger Wochen versank ganz Süddeutschland in einem erbarmungslosen Krieg. Mit am schlimmsten betroffen war Württemberg, das sich doch gerade zu erholen begonnen hatte. Außerhalb der Städte, in den Dörfern und Weilern blieb kein Stein auf dem anderen. Hauptleidtragende dieses Städtekrieges waren die Menschen auf dem Lande.

„Das Schwabenland war also verheert, dass kaum ein Dorf war zu beiden Seiten, das nicht verbrannt oder beschatzt worden wäre", so klagte ein Chronist *„die von Württemberg ritten vor die Städte und verheerten, was sie konnten. Sie hieben das Kraut und die Reben mit den Schwertern ab. Und die Städte taten nichts anderes, als dass sie das Vieh der Herren nahmen und raubten und brannten und die Leute fingen."*

Endlich wollten die verbündeten Reichsstädte Stuttgart selbst und damit das Herz der Grafschaft angreifen. Von Weil der Stadt her zog im August 1388 ein Heer an der Würm entlang auf die Hauptstadt zu. Aber der Zug wurde von Bewaffneten auf der Höhe des befestigten Döffinger Friedhofes gestellt und aufgehalten. Jetzt rückte in Eilmärschen, angeführt von Eberhard dem Greiner ein großer Heerhaufen auf Döffingen zu. An seiner Seite ritten der Sohn Ulrich und der Enkel Eberhard. Unter den Kämpfern befanden sich der Bischof von Würzburg, der Markgraf von Baden, die Grafen von Werdenberg, Löwenstein, Oettingen, Helfenstein, Katzenellenbogen und Sponheim. Es entspann sich eine der blutigsten und verlustreichsten Schlachten des 14. Jahrhunderts. Gleich zu Beginn des Gemetzels fiel Graf Ulrich, getroffen von einer tödlichen Kugel. In das allgemeine Entsetzen hinein ertönte die Stimme des Greiners:

„Lasst meinen Sohn liegen, er ist wie jeder Mann!" Um den Seinen Mut zu machen und die Gegner in Verwirrung zu stürzen, rief er mit Stentorstimme: „Frisch dran, schlagt zu, die Gegner fliehn!"

Die Kriegslist gelang. Schon wankten die reichsstädtischen Truppen, der Sieg gehörte den Württembergern. Aber um welchen Preis. Erschossen Ulrich, der Sohn und Erbe. Nicht auszudenken, wenn auch Eberhard, dem Enkel etwas passiert wäre. Aber auch so war der Verlust ungeheuer. Gefallen waren die Grafen von Werdenberg, Zollern und Löwenstein und weitere sechzig adlige Herren und einige hundert gemeine Männer, die Städte aber hatten wohl 2500 Mann verloren und noch mehr als 600 Gefangene zurückgelassen.

Noch während der Graf auf dem Schlachtfeld um seinen Sohn trauerte, kam schweißbedeckt ein Bote aus Stuttgart und verkündete atemlos, Gräfin Antonia habe einen Sohn zur Welt gebracht. Ein gesundes, lebensfähiges Kind. Da rief der zum Urgroßvater gewordene alte Haudegen:

„Nun sei Gott gelobt, der Fink hat wieder Samen."

Noch selten waren Freud und Leid so eng beieinander gewesen. Glücklich hielt Antonia den kleinen Sohn in den Armen. Wie hatte sie um ihren Mann gefürchtet, seit er in die Schlacht geritten war. Dann kamen die Wehen und löschten alles andere aus. Jetzt, da es überstanden und das Kind ein gesunder Junge war, drangen langsam auch wieder andere Ereignisse in ihr Bewusstsein. Ach, der Schwiegervater war gefallen. Sollte man den Kleinen dann vielleicht nicht lieber Ulrich nennen? Bedächtig hatte der junge Vater den Kopf geschüttelt. Eberhard sollte er heißen. Wie der Sieger von Döffingen.

„Eberhard" flüsterte sie und strich dem Kind über das Köpfchen, „an dem Namen trägt er schwer!" Vor einer Weile war Elisabeth, die Schwiegermutter, gekommen. Mühsam ihre Fassung bewahrend, griff Elisabeth von Bayern immer wieder nach den feinen Fingern des Säuglings. Dies Kind würde das Leben weitertragen. Gebe Gott, dass es am Leben bliebe.

Jeden Tag erwachte Antonia mit dem Gedanken, der kleine Sohn könne über Nacht Schaden genommen haben, aber der Säugling entwickelte sich gut. Längst schon war Graf Ulrich in der Gruft der Stiftskirche zur letzten Ruhe gebettet worden. Elisabeth von Bayern hatte in der Stiftskirche für sich und den Verstorbenen eine Messpfründe einrichten lassen. Immer seltener war sie in Stuttgart anzutreffen, sie zog das burgähnliche Böblinger Schloss vor. Dor hatte sie vom hohen Schlossberg herunter einen weiten Blick ins Land. Oft meinte sie, bei klarem Wetter in der Ferne Döffingen erkennen zu können, den Ort, an dem ihr Mann sein Leben gelassen hatte. In Döffingen hatte sie den Grund erworben, auf dem ihr Mann gestorben war. Dort konnte sie sitzen, an Ulrich denken und für den kleinen Eberhard beten.

Antonias Leben begann sich unmerklich fast zu verändern. Immer mehr wurde der junge Graf von seinem Großvater in die Regierungsgeschäfte einbezogen. Eberhard war bei jeder der Einigungen, die nach dem Willen König Wenzels nach dem Reichslandfrieden von Eger jede Stadt einzeln mit dem Landesherrn vornehmen musste, dabei. Fuchsteufelswild war der Greiner geworden, als er Esslingen trotz seines Sieges Möhringen und Vaihingen nicht entreißen konnte. Es war nur ein schwacher Trost, dass es ihm gelang Oberesslingen zu kaufen. Aber wenigstens saß er so der Reichsstadt wie eine Laus im Pelz wie sie ihm.

Als Eberhard der Greiner, der Rauschebart, der alte Recke und Haudegen am 15. März 1392 starb, hinterließ er ein geordnetes Land. Sparsam, unbeugsam, gottesfürchtig und mit einem bisweilen an Halsstarrigkeit grenzenden Willen ausgestattet, hatte er trotz seines immer wieder beklagten Geldmangels fast den gesamten Besitz der verschiedenen Linien der hochverschuldeten Pfalzgrafen von Tübingen und der zahlungsunfähigen Grafen von Calw aufgekauft. Damit der letzte Graf von Calw wenigstens noch ein Dach über dem Kopf hatte, ließ ihm der Greiner die Burg Zavelstein, behielt sich aber die Besitzrechte am unterhalb der Burg gelegenen Örtchen Teinach vor. Herrenberg, Böblingen, Sindelfingen, Calw und der wildreiche Schönbuch hatten so den Besitz der Grafen von Württemberg auf das Vorteilhafteste arrondiert. Fast 48 Jahre, ein halbes Jahrhundert, hatte der Greiner die Geschicke der Grafschaft bestimmt. Selbst als Urgroßvater noch hatte er Umsicht und Nervenstärke bewiesen, als er die Feinde im Angesicht des Todes seines Sohnes mit einer Kriegslist täuschte. Mit Eberhard II. wurde ein Herrscher in der Gruft der Stuttgarter Stiftskirche „zu seinen Vorvätern versammelt“, der länger als viele andere im Gedächtnis seiner Untertanen lebendig bleiben sollte.

Die Saat trägt reiche Früchte

Sein Enkel und Nachfolger Eberhard III. war kaum dreißig Jahre alt, als er die Regierung in der Grafschaft Württemberg übernahm. Ihm zur Seite stand eine schöne, kluge und selbstbewusste Frau, die elegant zu repräsentieren wusste. Eberhard und Antonia, ein Herrscherpaar, wie es die Residenzstadt Stuttgart noch nicht gesehen hatte. Verfeinerte Lebensformen, Kunst und Kultur – das alles hatte den rauen Kriegern, die bisher die Geschicke des Landes gelenkt hatten, nicht viel bedeutet. Jetzt erklang in der Stiftskirche die erste Orgel des Landes, ein vielbewundertes Prunkstück. Ginge es nach der jungen Gräfin, würden ihr bald weitere Instrumente folgen. Die Hofhaltung des jungen Grafen übertrumpfte alles, was bisher in Stuttgart gesehen worden war.

Noch im Jahr seines Regierungsantrittes hatte sich Eberhard auf die Reise in die böhmische Hauptstadt Prag gemacht, um sich von König Wenzel seine Lehen bestätigen zu lassen. Dort erlebte er eine Welt, wie er sie bisher noch nicht gekannt hatte, wurde konfrontiert mit königlichem Prunk und einer Lebensweise, die ihm schier den Atem verschlug. Der siebzehnjährige Wenzel war nach dem Tod seines Vaters Kaiser Karl IV. zum deutschen König gekrönt worden. Damit war dem großen Herrscher aus dem Geschlecht der Luxemburger erstmals nach den Staufern wieder das Kunststück gelungen, einen Sohn als Nachfolger zu etablieren. Das hatte den alternden Kaiser viel Geld, manche Privilegien und eine Menge Überzeugungskraft gekostet. Vieles von dem, was jetzt im Reich im Argen lag, ging darauf zurück. Fünfzehn Jahre war das jetzt schon her, und mehr und mehr zeigte sich, wie wenig geeignet der Kaisersohn für sein hohes Amt war. Wenzel, der Faule, so hieß es, sitze in Böhmen „wie ein Schwein im Stall“, bewege sich nicht, und die Belange des Reiches kümmerten ihn wenig. Smil Flaschka, ein weit gereister, gebildeter böhmischer Ritter bemerkte verächtlich in einer Fabel: *„Im neuen ‚Rat der Tiere‘ wird den Lesern ein junger Löwe vorgestellt, der, selbst völlig ratlos, auf den Rat seiner Untertanen angewiesen bleibt.“*

So untätig der Kaiser und König auch war, so glanzvoll war seine Hofhaltung, die die Besucher aus aller Welt in ihren Bann zog. Zwei Monate, Mai und Juni des Jahres 1392, verbrachte Eberhard III. in der goldenen Stadt an der Moldau. Dort pulsierte das Leben, trafen sich Künstler, Musiker und Baumeister. Überall wurde gebaut, entworfen, gehandelt. An der Universität, von Karl IV. gegründet, studierten junge Männer aus ganz Europa, hier lehrten die besten Professoren. Von jeher an Architektur und Städtebau interessiert, erkundete Eberhard III. fasziniert die noch von Kaiser Karl IV. inspirierte Prager Neustadt rund um den Wenzelsplatz. Tage verbrachte er dort. So einen neuen Stadtteil brauchte auch sein Stuttgart. Nur so konnte es den Anspruch, Hauptstadt eines Landes zu sein, das eine führende Rolle im Reigen der Länder des Heiligen Römischen Reiches Deutscher Nation spielte, nach außen hin deutlich machen. Stuttgarts Kernstadt war zu klein. Die Bevölkerungsverluste, hervorgerufen durch den katastrophalen Ausbruch der Pest im Jahre 1348, waren nun endlich wieder aufgeholt. Nach dem Wiedererstarken des Landes übten die Reichsstädte nicht mehr eine so starke Anziehungskraft auf die Bürger aus. Sie blieben im Lande, drängten in die Städte. Schon bauten diejenigen, die innerhalb der Mauern keinen Bauplatz fanden, auf freiem Feld. Das musste unterbunden werden.

Büste der Antonia Visconti in der Stadtkirche Bietigheim-Bissingen.

Stuttgart musste größer werden und sich den neuen Zeiten anpassen. Einen neuen, einen modernen Stadtteil würde er bauen, ganz nach der Art und Weise dieser begeisternden Architektur. Unwillkürlich erinnerte er sich an die frühen Tage seiner Ehe, als er mit Antonia auf dem neuen Marktplatz in Urach gestanden und ihr erklärt hatte, wie er sich die Zukunft des Landes und seiner Städte vorstellte. In Antonia würde er die Hilfe haben, die er für sein großes Vorhaben brauchte. Dann könnte sie endlich auch die Garten- und Seenlandschaft, die ihr aus ihrer lombardischen Heimat so vertraut war, in Stuttgart Wirklichkeit werden lassen. Was machte es schon, wenn seine Ratgeber ihn warnten, das alles koste Geld, viel mehr Geld, als selbst er, der durch die Heirat mit der Frau von Mailand reich gewordene Fürst, in seiner Schatulle habe. Er solle doch mal die Prager fragen, die stöhnten unter der Baulust ihres Herrschers, verarmten gar und konnten sich gar nichts mehr leisten. Das mochte Eberhard nicht glauben. Sah er doch die gut gehenden Märkte, die großen Finanzhäuser, die in der Goldenen Stadt angesiedelt waren. Geld zieht Geld an, das war seine Meinung. Auch sein Großvater hatte ständig unter seiner Geldknappheit gestöhnt und hatte doch gekauft, was an Ländereien, Burgen und Städten auf dem Markt zu haben war.

Anders als seine Vorgänger griff Eberhard nur ungern zum Schwert, er vertraute auf die Kunst der Verhandlung, war auch deswegen wohl gelitten bei seinen Nachbarn. Seine edle Abkunft und seine Verwandtschaft mit allen großen Adelshäusern machte ihm den Umgang mit Gleichgestellten, ja sogar Höhergestellten leicht. Er war der Enkel eines Kaisers, zu seinen Vorfahren zählten die Könige von Böhmen und Ungarn, von England, Frankreich, Sizilien und selbst der Kaiser von Konstantinopel ließ sich im Stammbaum unterbringen. Durch Antonias zahlreiche Schwestern war das Haus Württemberg verschwägert mit den Häusern Bayern-Ingolstadt, Bayern-

München und Bayern-Landshut, auch Herzog Leopold III. von Österreich hat eine Visconti-Tochter zur Frau. Seit der Beherrscher Mailands, Gian Galeazzo Visconti Antonias Schwester Catarina geheiratet hatte, gehörte der von König Wenzel in den Herzogstand erhobene Mailänder Reichsvikar zur engeren Verwandtschaft.

Insgesamt ein Beziehungsgeflecht, in dem man sich einrichten konnte. Dabei war Eberhard III. nicht auf Frieden um jeden Preis bedacht. Wenn es nötig war, dann konnte er kämpfen. Das hatte er schon durch seine Teilnahme an der Schlacht von Döffingen bewiesen. Ein Jahr nach seinem Prag-Besuch unterstützte er den Deutschen Orden bei seinen Kämpfen an der Memel mit einem „Zug nach Preußen zur Heidenheit". Der junge Graf nahm seine Verantwortung für das Land ernst, seine Handlungen zeigten kluges Kalkül und die Bereitschaft, Verantwortung zu übernehmen.

Als Frau des Landesherrn hatte sich der Spielraum Antonias, eigene Vorstellungen und Ideen umzusetzen vergrößert. Sie musste nun keine Rücksichten mehr nehmen auf eingefahrene Sitten und Bräuche, sondern sie konnte ihrem ganz eigenen Lebensgefühl freien Lauf lassen. Dadurch veränderte sich das Klima des Hofes, unmerklich zunächst, dann auch für Außenstehende spürbar. Der Hof wurde heiterer, Lebensfreude brach sich Bahn, das zeigte sich an der Kleidung, den Umgangsformen und an der Musik, die immer öfter im Schloss erklang. Antonia hatte sich eingelebt in dem rauen Land diesseits der Alpen. Es war ihr vom Schicksal zugefallen. Sie liebte das Zabergäu, verbrachte oft Monate in Brackenheim, freute sich an wirtschaftlichen Erfolgen und trug mit ihrer Eleganz zu den diplomatischen Erfolgen ihres Mannes bei. Antonia hatte dem Land einen gesunden Erben geschenkt, zu ihrem und ihres Mannes Leidwesen war der kleine Eberhard das einzige überlebende Kind ihrer Ehe geblieben. Ein von Vater und Mutter gehütetes Gottesgeschenk, das allein durch seine Geburt am Tag der Schlacht von Döffingen für die ganze Grafschaft etwas Besonderes war.

Als Eberhard III. begann, die neue Vorstadt zu planen, steuerte seine Frau mit Begeisterung Ideen und Anregungen bei. Antonia und Eberhard schmückten ihre Hauptstadt aus. Aber Antonia vergaß darüber die ihr überschriebenen Städte nicht. Besonders der noch jungen Stadt Bietigheim ließ sie ihre Fürsorge angedeihen. Kaiser Karl IV. hatte dem an den Flüssen Enz und Metter gelegenem Dorf 1364 das Stadtrecht verliehen. In der Urkunde hieß es: *„Den Grafen Eberhard und Ulrich von Württemberg wird in Würdigung ihrer seitherigen und künftigen Dienste auf Nachsuchen erlaubt, aus dem Dorf Butikheim eine gemauerte Stadt zu machen und dort Gelgen und Stock und alles Hochgericht, auch das Blut, Leib und Gut betreffend, und einen Wochemarkt zu haben. Sie dürfen das Dorf türmen, pforten, erkern, graben, festen und bewahren. Die Bürger, die darin wohnen und wohnen werden, sollen alle Freiheiten, Rechte und Bräuche der Stadt zu Stukarten genießen.“*

Bietigheim war klein, hatte kaum mehr als 500 Einwohner. Ein Dorf, das zur Stadt geworden war, ein Gemeinwesen noch ohne Mauern. Ihr Aufblühen verdankte die junge Stadt ihrer ebenso jungen Herrin Antonia Visconti. Sie ließ die ersten Mauern errichten, die später immerhin ausreichten, einen Angriff der Gmünder Bürger abzuwehren, die sich an Bietigheim schadlos halten wollten, weil Eberhard III. einen bei ihnen genommenen Kredit nicht pünktlich zurückzahlen konnte. Auf Antonia geht der Bau des ersten Schlosses mit Fruchtkasten, Kelter und Küferei zurück. Sie bemühte sich nach Kräften, die kleine Stadt an der Landesgrenze aufzuwerten und zu stärken. Dass es dabei immer auch um die Rechte Württembergs ging, lässt sich unschwer an ihren Handlungen ablesen. So verlieh sie in Ausübung ihrer Rechte die Untere Bachmühle an Künzlin Lützlin. Sie veranlasste den Bau des Chores der

Peterskirche, auf den dann später eine Glockenstube aufgesetzt wurde.

Einige Zeit später ließ sie sich von König Wenzel die Erneuerung des Bietigheimer Wochenmarktrechtes bestätigen. Vor allem aber erbaute sie hier seit 1401 im Einvernehmen mit der Bürgerschaft und mit Hugo von Venningen und seiner Frau Klara von Stein – beiden gehörte ein Viertel Bietigheims, und sie waren nicht immer einig mit den Württembergern – über dem Altar der ehemaligen Burgkapelle den wundervollen hohen gotischen Chor der Bietigheimer Stadtkirche, der so genannten Kapellenkirche. In die kostbaren Glasfenster eingearbeitet soll einst ein großes Bild des Landesherrn Eberhards III. in voller Rüstung gewesen sein, umrahmt von den Wappen der Stifter: der sich windenden Schlange der Visconti mit dem spielenden Kind im weit aufgerissenen Rachen, den württembergischen Hirschhörnern, der gekreuzten Stäbe der Herren von Venningen und den Wolfsangeln der Herren von Stein.

Die Stuttgarter Stiftskirche besaß die erste und bisher einzige Orgel Württembergs. Ein solches Instrument stand für Fortschritt und Weltläufigkeit. Mochte es noch angehen, dass in der Kirche der Residenz, in der sich die Grablege des Herrscherhauses befand, Messen und Gottesdienste von Musik begleitet wurden, so war es doch ganz ungewöhnlich, dass zur Erstausstattung der noch nicht einmal fertig gestellten Stadtkirche in Bietigheim eine Orgel gehörte, ein Instrument mit „einem halben Klavier und einem Pedal". Selbstbewusst zeigte Antonia denen, die glaubten in Bietigheim den Württembergern ebenbürtig zu sein, ihre Grenzen. Sie baute im Einvernehmen mit den Herren von Venningen, aber mit ihren Maßnahmen grenzte sie sich von ihnen ab, baute ihre Herrschaft aus. Nicht mit Gewalt, sondern mit Intelligenz und Machtbewusstsein. Davon zeugt die farbig gefasste Frauenbüste im Gewölbeansatz an der südlichen

Chorwand der Kapellenkirche. Eine Frau auf der Höhe ihrer Macht, die Stifterin als Herrin.

Eben aus Brackenheim zurückgekehrt durchquerte Antonia schneller als gewöhnlich die große Halle im Stuttgarter Schloss. Sie hatte es eilig. Große Entscheidungen standen an. Trotz ihrer Eile warf sie immer wieder einen Blick auf die schönen französischen Wandteppiche, die in den letzten Jahren in den Gängen angebracht worden waren. Sie erinnerte sich mit Unbehagen an das Knallen ihrer Schuhe auf dem nackten Steinboden, damals zu Beginn ihrer Ehe. Jeder Schritt ein Schlag gegen ihre Magenwände. Wie lange das jetzt schon her war. Wie unerfahren sie gewesen war und wie entsetzlich dumm. Jetzt verschluckten dicke Teppiche, einige davon stammten noch aus ihrer Mitgift, fast jeden Ton ihrer Schritte. Aus dem Arbeitszimmer des Grafen drangen gedämpfte Stimmen. Sicher waren schon alle versammelt, nur sie fehlte noch. Aber einen kurzen Blick wollte sie noch auf ihren Sohn werfen, der im Schlosshof von seinem Hofmeister im Reiten unterrichtet wurde. Ein siebenjähriger Reitersmann mit langen, rötlichbraunen Locken, ein Erbteil des Vaters, der sich wacker hoch zu Ross hielt und aufmerksam den Anweisungen seines Lehrers folgte. Ein ernster Junge, den sein Vater schon jetzt auf die große Aufgabe, die er einst zu übernehmen hatte, vorbereitete. Ein kleiner Graf mit einem ausgefüllten Tagesplan: Reiten, Fechten, Staatskunde. Nach dem Willen Eberhards III. sollte sein einziger Sohn sich nicht auf Räte verlassen müssen, sondern selber in der Lage sein zu urteilen und zu entscheiden. Je früher, desto besser. Denn niemand konnte wissen, wieviel Zeit einem zugemessen war. Unaufhörlich lief die Lebensuhr. Antonia schreckte aus ihren Gedanken. Der Sohn hatte sie am Fenster entdeckt und grüßte höflich in perfekter Haltung. Ein kleiner Ritter mit den dunklen Augen seiner italienischen Mutter und, wenn sie nicht alles täuschte, dem Mund seines Großvaters Ulrich von Württemberg.

Darstellung einer Ratssitzung Eberhard III. des Milden.

Schlank war er, neigte nicht zur Fülle wie sein Vater. Noch einmal winkte sie in den Hof hinunter, bevor sie sich dem Arbeitszimmer ihres Mannes näherte.

Über einen großen Tisch voller Baupläne gebeugt ließ sich der Landesherr von Hänslin Jörg, dem gräflichen Baumeister, die kommenden Baumaßnahmen, die in der doppeltorigen Neustadt anstanden, erläutern. Das im Osten liegende Esslinger Tor hatte sein Gegenstück im Westen, das auf die Weinsteige hinausging. Einer Lebensader gleich durchzog die Hauptstätterstraße das neue Stadtquartier. Sie war als Marktstraße geplant, als ein Ort, an dem das Leben pulsierte, an dem Kaufleute und Handwerker ihre Waren feilboten und neue Geschäftsbeziehungen ihren Anfang nahmen. Die Welt veränderte sich, Fernhändler mit großen Wagen drängten auf die Märkte. Sie brauchten Stellplätze und Unterstellmöglichkeiten für die Pferde. Leicht erreichbar für Kunden und Verkäufer. Der Landesherr Eberhard brauchte Plätze, auf denen er seine Truppen paradieren lassen konnte, auf denen die Bürger Feste feiern und ausländischen Staatsgästen ein wohlhabendes Staatswesen nachdrücklich vorgeführt werden konnte. Hänslin Jörg, in Prag ausgebildet, geschult von den besten Architekten seiner Zeit, nahm das auf, was dem Grafen vorschwebte, und setzte es um. In seinem Sohn Aberlin wuchs ihm ein Nachfolger heran, der das Land mit seinen Bauwerken prägen sollte.

Als Antonia den Raum betrat, blickte Eberhard nur kurz auf und winkte sie zu sich heran. Tief verneigten sich der Baumeister und die anwesenden Ratgeber des Grafen. Eberhard informierte Antonia kurz über das, was geschehen sollte, sah sie fragend an und, als er ihre Zustimmung in ihren Augen ablas, ergingen seine Weisungen. Antonia brauchte einen Bauplatz für ihren lombardischen Gärtnermeister. Er hatte ein Stuttgarter Mädchen kennen und lieben gelernt, aus guter Familie, nun hatte der Vater der Verbindung zugestimmt, mit der Genehmigung der Gräfin konnte geheiratet werden. Ein Bauplatz und die Unterstützung Antonias waren ihm sicher. Auch der von Antonia nach Stuttgart geholte Musiklehrer, der die jungen Mädchen, die in Antonias Frauenzimmer erzogen wurden, in Gamben- und Lautenmusik unterrichtete, hatte sein privates Glück in Stuttgart gefunden. Bis jetzt wohnte er noch ziemlich beengt in der Altstadt. Auch für ihn würde sie ein Haus mit Garten brauchen in der vornehmen neuen Stuttgarter Wohngegend.

Es war ihr schwer gefallen, ganz ohne die italienische Sprache auszukommen. Manchmal hatte sie geglaubt, die Sprache Petrarcas sei in ihr gestorben. Aber nachdem mit den beiden Gärtnern, dem Organisten und ihrem Musiklehrer ein Anfang gemacht war, waren auch noch andere Italiener nach Stuttgart gekommen. Es gab Tage, da zog die Lautenmusik aus den Räumen der Gräfin viele Zuhörer an, darauf war sie stolz. Am schönsten aber war es für sie, in ihrem jetzt in voller Schönheit prangenden, abgeschirmten Garten mit seinen genau berechneten Wegen zu sitzen. Die aus Como stammende Frau des jüngeren der beiden Gärtner brachte dann manchmal ihre Gambe mit und spielte, ein wenig entfernt von der steinernen Laube, so dass die Töne wie eine vom Wind verwehte Melodie an das Ohr Antonias drangen. Doch diese kostbaren Stunden waren selten geworden.

Eberhard III. war ein gefragter Mann. Er hatte das Land in vielfältige Verträge und Bündnisse eingebunden. Mit den ehemals feindlichen Stätten hatte er sich in langwierigen Verhandlungen geeinigt. Eberhard verhandelte, beschwichtigte, gab nach und zog die Zügel fester. Er war der perfekte Diplomat, einer, auf den man sich verlassen konnte. Im Gespräch konziliant und freundlich, im Umgang von einer nie erlahmenden Höflichkeit. Aber in der Sache hart und unbeugsam. Dann konnte der korpulente Herr auch schneller sein, als alle Welt annahm. Bei nicht wenigen Rittern und Adeligen geriet er, der so ganz anders war als seine kriegerischen Vorfahren, deswegen in den Ruf eines Feiglings und Zögerers. Sie sollten sich gründlich täuschen.

Das sollte die Rittergesellschaft der Schlegler bald am eigenen Leibe erfahren. Mordend, raubend und brennend machten ihre Mitglieder den Nordschwarzwald und die südliche Pfalz unsicher. Keck und unverfroren, sie wussten, dass Kaiser Wenzel sie von Böhmen aus unterstützte. Mit ihren Umtrieben wollten sie die Herrschaft in Württemberg schwächen und die Ritter und den Niederadel stärken. Aber sie hatten die Rechnung ohne den von ihnen verhöhnten Landesherrn gemacht. Eberhard trat dem bereits bestehenden Bündnis der Erzbischöfe von Mainz und Speyer und des Markgrafen von Baden gemeinsam mit Herzog Leopold III. von Österreich bei. Die Schlegler glaubten sich in Sicherheit und dehnten ihre Umtriebe weiter aus. Als die Ritter sich im festen Schloss von Heimsheim versammelt hatten, griff Eberhard III. blitzschnell zu und nahm die sechs Rädelsführer gefangen. Die nun führungslosen Schlegler ergaben sich dem Herzog. Nun mochte auch Kaiser Wenzel die Gesellschaft der Schlegler nicht mehr stützen, und Eberhard III. konnte im Schiedsvertrag von Pforzheim die Auflösung des Bundes erreichen. Nachdem er mit Härte durchgegriffen und sein Ziel erreicht hatte, kehrte Eberhard zur gewohnten Freundlichkeit zurück und ließ die Anführer nach der Abbüßung geringer Strafen frei. Er hatte – ohne das Schwert oder kriegerische Drohungen anwenden zu müssen – einen untrüglichen Instinkt für das, was dem Lande nützlich war.

Als Herr über die elsässischen Grafschaften Horburg und Reichenweiher galt sein Interesse immer auch dem Geschehen im Westen, in Frankreich. Durch seine jährlichen Inspektionen auf den elsässischen Besitzungen hatte er ein feines Gespür für politische Veränderungen in diesem Raum entwickelt. Denn nicht nur im Reich sah er Entwicklungsmöglichkeiten für Württemberg, auch die an das Elsass grenzenden Gebiete waren nicht uninteressant für sein Land. Im November 1397 erlosch mit dem Grafen Stéphane de Montbéliard das Haus Montfaucon-Chalons im Mannesstamm, denn sein einziger Sohn und Erbe war bereits im Jahr zuvor auf einem Kreuzzug gegen die Türken gefallen. Zurück blieben vier noch sehr kleine Mädchen, die nun Erbtöchter waren und die sofort, nachdem die Nachricht vom Tod des Großvaters bekannt geworden war, zu Spielbällen in den Händen ihres Vormundes wurden. Früher als alle anderen Territorialherren traf Eberhard III. zum Leichenbegängnis des alten Grafen ein und warb im Namen seines neunjährigen Sohnes um die gerade sechsjährige Henriette. Graf Stéphane hatte die Älteste seiner Enkelinnen zur Haupterbin erklären lassen. Noch nicht einmal vierzehn Tage nach dem Tod des alten Grafen wurde der Heiratsvertrag zwischen den beiden Kindern unterzeichnet. Im Ehevertrag wurde Eberhard III. die Statthalterschaft in Montbéliard zugesichert. Er übte die Regierung über das nun im Erbgang Württemberg zugefallene Land für Sohn und Schwiegertochter bis zum Jahr 1409 aus.

Ein sechsjähriges Mädchen als Braut des Sohnes. Wie sehr hatte Antonia sich gewünscht, dass wenigstens eine ihrer früh verstorbenen Töchter am Leben geblieben wäre, ein kleines Mädchen, das neben Eberhard in dem so stattlich eingerichteten Schloss heranwuchs. Ein Sohn war der große Stolz einer Mutter, aber eine Tochter gehörte ihr mehr, war eine Möglichkeit, das weiterzugeben, was einem selbst wichtig war. Vielleicht konnte sie das Kind Henriette aus Montbéliard nach Stuttgart holen und mit Eberhard zusammen erziehen lassen. Viele Höfe, die für ihre Söhne und Töchter sehr früh Eheverеinbarungen eingegangen waren, ließen die Kinder zusammen aufwachsen. Um sie aneinander zu gewöhnen und auch um einer immer drohenden Beeinflussung des anderen Hofes aus dem Wege zu gehen. Antonia, selber als kaum erwachsene junge Frau aus ihrer Familie und ihrer Heimat herausgerissen und auf eine weite Reise zu einem fremden Ehemann geschickt, konnte nichts Ungewöhnliches am Schicksal der kleinen Schwiegertochter finden. Nur sollte sie so bald wie möglich nach Stuttgart kommen und so erzogen werden, wie es sich für eine künftige Gräfin von Württemberg gehörte.

Auf Eberhard III. und seinen Räten lasteten enorme Verwaltungsaufgaben. Zu den Aufgaben in Württemberg, den elsässischen Besitzungen kam nun noch die Grafschaft an der burgundischen Pforte. Da hieß es, alle Kräfte anzuspannen, denn auch die Aufgaben, die Württemberg dem Reich gegenüber hatte, durften nicht vernachlässigt werden. Die lange Friedenszeit hatte das Land aufblühen lassen. Die Neustadt um die Kirche St. Leonhard wuchs und wurde zu dem von Antonia gewünschten modernen Stadtquartier, in dem jedes Haus auf der von der Straße abgewandten Seite einen Garten hatte. Auch die Marktstraße, die nun den Namen Hauptstätterstraße trug, hatte die in sie gesetzten Hoffnungen erfüllt und wurde von Kaufleuten und Händlern so gut angenommen, dass Antonia die Bietigheimer Hauptstraße nach diesem Muster für ihren Wochenmarkt ausbauen ließ.

Bei aller Zeitknappheit wurden im Stuttgarter Schloss Feste gefeiert, bei denen sich Graf und Gräfin als großzügige Gastgeber zeigten. Die elegante Gräfin, die Musik, Literatur und Kunst liebte, wirkte beispielgebend. Immer mehr Herren und Ritter zog es an den Hof Eberhards. Schon schauten die umliegenden Höfe und Adelssitze auf Stuttgart, was die Frau von Mailand trug, solche Kleider und Schuhe brauchten sie auch. Es wurde Mode, sich wie die Gräfin von Württemberg zu schmücken. Wer dazu das Geld nicht hatte, der konnte sich damit trösten, dass es sich mit der bisher im Lande gepflegten Sparsamkeit eigentlich nicht vereinbaren ließ, Dinge zu kaufen und aufzustellen, die man eigentlich gar nicht brauchte. Blumen und Pflanzen wurden aus Italien eingeführt und fanden schnellen Absatz bei denen, die eine Einladung gehabt hatten in den Garten der Gräfin. Dort gab es nicht nur seltene Pflanzen, sondern auch Statuen und kleine Gartenhäuser, wunderbare Plätze zum Träumen, Lesen und Musikmachen. Ein irdisches Paradies, in dem es sogar einen künstlichen Brunnen gab.

Als die Beschwerden über König Wenzel sich häuften, trafen sich die Kurfürsten in Frankfurt am Main, um über einen Nachfolger zu beraten. Immer öfter wurde dabei auch der so erfolgreiche Eberhard III. von Württemberg genannt. Neben den Häusern Wittelsbach, Wettin, Meißen, Habsburg, Hessen, Zollern und Luxemburg gehörten nun auch die Württemberger zu den der Königskrone für wert befundenen Geschlechtern. Der sechsunddreißigjährige Eberhard konnte sich berechtigte Hoffnungen machen, gewählt zu werden. Schließlich wurde dann doch Eberhards älterer Vetter Ruprecht von der Pfalz König an Wenzels Statt. Eine herbe Enttäuschung für den Württemberger und seine Familie. Wie gut hätte die neue Würde dem Land getan. Lediglich Elisabeth, die Kaisertochter, hatte mit bangem Herzen auf den Ausgang der Wahl gewartet und war nicht unzufrieden. Aus eigenem Erleben wusste sie, dass das Königtum Niederlagen, Feindschaften und nicht gewollte Kompromisse bringen konnte. Die Nachbarschaft mit dem König aus der Pfalz gestaltete sich in der Folge schwierig. Zu nahe war das Königtum an die Landesgrenzen gerückt, um nicht Konflikte zwischen den Nachbarn aufzureißen.

Nur wenige Wochen nach dem Tod des Grafen Stéphane von Montbéliard waren alle vier Enkelinnen in Heiratsverträge eingebunden und damit das große Erbe verteilt.

Die Schnelligkeit Eberhards hatte ihm die am besten ausgestattete Erbtochter Henriette als Schwiegertochter eingebracht. Antonia wollte bei ihrer Erziehung nichts dem Zufall überlassen, sobald als möglich wurde Henriette aus Montbéliard an den Stuttgarter Hof gebracht. Ein fast siebenjähriges Mädchen, herausgerissen aus seinem gewohnten Leben, hineingestellt in die Welt eines fremden Hofes. Antonia, die sich gut in die Lage der kindlichen Braut ihres Sohnes hineinversetzen konnte, ließ nichts unversucht, die kleine Französin aufzuheitern und in Württemberg heimisch werden zu lassen. Aber Henriette zog sich ganz zurück, sprach nur mit ihrer Kinderfrau, weigerte sich zu essen und zu sprechen, reagierte mit Wutausbrüchen und wildem Weinen auf alle Freundlichkeit. Schließlich wichen ihre tobenden Anfällen einer geradezu unheimlichen Teilnahmslosigkeit. Allem Gezeigten begegnete sie mit dem lapidaren Satz: „Montbéliard ist schöner!“ Antonia seufzte, sie hatte es sich einfacher vorgestellt, die künftige Gräfin zu erziehen. Staunend und manchmal ein wenig belustigt betrachtete Eberhard der Jüngere, nun bald zehn Jahre alt, dieses ungebärdige Mädchen, das die Hofhaltung seiner Mutter in Atem hielt. Sein Weg war vorgezeichnet, einige Jahre noch, dann würde er an befreundeten Höfen seine Erziehung vervollkommnen. Dann würde ihm sein Vater nach der vollzogenen Hochzeit mit Henriette die Regierung in Montbéliard übertragen, dem Erbe der trotzigen kleinen Gräfin, die jeden Gedanken an eine Heirat weit von sich wies.

Unmerklich fast entwickelte sich die Grafschaft an der burgundischen Pforte zu einem Teil Württembergs, dem sie für die nächsten vierhundert Jahre in Personalunion verbunden bleiben sollte. In diesen Jahrhunderten wurde das eingedeutschte Mömpelgard, die Exklave in Frankreich, immer wieder zum bevorzugten Sitz künftiger Herrscher und zum Zufluchtsort in Kriegs- und Notzeiten.

Mit der Kaisertochter Elisabeth starb für Antonia auch die letzte Verbindung zu ihrer Kinderzeit und Jugend in Mailand. Immer seltener hatte die Mutter Eberhards III. Schloss Böblingen verlassen und die Familie in Stuttgart besucht. Staunend hatte sie all die Veränderungen wahrgenommen, die Sohn und Schwiegertochter vorgenommen hatten. Ein vormals armes Land strahlte nun Wohlstand aus. Der Wandel ließ sich aber mehr noch an der Hofhaltung Eberhards III. ablesen. Weder Eberhard der Greiner noch ihr Mann Ulrich hatte sich jemals mit einem solchen Beraterstab umgeben wie ihr Sohn. Geradezu unermesslich erschien ihr die Zahl der Bediensteten. Alleine für die gräfliche Musik gab es besondere Musiker, von den Gärtnern und Gehilfen, die für die Gärten der Schwiegertochter zuständig waren, ganz zu schweigen. Immer wieder hatte sie dem gebannt zuhörenden Enkel Eberhard von den großen Taten seines Urgroßvaters Eberhard des Greiners erzählt. Manchmal hatte auch die kleine Henriette dabeigesessen und mit großen Augen zugehört. Sie liebte Heldentaten, die mit Schwert und Rüstung ausgeführt wurden. Da hörte sie zu und vergaß, dass sie eigentlich ganz woanders sein wollte. Besonders liebten beide Kinder die Geschichte vom Überfall des Greiners und seines Sohnes in Wildbad.

Elisabeth war gerade fünf Jahre mit Ulrich verheiratet, als Eberhard der Greiner, damals bereits ein weithin bekannter „Katzbalger und Haudegen“ gemeinsam mit seinem Sohn die gesundmachenden Quellen im Heilbad Wildbad aufsuchten. Ein Aufenthalt, von dem auch die ausgemachten Erzfeinde, die Grafen Wolf von Eberstein und Wolf von Wunnenstein, genannt der „gleißende Wolf“ Wind bekommen hatten. Sie beschlossen, die beiden Fürsten beim Baden gefangen zu nehmen. Aber ein Hirte warnte die Württemberger und half ihnen bei der abenteuerlichen Flucht durch den unwegsamen Wald hinauf auf ihre Burg auf dem Zavelstein. Dieser feige Anschlag auf einen Landesherrn wurde von den Reichsfürsten auf das Schärfste verurteilt und war lange in

Adelskreisen diskutiert worden. Als unerwartete Nebenwirkung hatte er das bis dahin nur Kennern bekannte Wildbad im ganzen Reich bekannt gemacht. Schlagartig war die Zahl der Badegäste gestiegen und hatte den Einwohnern eine Verbesserung der wirtschaftlichen Lage beschert. Aus Dankbarkeit über seine Rettung, und wohl auch um in Zukunft vor solchen Anschlägen sicher zu sein, hatte der Greiner den bis dahin unbefestigten Schwarzwaldflecken zu einer mit Mauern und Toren befestigten Stadt gemacht.

Jetzt war die Kaisertochter tot und wurde nach einer feierlichen Messe in der Stiftskirche im Chor an der Seite ihres Mannes Ulrich zur letzten Ruhe gebettet. Für Antonia war es, als sei ein Stück von ihr selber gestorben. Aus Erzählungen ihrer Schwiegermutter war ihr noch das Andenken an den großen Dichter Dante Alighieri am Hofe von Verona gegenwärtig. Wer würde nach ihrem Tod noch davon sprechen. Hatte nicht Francesco Petrarca in seinem Traktat „Vom einsamen Leben" darüber philosophiert, ob der den Erfolg suchende, den Wissenschaften, Künsten und weltlichen Dingen zugeneigte Mensch dem stillen, hinter Klostermauern lebenden Eremiten vorzuziehen sei. Doch die Abgeschiedenheit eines Klosters sei, so hatte es Petrarca formuliert, kein christlich vorgegebenes Lebensmuster. Die großen Dichter und Philosophen Griechenlands hätten sich in der Einsamkeit auf die wesentlichen Dinge des Lebens konzentriert. Für sich selber zog Antonia daraus die Lehre, dass beides zusammengehörte, die Stille der Gärten und ihrer Gemächer, voll Musik und Literatur, die sie brauchte, um daraus Kraft zu schöpfen für das das, was sie in die Tat umsetzen wollte. Einmal würde auch sie fortgehen, aber noch galt es, das was ihr gegeben war zu gestalten und mit Leben zu erfüllen.

Drei Jahre noch waren Antonia Visconti vergönnt, das was ihr wichtig war weiterzugeben. Sie sah das Aufblühen Bietigheims, einst ein schwaches Pflänzchen unter den Städten und Landschaften die ihr verschrieben waren. Der Einsatz hatte sich gelohnt. Selbstbewusst war die junge Stadt geworden, es war richtig gewesen, das Marktrecht noch einmal verbriefen zu lassen. Immer wieder dachte sie auch an Brackenheim, die Stadt die ihr die liebste gewesen war, damals als sie nach Württemberg kam. Ein Vierteljahrhundert war das jetzt schon her. Welches Aufsehen hatten ihr Kleider und ihre Schuhe hervorgerufen, sie musste lachen, wenn sie daran dachte. Wer erinnerte sich daran, als zum ersten Mal die Orgel in der Stiftskirche erklang? Jetzt schrak niemand mehr zusammen, kein Priester verweigerte die Messe, wenn das Instrument gespielt wurde. Auch in Bietigheim würde es bald eine Orgel geben. Unten im Garten saß Henriette von Mömpelgard und las. So wie ihre Schwiegertochter hatte auch sie einst in einem Garten gesessen und gelesen. Lang war das her und weit entfernt. Sie war müde und hatte ihr Teil getan.

Antonia Visconti, Gräfin von Württemberg starb am 26. März 1405 in Stuttgart im Alten Schloss und wurde nach einer vermutlich prunkvollen Leichenfeier im Chor der Stiftskirche begraben. Die Chroniken berichten nichts davon. Untröstlich scheint der Ehemann gewesen zu sein. Obwohl er sich bereits im Jahr nach ihrem Tod mit einer der begehrtesten Fürstinnen des Deutschen Reiches verlobte, fand das Beilager mit Burggräfin Elisabeth von Nürnberg, einer Enkelin Kaiser Karls IV. und Nichte König Wenzels erst 1412 statt. Konnte er sich keine andere Frau an seiner Seite vorstellen als die elegante Mailänderin Antonia?

Schön, reich, begabt und elegant – die Tochter Bernabo Viscontis setzte als Gräfin von Württemberg neue Maßstäbe in einem Land, in dem bisher haushälterische Sparsamkeit die Hofhaltung bestimmt hatte. Mit Hilfe ihrer Mitgift wurde die Schlacht bei Döffingen gewonnen, konnte das verarmte Land wiederaufgebaut werden. Mit der Geburt ihres einzigen Sohnes Eberhard sicherte sie die Zukunft der Dynastie.

Ihre Büste in der Stadtkirche in Bietigheim zeigt ein energisches Gesicht, eine Herrin, die gewohnt ist, den Ton anzugeben, ihre Wünsche durchzusetzen.

Das Inventarium ihrer Mitgift ist bis heute erhalten. Es ist eines der wenigen Dinge, die heute noch an Antonia erinnern. Hier ein Siegel, dort ein paar Münzen, das Wappen der Visconti im Stammbaum der Württemberger und im Goldenen Saal in Schloss Urach. Antonia selber ist hinter diesen, von ihr selber so gern als Unterstützung ihrer Macht herangezogenen Regularien verschwunden. Eine Frau, die früh aus der Obhut des Elternhauses gerissen, einem fremden Ehemann Kinder schenken und Glied einer Kette werden sollte. Das Schicksal der Töchter. Viele Jahrhunderte lang blieb sie im Gedächtnis der Stuttgarter erhalten als Schöpferin des ersten Stuttgarter Lustgartens der „Frau von Mailand Garten“ – auf dem Gelände des heutigen Karlsplatzes. Ihre Lebensspuren sind verwischt, langsam nur tritt hinter dem wenigen Überlieferten, eine faszinierende Frau zutage. Eine, die vielleicht mit ihrem Geld, ihrem Willen und ihrem Geist dazu beigetragen hat, aus Stuttgart die Musik- und Verlagsstadt zu machen, als die es sich versteht.

Barbara Gonzaga, Markgräfin von Mantua, Gräfin und Herzogin von Württemberg

Mantua 1463

„Nein, ich werde dieser Forderung nicht zustimmen." Sichtlich erregt erhob sich Markgräfin Barbara von Mantua aus ihrem Sessel und blieb am Schreibtisch stehen. Auch der Privatsekretär des Herzogs von Mailand stand auf und verneigte sich ehrerbietig vor der Fürstin, bevor er sich langsam zur Tür zurückzog. „Und ich bin sicher, auch der Markgraf wird diese unbillige Forderung zurückweisen. In aller Schärfe. Prinz Galeazzo hat unsere Tochter Dorotea doch oft gesehen, war mit ihr zusammen. Er weiß, wie sie aussieht und dass sie gesund ist..." Bedauernd hob der Sekretär die Achseln und murmelte etwas „von einem vorsorglichen Wunsch seines Herrn wegen der zu erwartenden Kinder..." Eine Formulierung, die den Ärger der Markgräfin noch steigerte. Mit einer gebieterischen Geste bedeutete sie dem Sekretär zu gehen. Die Antwort werde ihm dann schriftlich zugehen. Überrascht von der Schärfe der Reaktion beugte der Gesandte das Knie und verließ nach zahlreichen Verneigungen rückwärts das Audienzzimmer der Markgräfin. Es dauerte eine ganze Weile, bis Barbara Gonzaga von Mantua zu ihrer gewohnten Ruhe zurückfand. Es bedeutete eine noch nie da gewesene Demütigung und Brüskierung des Hauses Gonzaga, eine Tochter von Ärzten aus Mantua und Mailand mit bloßem Rücken und freien Schultern untersuchen zu lassen. So wollte der Herzog von Mailand sicher gehen, dass er eine Schwiegertochter mit geradem Rückgrat bekam. „Die Brust", so hatte Francesco Sforza mitteilen lassen, könne „dabei züchtig bedeckt bleiben."

Mit Schrecken erinnerte sich die Markgräfin an den Tag, an dem offenbar wurde, dass ihre älteste Tochter

Susanna einen Buckel bekam. Eine Rückgratverkrümmung, von der Mutter ihres Mannes, der energischen und geistreichen Paola Malatesta als stigmatisierendes Erbe in die Familie eingeschleppt. Ein Leiden, dass sich bei den Töchtern meistens erst in der Pubertät bemerkbar machte. Damals hatte die Hofkanzlei den Ehevertrag, den Francesco Sforza für seinen sechsjährigen Sohn Galeazzo Maria geschlossen hatte, auf die jüngere Tochter Dorotea umgeschrieben. Es war eine furchtbare Zeit gewesen. Es war kaum möglich gewesen, die weinende Susanna zu trösten, die sich nur widerstrebend überreden ließ, in ein Kloster einzutreten. Dazu die Angst um die Heiratsaussichten der jüngeren Töchter. Auch Federico, der älteste Sohn und Erbe Mantuas, litt unter einer sichtbar hochgezogenen Schulter. Deutlich hatte man Paola Malatesta ihr Leiden angesehen, immer wieder hatte sie befürchtet, deswegen umgebracht oder von der Familie verstoßen zu werden. Aber das Band der Liebe zwischen ihrem Mann Gianfrancesco Gonzaga und ihr war stärker gewesen als alle Intrigen und Vorurteile. Sie vertrauten einander so sehr, dass niemand wagte, sie gegeneinander aufzubringen oder voneinander zu trennen. Daran hatten auch die beiden mit einem deutlichen Buckel geborenen jüngeren Söhne nichts ändern können. Klug und gebildet hatten sie als Männer der Kirche ihren Lebensweg gefunden.

Verbittert und zutiefst niedergeschlagen war Barbaras Tochter Susanna diesen Weg gegangen. Die Krankheit hatte die lebensfrohe und heitere Gonzaga-Tochter so verändert, dass sie nicht mehr im Kreise der Familie leben mochte. Es war schwer genug gewesen, von einem Tag auf den anderen den Traum, Herzogin von Mailand zu werden, begraben zu müssen. Die Braut, so stand es im Ehevertrag, müsse gesund sein, Mailand brauche waffenfähige Söhne und gesunde, gebärfähige Töchter. So war denn auch dem Tausch der Schwestern zunächst von beiden Parteien keinerlei Bedeutung beigemessen worden. Vor wenigen Monaten erst war Markgräfin Barbara von einem vierzehntägigen Besuch mit Dorotea aus Mailand zurückgekommen. In diesen Tagen hatte sich der junge Galeazzo Maria ganz offensichtlich in seine Braut verliebt. Seitdem hatte er ihr immer wieder zärtliche Briefe und Billettchen geschrieben, war sogar öfter nach Mantua gekommen, um sie zu sehen.

Der Hochzeit schien nichts mehr im Wege zu stehen. In naher Zukunft würde Dorotea ihren vierzehnten Geburtstag feiern, dann hätte sie das festgesetzte Heiratsalter erreicht. Am Hof von Mantua begann man mit den Vorbereitungen einer prachtvollen Hochzeit. Womit Barbara und Ludovico nicht gerechnet hatten: Seit dem Abschluss des Heiratsvertrages hatten sich die Bedingungen, unter denen das Haus Sforza in Mailand regierte, gründlich geändert. Francesco Sforza war nun nicht mehr der Usurpator, der durch einen geschickten Handstreich und die Hochzeit mit der letzten legitimen Visconti-Tochter Bianca Maria die Stadt erobert hatte. Er saß fest im Sattel und konnte sich die Frauen seiner Söhne in hochstehenderen Häusern als bei den Gonzagas suchen. Vorsichtig hatte der König von Frankreich anfragen lassen, wie es denn mit einer Heirat des Thronfolgers Galeazzo Maria mit Bona von Savoyen wäre. Ein faszinierendes Angebot, öffnete es doch Mailand das Tor nach dem Westen. Natürlich hatten Gonzagas in Mantua von den geheimen Verhandlungen erfahren und waren sich der wahren Gründe für die gewünschte ärztliche Untersuchung bewusst. Als die Brüskierung durch Mailänder Indiskretionen öffentlich wurde, trat Ludovico als Heerführer der Truppen Mailands zurück und brach dazu die diplomatischen Kontakte ab. Galeazzo Maria, der umworbene Prinz, schwor immer noch, nur Dorotea heiraten zu wollen und schrieb ihr weiterhin liebevolle Briefe.

Um die Verbindung doch noch zustande zu bringen, reiste Barbara nach Mailand. Auch die Mutter des Bräutigams zog die Schwiegertochter aus Mantua der Ehe mit Savoyen vor und versuchte alles, die Bedingungen der Untersuchung für Doroteas Familie annehmbar zu machen. Jede der beiden Seiten entsandte eine Ärzte-Kommission, die sich aber trotz aller Versuche nicht über die Bedingungen einigen konnte. Sobald eine einvernehmliche Lösung sichtbar wurde, stellte Francesco Sforza neue Forderungen. Inzwischen kursierten Gerüchte an den anderen großen Höfen Italiens. Man munkelte, Dorotea habe wirklich eine etwas erhöhte Schulter und ihre Mutter Angst, diesen Makel offen zu legen. Es war kein Wunder, dass alle, die bisher dem Haus Gonzaga seinen Ruhm, seinen Erfolg und auch sein Glück geneidet hatten, nun voller Schadenfreude nach Mantua blickten. Francesco Sforza dachte nicht daran, seinem zurückgetretenen Heerführer Ludovico den rückständigen Sold zu zahlen. Das Geld wurde knapp in Mantua.

Welche Enttäuschung für Markgräfin Barbara, die nun schon zwei unglückliche Töchter hatte. Auch für Dorotea würde es, wenn das Mailänder Projekt scheitern sollte, keine Chance auf eine Heirat mehr geben. Wie Bittsteller standen die mächtigen Gonzaga da. Gekränkt und veralbert die Tochter, mit deren Gefühlen ein verliebter Galeazzo Maria allem Anschein nach lange Zeit gespielt hatte. Um ihren Ärger zu zeigen, blieben die Gonzaga der Hochzeit von Galeazzo Marias Schwester Ippolita mit Herzog Alfonso von Kalabrien, dem Sohn des Königs von Neapel, fern. Aber als das junge Paar auf der Heimreise in Reggio Station machte und zu einem großen Empfang lud, da musste auch die markgräfliche Familie daran teilnehmen. Zu groß wäre der Affront dem befreundeten König von Neapel gegenüber gewesen. Ludovico entsandte zwei seiner Söhne und die Tochter Dorotea mit einem prächtigen Gefolge von 350 Reitern. Ein Zusammentreffen ihrer Tochter mit Galeazzo Maria nahmen die Eltern dabei bewusst in Kauf. Das Haus

Sforza war bei diesem rauschenden Abschiedsfest für das junge Paar fast vollständig vertreten.

Wie sehr das Markgrafenpaar auf eine Annäherung hoffte, geht aus einem Brief hervor, in dem Barbara ihrem ältesten Sohn Federico Anweisungen gibt, wie er sich gegenüber der Familie Sforza zu verhalten habe. Sie schreibt: „... *ob Graf Galeaz kommen wird, können wir noch nicht wissen, da man erst um die Erlaubnis vom Herrn Herzog geschickt hat; obwohl man eher glaubt, er werde nicht kommen, so scheint es uns doch gut, euch anzuraten, im Falle er doch kommen sollte, die folgende Ordnung zu beachten: zuerst kommen voran die Prinzessinnen Margarete von Bayern (die Frau Federicos) und Dorotea mit dem Herrn Federico zu Pferde; sobald ihr sie, die Mailänder seht, habt ihr abzusteigen, Du mit Deiner Frau und der Dorotea, und ihnen entgegenzugehen, um ihnen die Hand zu reichen und ihnen ehrfürchtigen Gruß zu bieten und beiseite zu treten. Ihr sollt euch hüten, das Knie zur Erde zu beugen, wohl aber könnt ihr der gnädigen Frau Ippolita Sforza, Frau des Herzogs von Calabrien und dem Herzog von Modena Reverenz machen. Danach habt ihr Filippo und Ludovico Sforza die Hand zu reichen; wenn Graf Galeaz dabei ist, und er entgegenkommt, um die Hand zu reichen, soll die Dorotea sie ihm auch reichen, ihm Reverenz machen und beiseite treten, wenn er aber nicht zu ihr kommt, soll sie sich nicht rühren, um sie ihm zu reichen. Danach werden wir mit der erlauchten Frau Herzogin im Wagen anlangen und ihr alle drei müsst kommen Ihrer Excellenz Reverenz zu machen. Bei der Begegnung kann Dorotea sich ihr Mäntelchen aus schwarzem Silberbrokat anlegen, oder das carmoisinfarbene oder das gestickte, welches ihr von diesen dreien am besten gefallen wird. Deine Frau kann bei dem Handreichen jetzt machen, was ihr gefällt, denn in den Umständen, in denen sie sich befindet, wird man sie entschuldigen, wie sie sich auch benehmen mag. Sieh also zu, Dich dieser Sache ein wenig anzunehmen und der Dorotea alles recht verständlich zu machen, damit sie keinen Bock schießt. Wenn wir dabei wären bei der Begegnung, wäre das alles nicht nötig, aber wir fürchten, da wir mit dem Wagen etwas zurückbleiben wer-*

den, dass wir nicht so in der Nähe sein werden, und ihr allen Herrschaften schon die Hand gereicht haben werdet ...“

Dorotea machte bei dem Empfang eine gute Figur, wie ihre Mutter ihrem zweiten Sohn, dem Kardinal Francesco, erleichtert mitteilte. Der Bräutigam hatte sich ihr gegenüber so ritterlich verhalten, dass die Eltern wieder an ein gutes Ende der festgefahrenen Angelegenheit zu glauben begannen. Da erkrankte Dorotea plötzlich an einem schweren Fieber und starb, trotz der liebevollen Pflege der Mutter, kaum achtzehnjährig in Mantua. Sofort begann die Gerüchteküche zu brodeln. Es hieß, die Sforza hätten die unwillkommene Schwiegertochter vergiften lassen, um die Ehe mit Bona von Savoyen eingehen zu können. Das waren anscheinend durch nichts bewiesene Gerüchte. Aber in Mantua trauerte eine Familie um eine Tochter, die den Aufregungen um ihr weiteres Schicksal nicht gewachsen war. Obwohl die Verhandlungen einer Verbindung mit Bona von Savoyen kurz vor dem Abschluss standen, ließ Galeazzo Maria verbreiten, er sei ganz verliebt in das Bild der nächstjüngeren Gonzaga-Tochter Barbara und wäre Heiratsverhandlungen nicht abgeneigt. Darauf gab es aus Mantua keine Antwort. Bei Doroteas Tod war ihr Heiratsvertrag noch nicht annulliert, so dass sie als erste Frau des Herzogs Galeazzo Maria von Mailand in den Stammbaum der Sforza eingegangen ist.

In ohnmächtigem Schmerz unterrichtet Markgräfin Barbara die Familie vom Tod der Tochter. Susanne, das Kind, das wegen seiner Behinderung nicht heiraten konnte und den Weg ins Kloster gewählt hatte, empfiehlt der Mutter, sich in den Willen Gottes zu schicken, dann aber bricht es aus ihr heraus: *„... dennoch kann ich nicht verhindern, dass ich Schmerzen empfinde und dass ich bitterlich geweint habe, sowohl wegen der innigen Liebe, die ich für sie empfunden habe und weiterhin empfinde, so dass alle ihre Qualen und Leiden mir als meine eigenen erscheinen, als auch wegen der Schmach für unser Haus.“*

Damit brachte Dorotea die Folgen für die weitere Heiratspolitik der Gonzaga auf einen einfachen Nenner. Wer sollte sich noch für eine Markgräfin von Mantua entscheiden, selbst wenn die Mitgift noch so hoch wäre, wenn er sie nicht vorher in Augenschein nehmen konnte. Die Befürchtungen schienen sich schon ein Jahr später zu bewahrheiten, als die Markgräfin für ihre zwölfjährige Tochter Barbara Heiratskandidaten zu suchen begann. Es hat den Anschein, als hätten die Eltern für diese Tochter nach den bösen Erfahrungen der letzten Jahre eine Einheirat in ein italienisches Haus von vornherein ausgeschlossen. So bemühte sich Kaiser Friedrich III., wohl auf Empfehlung des brandenburgischen Fürsten Albrecht Achilles, um Barbaras Hand für seinen Neffen, den badischen Erbprinzen Christoph. Eine Verbindung, die nicht zustande kam, weil ihr Vater meinte, die Tochter sei noch zu jung, um sie von zu Hause wegzugeben.

Für die jüngste Tochter der Familie, Paola, standen die Heiratsaussichten von vorneherein sehr schlecht. Schon der zarten Siebenjährigen sah man an, dass sie das Rückenleiden ihrer Großmutter Paola in sich trug. Was sollte nur aus ihr werden? Keine guten Aussichten für das Haus Gonzaga. Töchter hatten ihren Marktwert. Der mochte sich bei Barbara wieder heben, aber die Aussichten für Paola waren äußerst gering. Daran würde auch eine höhere Mitgift nicht viel ändern. Es wäre verlorenes Geld, denn der Schwiegersohn würde sie nicht in Reputation und Achtung aufwiegen können. Eine Tochter aus hochgeborenem Hause hatte die Verpflichtung, ihrem Geschlecht und ihrem Land zu dienen. Dafür musste sie bei der Heirat vielleicht auch einmal eine bittere Frucht schlucken. Das hatte Markgräfin Barbara, eine geborene Prinzessin von Brandenburg, am eigenen Leibe erfahren müssen. Jetzt war die Reihe an ihren Töchtern, mit diesem Schicksal fertig zu werden. Man vergab seine Mädchen dorthin, wo sie einem nützten und hoffte, dass sie sich bewährten. War der rechte Zeitpunkt verpasst oder fand sich kein Haus, das sich etwas von der Verbindung versprach, blieb nur das Kloster.

Das wusste niemand besser als die im November 1423 geborene Tochter des Kurfürsten Johann des Alchimisten von Brandenburg und seiner Frau Barbara von Sachsen. Bereits die Vierjährige war mit Joachim von Stettin, dem Erben Pommerns, vermählt worden. Als dann aber die Anfrage aus Mantua, von Barbaras Onkel Albrecht Achilles vermittelt, eintraf, schrieb man die Verträge auf Barbaras jüngere Schwester Elisabeth um und verlobte die nun Zehnjährige mit dem neun Jahre älteren Erben der Markgrafschaft Mantua. Im Heiratsvertrag wurde festgelegt, die kleine Braut in Mantua zu erziehen. Damit sie sich an Ort und Stelle mit der Sprache, den Sitten und den Bräuchen ihrer neuen Heimat vertraut machen könne.

Eine Prinzessin auf der Reise in eine fremde Familie weit weg von daheim. Bis Augsburg wurde die Kinderbraut von ihren Angehörigen geleitet und dort in die Obhut einer glänzend ausstaffierten Delegation aus Mantua übergeben. Die Freie Reichsstadt Augsburg sparte nicht an diesem Tag, der auch für sie ein Triumph war. Wann könnte man besser zeigen, wie reich die Stadt und wie vornehm ihre Beziehungen sind. Ein wenig verschüchtert stand das Kind in einem *„Rocke, der was von Gold so schwer, als in anhett, er stuend stark uffrecht vor eitel Gold und was lang“* im Mittelpunkt der Ereignisse, nahm Geschenke entgegen und wusste doch nicht so recht, wie ihm geschah. Es waren Stunden voller Verzweiflung gewesen, als die vertrauten Menschen zurückblieben und sie, von Fremden über die Alpen gebracht, endlich in Mantua einzog. Wieder neue Menschen. Aber sie hatte die Tränen zurückgedrängt. Wer weinte, konnte nicht denken. Sie lernte eine fremde Sprache, fühlte sich ein in eine fremde Kultur, eine fremde Familie, die sie herzlich willkommen hieß und in einen Ehemann, der sie mit unverhohlener Neugier betrachtete und genau wie sie vorerst noch die Schule besuchen musste.

Eine besondere Schule, in dem der wohl bedeutendste Pädagoge Italiens unterrichtete. Paola Gonzaga hatte für ihre unterschiedlich begabten Söhne und Töchter einen Lehrer gesucht, der das christliche Ethos mit den humanistischen Idealen zu vereinen wusste. Einen Pädagogen, der Soldaten und Herrscher gleichermaßen formen und prägen konnte. Sie fand ihn in Vittorino da Feltre, den Gründer der modernen Erziehung schlechthin. Als sie ihn, der an der Universität Padua Rhetorik lehrte, nach Mantua berief, war Vittorino nur zögernd ihrem Ruf gefolgt. Er wäre lieber in ein Kloster gegangen, um dort seinen Studien leben zu können. Als Sohn armer Leute geboren, hatte Vittorino, geplagt von einem unbändigen Wissensdurst, zunächst als Assistent bekannter Gelehrter gearbeitet und so sein Wissen in Latein und höherer Mathematik vervollkommnet. Dann war er nach Venedig gegangen, um Griechisch bei Guarino da Verona zu lernen, einem der ganz großen Erzieher der Renaissance.

Schließlich eröffnete Vittorino in Padua eine Schule, in der er allmählich zu einer eigenen Pädagogik fand, einer Pädagogik, die den jungen Menschen, die ihm anvertraut waren, Raum ließ, zu sich selber zu finden und sich zu entwickeln. Sanft, ruhig, ohne Zwang. Die Erfolge seiner Arbeit brachten ihm den Lehrstuhl für Rhetorik an der Universität Padua ein. Er könne, so hatte er Paola Gonzaga ausrichten lassen, nur an einem Hof unterrichten, an dem Moral und Ethik einen hohen Stellenwert hätten. Erst als er die Zusage erhielt, nach eigenem Gutdünken schalten und walten zu können, nahm er das Angebot der Gonzaga an. In einem bisher Tanz und Spielereien vorbehaltenem Haus im alten Teil des Palastes von Mantua richtete Vittorino eine Schule ein, die er „das heitere Haus" – „La Casa Giocosa" nannte. Hier unterrichtete er zunächst die Kinder der Herrscherfamilie, dann kamen die Jungen und Mädchen vornehmer Mantuaner Bürger hinzu. Um seine Schüler vom Einfluss des Hofes und der Höflinge fernzuhalten, stellte er Wachtposten an den Toren auf, und keiner durfte das Schulgelände ohne sein Wissen verlassen. Der Ruf der individuellen, gewaltfreien, aber strengen Erziehung verbreitete sich rasch unter den Herrscherfamilien Italiens. Es kamen die Söhne hochgestellter Persönlichkeiten aus Padua, Faenca und aus Venedig. Der Herzog von Urbino schickte seinen wilden, ungebärdigen Sohn Federico da Montefeltro. Bei Vittorino lernte er seinen Begabungen entsprechend all das, was ihn dazu befähigte ein idealer Renaissancefürst zu werden.

In dieser Schule lernte die kleine Deutsche Barbara von Brandenburg schnell und ohne Mühe Italienisch. Sie sprach Latein und Griechisch und nahm die verfeinerte Lebensweise ihrer neuen Heimat so vollkommen in sich auf, dass man sie kaum mehr von einer Italienerin unterscheiden konnte. Vittorino zahlte von seinem Gehalt das Schulgeld für begabte Jungen und Mädchen aus nicht begüterten Familien. Es gehörte zum tief empfundenen Glauben dieses bedeutenden Pädagogen, jedes Kind nach seinen Fähigkeiten und Begabungen zu fördern. Ziel seiner Erziehung war ein harmonisches Miteinander von Körper, Geist und moralischer Entwicklung. Der sorgfältig ausgewählte Stundenplan umfasste die Fächer Mathematik, Griechisch, Latein, Philosophie, Geschichte, Theologie, Musik und Zeichnen, dazu kamen Schwimmen, Reiten, Ringen, Bogenschießen und Fechten. Es gab kurzweilige Tanzvergnügen und Ausflüge in die Natur. Beklagen durfte sich keiner, Launen waren nicht erlaubt. Wer einmal Fürst, Herrscher, Heerführer oder Kardinal werden oder in sonst einer führenden Stellung tätig sein wollte, der musste sich zusammennehmen und die Wirkung seiner Äußerungen auf andere Menschen abschätzen können. Vittorino schuf an seiner Schule ein Klima des Vertrauens und des Verstehens. Wer seine Aufgaben nicht erledigt hatte, der wurde nicht bestraft, er musste eben dann arbeiten, wenn die anderen

Freizeit hatten. Vittorino lebte vor, wie er sich das christliche Miteinander von ebenbürtigen Partnern vorstellte.

Es war kein Wunder, dass dieser Lehrer seine Schüler prägte. Auch später, als Ludovico längst Herrscher Mantuas war, erhob er sich, sobald sein greiser Lehrer den Raum betrat. In der Schule Vittorinos wurden Jungen und Mädchen ohne Ansehen ihres Geschlechts lediglich nach ihren Fähigkeiten beurteilt und ausgebildet. Dass die Lehre eines großen Pädagogen die eine Seite der Medaille und die berechtigten Interessen des Herrscherhauses die andere waren, musste auch Cecilia, eine der begabten Schwestern Ludovicos, erfahren. Sie war als Schülerin der erklärte Liebling Vittorinos, glänzte in Latein und Griechisch und wollte ihr Leben der Kirche weihen. Sie sollte aber Oddantonio von Urbino, einen rohen und ungebildeten Prinzen, heiraten. Cecilia weigerte sich entschieden und war nicht zu bewegen, ihre Meinung zu ändern. Schließlich rief sie Vittorino als Schiedsrichter an, der ihren Vater beschwor, die Tochter nicht zu zwingen:

„Die Beharrlichkeit deiner Tochter ist im Willen Gottes verankert. Gott aber darf kein Widerstand geleistet werden, sonst wird ein großes Unheil geschehen."

Markgraf Gianfrancesco gab schließlich nach. Cecilia brauchte den ungeliebten Mann nicht zu heiraten. Ein großes Glück für sie, denn Oddantonio wurde nur kurze Zeit später von Bürgern Urbinos ermordet, weil er ihre Töchter vergewaltigt hatte.

Der zur Korpulenz neigende Thronerbe Ludovico bekam weniger zu essen als sein dünner und zappeliger Bruder Carlo, der essen durfte, so viel er wollte. Als Vittorino feststellte, dass Ludovico Musik sehr liebte, versuchte er oft, seinen Hunger mit dem Anhören von Musik zu stillen. Selbst der jungen Deutschen Barbara von Brandenburg konnte nicht entgehen, dass ihr Schwiegervater Gianfrancesco seinen zweiten Sohn Carlo dem Thronfolger vorzog. Ludovico saß für einen künftigen Heerführer und Herrscher schlecht auf einem Pferd, plump und kurzatmig konnte er seinem sportlichen und schönen jüngeren Bruder nicht das Wasser reichen. Dabei litt er sehr unter der Zurücksetzung. Als sein Vater den jüngeren Bruder zu seinem Stellvertreter als Oberbefehlshaber der Truppen Venedigs machte, hielt Ludovico nichts mehr in Mantua. Er floh mit Hilfe seiner Mutter Paola aus der Stadt und ließ sich schließlich von Mailand als Heerführer anwerben. Eine unmögliche Situation, denn jetzt standen die Streitkräfte der beiden Hauptmächte Oberitaliens unter dem Befehl eines Gonzaga. Venedig reagierte sofort, entließ Gianfrancesco und sperrte ihm die noch ausstehenden Bezüge. Der Markgraf tobte und verbannte den Sohn für immer aus Mantua. Er drohte, ihn zu enterben und bat den Kaiser anstelle seines Ältesten den zweitgeborenen Sohn Carlo als Thronfolger einzusetzen. Weil er seinen Sohn nicht erreichen konnte, ließ er seinen Wut und seinen Ingrimm an der nun dreizehnjährigen Barbara aus. Von nun rangierte sie in der Familienhierarchie hinter der Frau ihres Schwagers Carlo, für die Hohenzollern-Prinzessin eine große Herabsetzung und Schande, aber auch eine Zeit, die Barbara zu sich selber finden ließ. Sie war allein in einem Land bei einer Familie, zu der sie nicht gehörte. Was würde mit ihr geschehen, wenn der Mann, mit dem sie verheiratet war, nicht zurückkehrte? Mit ihrem vierzehnten Geburtstag war sie offiziell seine Frau, und ihr Schwiegervater begann sie zu verhöhnen, weil sie keine Kinder bekam. Als Barbara sechzehn war, kehrte Ludovico, von Vittorino mit dem Vater ausgesöhnt, nach Mantua zurück. Ein 25-Jähriger, der nur noch wenig Ähnlichkeit hatte mit dem Jungen, der einst aus Mantua geflohen war. Vor Barbara stand ein durchtrainierter Soldat, mager, der auf dem Pferd saß, als sei er mit ihm verwachsen. Der lange Bart, den er sich hatte wachsen lassen, ließ seine Mutter fassungslos ausrufen: „Ein Türke!“ Aber auch der heimgekehrte Thronfolger betrachtete staunend die junge Frau, mit der er verheiratet war. Selbstbewusst und energisch, ganz eigengeprägt, so trat sie ihm entgegen, und so wurden die beiden ein Paar. Ein Jahr später lag der erste Sohn, Federico, in der Wiege.

Als Ludovico im Jahre 1447 seinem Vater als Markgraf von Mantua folgte, hatte er in Barbara eine Frau, der er vertrauen und auf die er sich verlassen konnte. Politisch denkend, wirtschaftlich agierend führte sie das Land während seiner langen Abwesenheiten als Befehlshaber der mailändischen Truppen wie ein Minister. Als kleiner, sehr begehrenswerter Puffer zwischen zwei sich misstrauisch beäugenden, sich immer wieder feindlich bekriegenden Großmächten hatten sich die Gonzaga daran gewöhnt, mit einer jederzeit umkehrbaren Schaukelpolitik ihr Land aus den Streitigkeiten herauszuhalten. Barbara war zudem eine wichtige Informantin ihres Onkels Albrecht Achilles, der die machtpolitischen Fäden des deutschen Reiches in Händen hielt. Ganz für Mantua denkend, hatte Barbara nach dem Tod des letzten legitimen Visconti auf dem Mailänder Herzogsthron, Kaiser Friedrich III. gebeten, das erledigte Lehen einzuziehen und mit einem kaiserlichen Vikar zu besetzen. Ein Wunsch, dem der bedächtige Kaiser mangels Geld und Energie nicht nachkommen wollte und konnte. Aber ein verhältnismäßig ruhiger Reichsvikar in Mailand wäre für die Gonzaga sehr viel bequemer gewesen, als der auf die Ausdehnung seiner Macht und seines Herrschaftsgebietes bedachte Francesco Sforza.

Immer wieder versuchte Mailand mit Hilfe von Ludovicos Bruder Carlo Mantua unter seine Herrschaft zu bringen, oft mit zerstörerischen Mitteln. Der feindliche Bruder versuchte, den Mincio umzuleiten und damit die Mantua umgebenden Seen und Wasserläufe auszutrocknen. Die schutzlose Stadt wäre hilflos ihren Angreifern ausgeliefert gewesen. Immer wieder gab es Gerüchte über Giftanschläge auf Ludovico und Mord- und Entführungsdrohungen gegenüber seiner Familie. Schließlich wurde Carlo nach Ferrara verbannt. Von dort stammte seine Frau und dort starb er früh, verbittert und ohne seine Heimat Mantua wiedergesehen zu haben. Ludovico unterstützte Carlos Familie großzügig, holte dessen Tochter Gentilina an den Hof nach Mantua und ließ sie zusammen mit seinen Kindern erziehen. Den Sohn Carlos aber ließ er in Ferrara, um nicht ins Gerede zu kommen, wenn das kränkliche Kind sterben sollte.

Ein glänzender Renaissancehof

In Mantua wuchs eine neue Generation heran. Nicht nur die Töchter mussten verheiratet werden, auch die Söhne. Zuerst Federico, der Thronerbe. Unterhändler aus Bayern waren gekommen, „derbe und ungeschlachte“ Leute, die den Mantuanern vorgekommen waren wie „Köche und Küchenjungen“ mit ihren „kaum erträglichen schlechten Manieren“. Trotzdem war man sich schnell handelseinig geworden. Federicos Brüder Rodolfo und Gianfrancesco hatten die Braut in München in Empfang genommen und in prächtigem Zug über den Brennerpass nach Mantua geleitet. Aber nun weigerte sich Federico, der Erbe, die ihm trampelhaft erscheinende bayerische Herzogstochter zu heiraten. Denn er war unsterblich in eine schöne Mantuaner Bürgerstochter verliebt und wollte nicht von ihr lassen. Das hätte er ja nach dem Verständnis der Zeit auch nicht müssen. Aber Ludovico reagierte ähnlich wie sein Vater in seiner eigenen Jugend. Er gab sich unversöhnlich, drohte, den rebellischen Sohn zu enterben, und wollte ihn einkerkern lassen. Mit Hilfe seiner Mutter floh der Erbe Mantuas, erkrankte aber schwer und wurde auf dringendes Ersuchen Barbaras vom König von Neapel sterbenskrank in einer verlassenen Hütte in unwegsamem Gelände gefunden, in der ihn seine Kameraden aufopferungsvoll pflegten. Der König von Neapel sorgte dafür, dass Federico an seinem Hof gesundgepflegt wurde. Er benachrichtigte die besorgte Mutter, der es gelang, den Markgrafen versöhnlich zu stimmen. Ausgesöhnt mit seinem Vater kehrte er nach Mantua zurück, heiratete die verschmähte Braut und lebte fortan glücklich an der Seite seiner plumpen bayerischen Bäuerin, die ihm zum Dank die Söhne Francesco und Sigismondo und die Töchter Chiara und Elisabetta schenkte und die er bei ihrem frühen Tod tief betrauerte.

Schön, begabt und ritterlich war der zweite Sohn, Francesco, der die kirchliche Laufbahn eingeschlagen hatte und bereits in jungen Jahren von Papst Pius II. zum Kardinal berufen wurde. Den dritten Sohn, ihren Liebling Gianfrancesco, hatte Barbara schon als Kind an den Hof ihres Onkels Albrecht Achilles nach Ansbach geschickt. Dort sollte er nicht nur in den ritterlichen Tugenden unterrichtet werden, sondern auch in die Kunst der Diplomatie eingeführt werden. Nach ihm kam Rodolfo, ein stolzer Junge, der am Hofe Karls des Kühnen erzogen worden war. In Aussehen, Wesen und im Alter stand er Barbaras schönster Tochter, der anmutigen, ein wenig pummeligen und hübsch gewachsenen Barbara am nächsten. Ein sorgsam behütetes Leben führten die beiden jüngsten Kinder, der kluge und belesene Ludovico, der wie Francesco für den geistlichen Stand bestimmt und bereits mit neun Jahren zum Bischof von Mantua ernannt worden war. Mit schmerzlicher Liebe hing Markgräfin Barbara an ihrer jüngsten Tochter Paola. Einem zarten Kind, an dessen überfeinen Gesichtszügen und dünnen Gliedmaßen sich das Erbübel der Gonzaga schon früh ankündigte. Beim Anblick ihrer Jüngsten zog sich das Herz der Mutter zusammen, immer plagten sie Schuldgefühle diesem von klein auf kranken Kind gegenüber.

Wie stolz und glücklich war Markgräfin Barbara gewesen, als Papst Pius II. gleich nach seiner Wahl auf den Stuhl Petri, ein glanzvolles Konzil nach Mantua einberief. Den Anstoß dazu hatte sie selbst in Briefen an ihren

Onkel Albrecht Achilles gegeben, als sie immer wieder darauf drängte, doch Mantua als Ort des nächsten allgemeinen Konzils bei Kaiser Friedrich III. ins Gespräch zu bringen. Schließlich war Mantua ausgewählt worden und hatte das teure Konzil ausgerichtet.

Der Lohn der für die Stadt außerordentlich anstrengenden Gastfreundschaft war der Kardinalshut für den erst siebzehnjährigen Sohn Francesco gewesen, der zu dieser Zeit noch seinen Studien in Padua nachging. Als Träger höchster kirchlicher Würden wurde er zur Hoffnung der Dynastie. Sein glänzender Hof in Rom, an dem sich Künstler, Schriftsteller und Gelehrte versammelten, wurde innerhalb kurzer Zeit zu einem Hort der Kultur und der Wissenschaft. Francesco sammelte Bücher, Handschriften, antike Skulpturen, darüber hinaus war er einer der angesehensten und mächtigsten Kardinäle der Kurie. Ihm gelang es, eine große Anzahl einträglicher Ämter auf sich zu vereinen, nicht zum Schaden der ihn hofierenden Maler und Poeten. Wie sein Vater war er ein großer Musikliebhaber und umgab sich mit berühmten Literaten, die ihm sogar bei seinen Kuren in den berühmten Bädern Oberitaliens die Zeit verkürzten.

Alles, was in der Christenheit Rang und Namen hatte, vom Kaiser bis zum Prälaten, sollte sich in Mantua treffen, um einen Kreuzzug gegen die türkische Gefahr in die Wege zu leiten. Die Türken, die Konstantinopel erobert und Griechenland besetzt hatten und immer noch weiter in den Westen Europas vordrangen, waren ein beunruhigender Pfahl im Fleisch des Heiligen Römischen Reiches Deutscher Nation. Papst Pius II., mit bürgerlichen Namen Enea Silvio de' Piccolomini, hochgebildet, ein Dichter von hohen Graden, war es ein lebenswichtiges Anliegen, diese wilden ungebärdigen Türken zurückzudrängen und Europa auf einem Kreuzzug von ihnen zu befreien. Trotz aller flammenden Appelle des Papstes wollte jedoch die richtige Kreuzzugstimmung nicht aufkommen. Als Pius II., eskortiert von der Flotte Mantuas, die Stadt auf dem Wasserweg erreichte, hatten sich nur wenige der führenden Köpfe der Christenheit in Mantua eingefunden. Ludovico und Barbara hatten die Stadt herausgeputzt. Albrecht Achilles von Brandenburg war im Auftrage des durch Abwesenheit glänzenden Kaisers Friedrich IIII. gekommen, aber diejenigen, auf die es ankam, wie der König von Frankreich, hatten sich mit ihrer angegriffenen Gesundheit oder dem langen Weg entschuldigt.

Enttäuscht stellte Pius II. fest, dass nur wenige Fürsten bereit waren, das Christentum zu verteidigen: *„Unsere Brüder und Söhne, wir hofften, bei der Ankunft in dieser Stadt eine große Schar uns vorangegangener fürstlicher Gesandter anzutreffen. Wie wir sehen, sind nur wenige hier, wir haben uns getäuscht. Den Christen ist an der Religion nicht so viel gelegen, wie wir glaubten … Niemand beklage sich über die Kürze der Zeit, niemand schütze die Beschwerlichkeiten der Reise vor. Wir, die wir an Unpässlichkeit leiden und vom Alter geschwächt sind, haben dem Appenin und dem Winter getrotzt … nicht ohne Gefahr haben wir den Kirchenstaat verlassen, um dem katholischen Glauben zur Hilfe zu kommen, den die Türken zugrunde zu richten trachten."* Gekommen waren die, die sich etwas von dem Konzil erhofften, wie Francesco Sforza oder Herzog Siegmund, der Münzreiche, von Tirol. Anwesend war Kardinal Rodrigo Borgia, der spätere Papst Alexander VI. Begrüßen konnte Barbara mit großer Freude ihren Vater, Kurfürst Johann von Brandenburg. Welch eine Ehre für das Haus Zollern, als Barbaras bewunderter Onkel Albrecht Achilles aus den Händen des Papstes den goldenen Degen entgegennehmen konnte. Trotz der mangelnden Entscheidungsfähigkeit der Teilnehmer bekam Mantua als Stadt des Konzils internationales Flair, und es war eine große Ehre, vier Monate lang den Papst zu beherbergen.

Dabei murrten die, die gekommen waren, hinter vorgehaltener Hand, der Ort Mantua sei nicht glücklich gewählt. Der durch das viele Wasser verursachte zähe

Nebel würde die gefürchtete Hustenseuche begünstigen, dazu sei die Stadt *„sumpfig und ungesund, alles glühe vor Hitze"*. Weder die schalen Weine dort noch die anderen lebensnotwendigen Dinge gefielen ihnen; die meisten von ihnen *„seien krank, sehr viele verzehre das Fieber, nichts sei zu hören außer den Fröschen . . ."* Tiraden gelangweilter Konzilsteilnehmer, die es sich eigentlich auf Kosten der Gastgeber in der Stadt am Mincio gut gehen ließen. Besonders dann, wenn auf ernste Konzilsthemen frohe Feste folgten. Großartige Jagden in den Revieren Ludovicos in der Weite der Poebene und heitere Aufenthalte in den Landvillen in Revere und Gonzaga. Nur auf eines mussten die Gäste verzichten: auf Turniere. Seit seiner Zeit als Heerführer konnte Ludovico Waffenlärm in Friedenszeiten nicht ertragen und verzichtete deswegen auf ritterliche Spiele und Turniere. Als das Konzil ohne Ergebnisse zu Ende ging, hatte lediglich Mantua durch enorm gewachsenes Prestige im Machtgefüge Oberitaliens von dem Ereignis profitiert.

Gicht und Arthrose plagten Ludovico, so dass er oft in den Bädern von Petriolo Erholung und Genesung suchte. Lesend, schreibend und Korrespondenzen führend verbrachte er seine Tage, las Curtius, Lucan und Augustinus und schrieb an seine Frau, wie sehr es ihn ärgerte, wenn er die Bücher, die er Freunden auslieh, von ihnen nicht mehr zurückbekam. In den Augen der Zeitgenossen wandelte er sich immer mehr von einem militärischen Führer zum weisen Staatsmann. Kaiser, Könige und seine sich ewig im Streit befindenden Nachbarn suchten immer öfter seinen Rat. Eine besondere Genugtuung muss es für ihn gewesen sein, als sich Bona von Savoyen nach der Ermordung ihres Mannes Galeazzo Maria von Mailand Hilfe suchend an ihn wandte. Er tat es, ohne an die Vergangenheit zu rühren. Für die Bibliothek von Mantua sammelte er die Werke Vergils, des wohl größten Sohnes der Stadt, und gab sie in einer reich bebilderten Abschrift heraus. Aber auch die Werke neuzeitlicher Dichter und

Schriftsteller fanden seine Aufmerksamkeit. Er liebte Petrarca und Dante. Mit seinem Geld wurde sehr früh eine Buchdruckerpresse in Mantua aufgestellt, das erste Werk, das darauf gedruckt wurde, war Boccaccios Decamerone. So wie es sein Lehrer Vittorino da Feltre es sich einst gewünscht hatte, arbeiteten in der immer größer werdenden Bibliothek Mantuas Gelehrte und Wissenschaftler und erhöhten so die Strahlkraft der Stadt.

Ludovico holte mit Leon Battista Alberti den bedeutendsten Architekten seiner Zeit nach Mantua. In der Stadt schuf Alberti die Incorrunata-Kapelle im Dom und die beiden Kirchen San Sebastiano und San Andrea. Zu den von ihm geförderten Künstlern gehörten auch Antonio Pisanello, der einen der imponierenden Burgsäle mit Fresken ausschmückte. Besonders stolz war Ludovico als Donatello seinem Ruf folgte und zwei Jahre in Mantua lebte und arbeitete. In dieser Zeit entstanden zwei Bronzebüsten des Herrschers. Für die fürstlichen Sammlungen schaute sich Donatello auch auf dem Kunstmarkt um und erwarb im Auftrage des Markgrafen zahlreiche antike Kunstwerke. Trotz allen Glanzes war Geld in Mantua knapp. Dafür gibt es viele Beispiele in der Korrespondenz des Markgrafenpaares. So beauftragt Barbara, kurz bevor ihr Sohn Federico seine Margareta heimführt und sie ihre Tochter Dorotea verheiraten will, ihren Vertrauten Cristefero di Geremia, Perlen zu kaufen, *„... aber nicht alle auf einmal, sondern nach und nach, um nicht überteuert zu werden."* Andererseits waren Ludovico und seine Verwaltung auf dem Gebiete der Geldvermehrung sehr kreativ und nicht eben zimperlich. So erfanden sie die Werktagssteuer, bei der die Dörfer und Städte einen Teil der Werktage an die Verwaltung abtreten mussten. Während dieser Zeit waren die Bürger für die Markgrafschaft tätig und bauten Straßen und Plätze. Mit Hilfe dieser Steuer bekam der Markgraf auch das Problem der Kanalisation in den Griff, über deren kläglichen Zustand sich die Gäste des Konzils beklagt hatten.

Mehr als vier Jahre hatten Barbara und Ludovico um den Künstler Andrea Mantegna geworben. Endlich ließ sich der als schwierig geltende Maler dazu herab, Mantua einen Besuch abzustatten. Er kam und blieb. Oftmals murrend, weil sein Honorar nur schleppend einging, dann schrieb ihm Ludovico um Verständnis bittende Briefe. Denn auch ein Renaissancefürst hatte Sorgen mit schleppend eingehenden Geldern: *„Man kann von uns nicht nehmen, was nicht da ist, und Ihr selbst habt gesehen, dass wir, wenn es möglich gewesen ist, nicht verfehlt haben, für Euch und unsere anderen Diener zu tun, was möglich war, und das haben wir gern und mit Freuden getan. Es ist wahr, dass wir, weil seit einigen Monaten unsere Einkünfte uns nicht zugeflossen sind, gezwungen gewesen sind, auch unsererseits einige Zahlungen, die wir zu machen hatten, aufzuschieben, wie für die Besitzung, die wir Euch geschenkt haben und einige andere. Nichtsdestoweniger sind wir auf nichts anderes bedacht, als auf jede Weise Geld zu schaffen, um unsere Verpflichtungen zu erfüllen, und sollten wir unsere Besitzungen verpfänden, denn alle unsere Juwelen sind schon auf Wucherzinsen verpfändet, und Ihr braucht nicht zu zweifeln, Eure Besitzung wird bezahlt werden und wir wollen es gern und mit Freuden tun …“*

Mantegna blieb, und es gelang ihm wie keinem anderen, die so besondere Atmosphäre dieser Familie und ihres Hofes in seine Bilder einfließen zu lassen. Der Maler schmeichelt nicht, er malt mit hellseherischer Klarheit die Persönlichkeiten, die sich hinter der glänzenden Fassade des Hofes verbergen. Das macht den Zauber seiner Bilder auch ein halbes Jahrtausend nach ihrem Entstehen aus. Davon leben auch die Fresken, die er in der Camera degli Sposi, den Hochzeitsgemächern in einem Eckturm der Burg San Giorgio de Reggia, des Palastes in Mantua schuf. Neun Jahre verbrachte er damit, den rund acht mal acht Meter großen Raum auszumalen. Familienszenen grüßen aus den Lünetten, den Supraporten. Francesco, der Kardinal, schön und selbstbewusst, die Söhne des Thronfolgerpaares, Federico und Sigismondo, noch mit Babyspeck, aber schon mit dem Selbstbewusstsein der Gonzaga.

Über einem Kamin sitzt wie auf einer Balustrade das markgräfliche Paar im Kreise der Familie und des Hofstaates. Kaum vorstellbar, dass dieser hagere Asket Ludovico, der sich ernsthaft seinem Sekretär zuneigt, in seiner Jugend so dickleibig gewesen sein soll, dass ihm das Reiten schwer fiel. Ernst und streng, dabei ein wenig besorgt blickt Barbara von Brandenburg auf den Gemahl. Eine Frau, die gelernt hat, auf der Hut zu sein und energisch einzugreifen, wenn es ihr nötig scheint. Eng an sie gedrängt die beiden jüngsten Kinder, Ludovico, dem Dienst an der Kirche bestimmt, und Paola, die der Mutter eine Frucht reicht, rührend in ihrer kindlichen Gebrechlichkeit. Hinter Mutter und Vater, der Thronfolger Federico, ein wenig korpulent und nicht ganz bei der Sache, seine Hände ruhen auf den Schultern des jüngsten Bruders Ludovico. Neben ihm, hinter der Mutter, ihr Lieblingssohn Gianfrancesco. Bezaubernd schön in ihrer Jugendlichkeit Barbara, die heiratsfähige Tochter des Hauses, hineingestellt in das Familienbild und doch daraus hervortretend. Hinter ihr steht bescheiden ihre Schwägerin Margareta von Bayern. Ein ganz intimes Bild. Andrea Mantegna hat mit sensibler Klarsicht die verborgenen Verbindungen zwischen den einzelnen Familienmitgliedern erspürt und hineingemalt in seine Fresken und sie so über die Jahrhunderte erhalten.

Immer wieder waren neugierige Familienmitglieder hier heraufgekommen und hatten Mantegna und seinen Gesellen mit angehaltenem Atem beim Malen zugeschaut. Flüsternd hatten sie das Gesehene kommentiert und diskutiert. Manch einer fand sich gut getroffen, andere hatten sich beim Künstler beschwert, zu offensichtlich schienen ihnen Charaktereigenschaften an die Wand gebannt. Die junge Barbara war erschrocken über ihren sehnsüchtig in die Ferne gerichteten Blick, der so viele geheime Wünsche ausdrückte. Sie hatte sich ertappt gefühlt und ging seitdem nur noch mit schlechtem Gewissen in die camera picta. Aber was wünschte sie sich eigentlich? Sie konnte es nicht sagen. Dann vergaß sie wieder darüber nachzudenken im Trubel der Tage. In Mantua im Kreis der Geschwister, in Gonzaga auf dem Lande beim Spiel mit den Lämmern und Zicklein, beim Setzen der Pflanzen und Ernten der Früchte.

Mantegna hatte immer wieder vorgehabt, die Arbeit hinzuwerfen, um schließlich doch ganz zu bleiben, sesshaft zu werden und sich in der Stadt ein Haus zu bauen. Am Hofe von Mantua blühten die Künste, aber die Hofhaltung war weit entfernt davon, so prachtvoll zu sein wie die Höfe der Visconti, der Sforza, der Medici und der anderen großen Herrscherfamilien Italiens. Die Schlösser, die Ludovico bauen ließ, dienten auch der Erschließung des Landes und der besseren Verwaltung. Die wenigen Sommerhäuser und Lustschlösser gehörten zur Geschichte der Familie, waren mit ihr verwoben. So wie das herrschaftlich hergerichtete Landhaus auf dem Gutshof in Gonzaga, ein kleines Dorf, rund 25 Kilometer südlich von Mantua am Ufer des Po gelegen. Von hier aus war die Familie einst ausgezogen die Macht in Mantua zu erringen. Für Ludovico und Barbara ein Ort der Erholung und der Entspannung. Hier war das Reich Barbaras, der zweitjüngsten Tochter, ihr hatten es Pflanzen und Tiere besonders angetan. Ihre Geschwister neckten sie oft, sie solle doch Bäuerin werden, das täte gut zu ihr passen. Hunde gab es auch im herzoglichen Palast in Mantua in allen Größen, aber Kälber, Lämmer und Zicklein, das gab es nur in Gonzaga. Von klein auf hatte sie sich für Landwirtschaft interessiert und den Gärtnern beim Arbeiten in den Gärten im Palast geholfen. Ihr machte es ganz einfach Spaß, die Hühner zu füttern oder die Kälbchen beim Trinken zu beobachten. Barbara war im Gegensatz zu ihren zarten Schwestern robust und kräftig. Sie ritt gut und sehr gerne, tanzte hervorragend, ihre Liebe zur Literatur teilte sie mit ihrem Vater. Gerne begleitete sie ihn zur Druckerpresse und schaute beim Drucken zu. Für sie war es ein Wunder, dort Seite um Seite entstehen zu sehen. Die junge Barbara liebte handwerkliche Tätigkeiten und sie hörte gerne Musik, auch dies ein Erbteil ihres Vaters und eine Vorliebe, die sie mit vielen ihrer Geschwister teilte.

Ganz vernarrt war sie in Chiara, die Tochter ihres Bruders Federico, und auch seine beiden Söhne, Francesco und Sigismondo, brauchten nur den Rockzipfel ihrer Tante von Ferne zu erblicken, dann versuchten sie schon ihren Hofmeistern zu entkommen und ihr nachzusetzen. Die Jüngste, Elisabetta, war noch ein Wiegenkind, und Margareta war schon wieder schwanger. Barbaras geheime Ausflüge mit ihrem Lieblingsbruder Rodolfo durch die verwinkelten Gänge in den durch immer wieder neue Anbauten verschachtelten Winkeln, Türmen und Gewölben des Palastkomplexes hatten die besorgten Kammerfrauen und Hofmeister manches Mal in Atem gehalten. Gerade gewachsen, heiter und lebensfroh hatte sie den Tod ihrer Schwester Dorotea als knapp Zwölfjährige bewusst miterlebt. In den ersten Monaten danach hatte sie in jedem Schreiben, in jedem Abgesandten eines fremden Hofes einen Bewerber um ihre Hand erblickt. Erst nachdem ihre Eltern ihr erklärt hatten, dass für sie eine Heirat an einen italienischen Hof ausgeschlossen sei, hatte sie sich wieder beruhigt. Dann wieder hatte sie der Gedanke, noch weiter fort zu müssen, in Ängste gestürzt. Auch deswegen hatten die Eltern darauf verzichtet, für Barbara frühzeitig eine Heiratsverbindung einzugehen. Aber so konnte es nicht mehr lange weitergehen, die junge Markgräfin war eine begehrte Partie, das musste man nutzen.

Glückliche Tage in Mantua. Begeistert hatten die Geschwister Rodolfo, diesen schönen und wohlgebauten Jüngling, der einige Jahre am glanzvollen Hof Karls des Kühnen in Burgund zugebracht hatte, wie in einem römischen Triumph in die Stadt zurückgeholt. Dazu war ein festlicher Zug inszeniert worden, wie ihn die Bürger Mantuas liebten, mit Speerwerfern und Fahnenträgern, mit Dutzenden von Reitern, die in die Farben Mantuas gekleidet ein prächtiges Bild abgaben. Ein ritterlicher Prinz kehrte heim, das musste mit Tanz und Spiel gefeiert werden. Die darauf folgenden Tage verbrachte die Familie in Gonzaga. Hier war der rechte Ort, wenn die Herbstnebel Mantua in ein feines Gespinst aus grauen Fäden hüllten, die Kälte selbst durch die dicken Mauern des Palazzo drang und die dichten Vorhänge vor den Fenstern gespenstische Schatten an die Wände warfen. Dann war es schön im ländlichen Gonzaga, dem heiteren Schloss weit entfernt vom Alltag und seinen Mühen. Besonders der Markgraf litt mit den Jahren unter der feuchten Kälte, die seine Knochen mit spitzen Zähnen angriff und ihm Fieberschauer über den Leib zu jagen schien.

In einer Laube des großzügigen Gartens saßen Barbara und Rodolfo, die Geschwister, wie einst in den Jahren ihrer Kindheit und unterhielten sich angeregt. Manchmal drang das Lachen des Mädchens bis hinauf zu den Eltern. Entspannt lehnte sich die Markgräfin zurück: Vielleicht sollte sie doch noch einmal an ihren Onkel Albrecht Achilles schreiben. Nach dem Tod von Barbaras Vater war er Kurfürst von Brandenburg geworden, hatte noch mehr an Einfluss gewonnen. Für ihre Barbarina wurde es jetzt wirklich langsam Zeit zum Heiraten:

„Wir können das jetzt nicht mehr so einfach wegschieben wie vor ein paar Jahren!"

Markgraf Ludovico ließ das Buch, in dem er las, sinken und lauschte den Worten seiner Frau nach. Damals, als kurz nach Doroteas Tod der Kaiser für einen seiner Neffen um Barbara angehalten hatte, war es ihm wie eine Sünde vorgekommen, seine hübsche Tochter wegzugeben vor der Zeit. Er hatte angeregt, noch einige Jahre zu warten, bis Barbara alt genug sei, die Heimat zu verlassen. Vermutlich hatte das dem Haus Baden zu lange gedauert, denn in Mantua hatte man nie wieder etwas von diesem Heiratsprojekt gehört. Ludovico und Barbara war es recht gewesen. Aber jetzt musste etwas geschehen, dafür war auch der Besuch des Kardinals Francesco in seiner Heimatstadt eine gute Gelegenheit. Auch bei diesem Fest konnten Kontakte geknüpft werden.

Mit Francesco kamen viele Künstler, Dichter und Literaten in die Stadt, sie hatten ihm seinen Kuraufenthalt kurzweilig und unterhaltsam gestaltet. Für den Einzug des ersten Kardinals des Hauses Gonzaga in seiner Vaterstadt hatte der berühmte Dichter Angelo Poliziano sein Schauspiel „Orfeo" verfasst, das im Theater von Mantua mit großem Pomp uraufgeführt wurde. Mit Stolz, aber auch mit Besorgnis, hatte Markgräfin Barbara beobachtet, dass ihre kleine Barbara, ihre Barbarina viel Beachtung bei den Herren der Schöpfung fand. Gesandte, Künstler und Literaten rissen sich darum, ihr die Hand zu küssen, mit ihr zum Tanz zu schreiten. Jetzt wurde es wirklich Zeit, sich nach einer passenden Verbindung für die Tochter umzusehen, mochte ihr Mann darüber denken, wie er wollte. Sie selber war doch erst zehn Jahre alt gewesen, als man sie von ihren Eltern getrennt und an den Hof von Mantua verpflanzt hatte. Jetzt waren beide Eltern schon einige Jahre tot, desto mehr freute sie sich auf den Besuch ihres Schwagers König Christian von Dänemark, der eine Pilgerfahrt in die Heilige Stadt Rom plante und bei der Gelegenheit die Verwandten in Mantua besuchen wollte. Vielleicht, so hatte er angekündigt, würde er auch Barbaras Schwester Dorothea zur Reise überreden können. Von ihr stammte die Idee, Barbara mit dem polnischen Thronerben Ladislaus zu verheiraten. Die Länder im Osten würden immer mehr an Bedeutung gewinnen, da wäre es von Vorteil, auch dorthin verwandtschaftliche Beziehungen zu haben. Aus Bayern hatte sich die Wittelsbacher Verwandtschaft gemeldet und den Grafen Leonhard von Görz ins Spiel gebracht, einen Bewerber, der aber Ludovico nicht besonders gut gefiel.

Die württembergische Werbung

Ins Rollen kamen die Ereignisse, als Kurfürst Albrecht Achilles von Brandenburg den Grafen Eberhard von Württemberg auf seine Großnichte Barbara in Mantua aufmerksam machte. Auch die bayerische Verwandtschaft in München erinnerte sich an den im besten Heiratsalter stehenden, bärtigen Junggesellen in Urach und pries die schöne Gonzaga-Tochter mit den besten Beziehungen zur Kurie in Rom an. So kam es, wie es kommen musste: Während in Mantua eine ahnungslose junge Prinzessin unbeschwert fröhliche Feste feierte, wird irgendwo in Europa über ihr Schicksal entschieden. Den Sommer des Jahres 1473 verbringt Margareta von Bayern bei ihrer Familie in München. Ihre Schwiegereltern haben sie beauftragt, sich nach Kräften um die Verlobung ihrer jungen Schwägerin zu bemühen. Mitte Oktober meldet sich bei ihr ein Vermittler, der sich als enger Vertrauter des Grafen Eberhard von Württemberg ausweist. Der geheimnisvolle Fremde, der seinen Namen nicht nennen will, fragt nach, was sein Herr tun müsse, um die Hand der jungen Markgräfin Barbara zu gewinnen. Margareta hielt sich bedeckt, verschiedene Anfragen seien noch offen. Am besten wäre es, wenn sich der Gesandte direkt nach Mantua an den Hof ihrer Schwiegereltern begeben würde. Dort wisse man sicher mehr. Zu ihrer Überraschung machte sich der Bote sofort auf den beschwerlichen Weg über die Alpen. Noch immer wollte er seinen Namen nicht nennen, auch in Mantua wolle er inkognito bleiben, das angebotene Empfehlungsschreiben aber nahm er gerne an sich. In Mantua eingetroffen, ließ sich der Unbekannte, der sich im Lauf der Verhandlungen als der in württembergischen Diensten stehende Ritter Georg von Ehingen entpuppte, sofort bei der Markgräfin Barbara melden. Wie immer im Herbst, wenn die Nebel des Mincio das Atmen in der Stadt schwer machten, hielt sich Markgraf Ludovico auf einer der ländlichen Residenzen außerhalb der Stadt auf.

Seine Frau hielt die Ankunft des Werbers aus Württemberg für so wichtig, dass sie den Landesherrn bat, unverzüglich in die Residenz zurückzukehren.

Noch ist weder eine Zustimmung noch eine Ablehnung vom polnischen Hof eingetroffen. Aber mit dem neuen Bewerber schließt Ludovico den Grafen Leonhard von Görz schon einmal aus dem Reigen der Bewerber aus. Württemberg ist in der Schilderung des Ritters nicht nur größer und bedeutender, es ist auch ein Land mit mehr Zukunft. Hatte nicht auch Barbaras Onkel Albrecht Achilles große Hoffnungen auf diesen jungen Grafen und seine diplomatisches Geschick gesetzt? Wilde Jahre sollte er hinter sich haben, aber nach einer Pilgerreise ins Heilige Land habe er sich gewandelt. Alles sprach dafür, ihm eine Tochter anzuvertrauen. Allerdings – die Antwort aus Polen sollte vor einer endgültigen Zusage noch abgewartet werden. Das müsse der Herr aus Württemberg verstehen. Endlich, am 11. Dezember, traf die Nachricht aus Polen ein, wie zu erwarten, war es eine Absage. Jetzt war der Weg frei für die württembergische Hochzeit. Es ist zudem ein schicksalhaftes Datum für die Brautleute, denn beide haben an einem 11. Dezember das Licht der Welt erblickt. In Zukunft können sie ihre Geburtstage zusammen feiern, Eberhard ist genau zehn Jahre älter als seine achtzehnjährige Braut. Barbara und Ludovico von Mantua haben sich schnell entschieden, sie werden Eberhard von Württemberg ihre Tochter Barbara zur Frau geben. Ritter Georg von Ehingen hat seine heikle Mission zu einem glücklichen Ende geführt.

Über und über rot war Barbara, als sie in das Zimmer trat, in dem Georg von Ehingen zusammen mit den Eltern auf sie wartete. Nervös blickte sie von einem zum anderen, als der Vater das Wort an sie richtete:

„Barbara, eine sehr ehrenvolle Bewerbung um Deine Hand ist eingetroffen. Der Graf Eberhard von Württemberg-Urach hat um dich angehalten, und wir haben dich ihm versprochen."

Barbara fühlte, wie sich alles um sie herum zu drehen begann. Württemberg, das war weit weg, jenseits der Alpen, ein kleines Land, Margareta hatte davon erzählt. Die Wittelsbacher waren mit den Württembergern verwandt. Damit war ihr Wissen aber auch schon erschöpft. Kaum war sie fähig, den fremden Boten zu begrüßen, zu viel stürmte an diesem Morgen auf sie ein. Was für ein wunderliches Zusammentreffen war der gemeinsame Geburtstag. Selbst der so weltläufige Vertraute des Grafen von Württemberg musste darüber lächeln. Ja, sein Herr war weit gereist. Auch er hatte schon einige Reisen mit dem Grafen zusammen unternommen. Er war auch im Heiligen Land gewesen, allerdings war das lange bevor er in die Dienste des Grafen von Württemberg getreten sei. Neben Palästina habe er Frankreich, Spanien, Portugal und natürlich immer wieder einmal Italien bereist. Selbst in England und Schottland sei er gewesen, aber eigentlich sei es nirgendwo so schön wie in Württemberg. Ganz besonders natürlich dort, wo Graf Eberhard das Sagen habe. Ein schönes Land, nicht sehr reich, aber es werde ihr dort gefallen. Urach habe ein schönes Schloss, das der Vater des Grafen, gemeinsam mit seiner Frau in eine richtige Residenz verwandelt habe. Die Mutter des Grafen, Frau Mechthild von Österreich, würde ihr gefallen. Sie hätte auch Bücher aus Italien in ihrem Besitz und würde alles, was man ihr schickte, auch lesen. Sie würde mit Literaten und Künstlern, aber auch mit gebildeten Standesgenossen eine weit gespannte Korrespondenz führen und sei ihrem Sohn eine wichtige Ratgeberin. Diplomatisch geschickt schilderte der Vertraute des Grafen von Württemberg seinen Herrn in den schönsten Farben. Ob er gut aussähe? Hier musste der Bote passen, darüber hatte er noch nie nachgedacht. Er sei sehr ritterlich, liebe Turniere und sei dabei immer einer der mutigsten und wildesten Kämpfer.

Hier zuckte Ludovico zusammen und nahm sich vor, seinen Schwiegersohn künftig ein wenig zu zügeln.

An Weihnachten, kurz vor dem Jahreswechsel, brach Francesco Secco, enger Vertrauter und als Mann seiner illegitimen Tochter Caterina auch Schwiegersohn Ludovicos III., nach Urach auf, um dem Grafen von Württemberg die Entscheidung des Markgrafenpaares auch offiziell mitzuteilen. Secco wollte dazu mit Eberhards Räten die Hochzeit und die dafür notwendigen Verträge in allen Einzelheiten besprechen. Vieles gab es zu bedenken und zu bereden. Die Hochzeit von Eberhards Vetter Philipp von der Pfalz in Amberg, nur wenige Monate vor dem für die Hochzeit Eberhards ins Auge gefassten Datum, brachte die Württemberger in argen Zeitdruck. Für Eberhard stellte sich die Frage, ob er wirklich noch vorher an der Amberger Hochzeit teilnehmen oder gleich im Januar nach Mantua aufbrechen sollte. Nur zögernd hatte er sich von seiner Mutter überreden lassen, an den Festlichkeiten teilzunehmen. Eine Absage wäre einem Affront gleichgekommen. Dazu war es ein großer Vorteil, den Ablauf einer großes Hochzeit mitzuerleben und gleichzeitig das eigene Fest zu planen. Mechthild von der Pfalz kannte ihren Sohn, sie wusste, wie sie ihn zu nehmen hatte. Eberhard zügelte seine Neugier auf die eigene Braut und reiste mit einem prachtvollen und ehrenvollen Gefolge nach Amberg. Danach aber hielt es ihn nicht länger in Urach. Er wollte, er musste nach Mantua, so schnell wie möglich seine Braut in Augenschein nehmen. Er musste ganz einfach wissen, worauf er sich eingelassen hatte. Unter den Ratgebern und vertrauten Freunden, die er mit sich nach Mantua nahm, waren Graf Johannes von Waldburg-Sonnenberg zu Wolfegg und der Ritter Hermann von Sachsenheim. Der enge Vertraute kannte den Drang Eberhards, schnell und zügig zu reisen von dessen Pilgerfahrt ins Heilige Land. Von daher mit den Reisegewohnheiten Eberhards vertraut war auch Hans von Spät, dazu kamen Wilhelm von Urbach und Dr.

Bernhard Schöfferlin aus Esslingen, der Eberhard schon manchen guten Dienst erwiesen hatte.

Es wurde eine Reise bei der es dem Grafen Eberhard wieder einmal nicht schnell genug gehen konnte. Immer wieder bat ihn Hermann von Sachsenheim, doch nicht dieses Höllentempo vorzulegen und noch dazu in einer Jahreszeit, in der schon der Ritt über die Raue Alb kein Vergnügen war und der Übergang über die Alpen sehr gefährlich. Trotzig warf Eberhard die Lippen auf und erinnerte den Sachsenheimer, wie er so dastand, klein, hager, die Haare vom Wind zerzaust an den vorzeitig für mündig erklärten Vierzehnjährigen in seiner Sturm- und Drangzeit. Unwillkürlich musste der Ritter hellauf lachen. Eberhard sah ihn von der Seite an:

„Ich will nach Mantua!"

„Das wollen wir alle! Aber möglichst mit heilen Knochen", gab der Sachsenheimer immer noch lachend zur Antwort.

Am 1. April traf der Zug des Grafen in Revere, der kleinen, von Markgraf Ludovico bevorzugten Residenz am südlichen Ufer des Po an. Stunde um Stunde waren sie durch flaches, fruchtbares Land direkt am Strom entlang geritten. Die monotone Landschaft, der Gang des Pferdes, das immer gleiche Geräusch der Wasser des Po, all das zusammengenommen hatte Eberhard müde gemacht. Ein Blick auf seine Begleiter zeigte ihm, dass es ihnen ähnlich ging. Als der Ort am Horizont auftaucht zügelte er sein Pferd und wartete, bis der Zug wieder geschlossen war. Dann waren sie langsam wieder angeritten. Jetzt kamen ihnen vom Ort her zwei Reiter entgegen. Eberhard zwang sich zur Ruhe. Nur das Tempo nicht erhöhen. Rodolfo und Gianfrancesco Gonzaga hielten vor dem Zug an und grüßten ritterlich. Höflich nahmen sie den zukünftigen Schwager in die Mitte und ritten an der Spitze des Zuges im Schritt auf das Schloss zu.

Barbara stand neben ihrer Mutter im Portal der Residenz und wartete auf die Ankunft des Zuges. Ihr Herz klopfte wild, kaum konnte sie die Hände ruhig halten. Sie wusste, dass im Haus ihre Schwester Paola mit der Cousine Gentilina kicherte und sich halb tot lachen wollte über ihre Schwester, die kaum hatte frühstücken können, und alles nur, weil dieser Graf von Württemberg kam. Barbara fühlte ihre Hände feucht werden vor Aufregung. Sie wagte nicht einmal, sich eine Locke aus der Stirn zu streichen. Niemandem hatte sie von dem sie in den letzten Wochen immer wieder ängstigenden Traum erzählt. Ihr zukünftiger Ehemann sei auf einem weißen Pferd vom Po herkommend in den Schlosshof eingeritten, habe sie gesehen, auf sie gezeigt und gerufen: Ausziehen, ich will Rücken und Schultern sehen. Ihre Mutter hatte sich vor sie gestellt und laut „Nein" gerufen. Da hatte der Graf schallend gelacht: „Behaltet das Mädchen, ich will es nicht haben!" Und wenn es so wäre? Immer wieder hatte ihr das Bild Doroteas vor Augen gestanden. Was wäre, wenn es so käme? Wenn sie ihren Eltern Schande machen würde?

Jetzt bog der Zug um die Ecke. Barbara erkannte die Brüder, zwischen ihnen ritt er, der Graf von Württemberg. Eberhard kniff die Augen ein wenig zusammen, um sie besser sehen zu können, die Braut, um die er gefreit hatte. Daneben die Mutter, Markgräfin Barbara Gonzaga, eine Frau, die, wenn ihr Mann abwesend war, an seiner Stelle regierte. So hatte man es ihm erzählt. Dann ging alles blitzschnell. Eberhard sprang vom Pferd, begrüßte die Markgräfin und ergriff dann die Hände Barbaras, betrachtete sie eine ganze Weile stumm. Dann drehte er sich zu seinen Begleitern um und sagte laut:

„Ja, die ist es!"

Markgräfin Barbara lächelte ihm zu, streichelte der Tochter beruhigend den Arm. Da sah sie, dass Barbara weinte. Fragend sah sie die Tochter an, aber die schüttelte den Kopf. Ihr schlimmer Alptraum hatte sich in Luft aufgelöst. Was sie nicht hatte glauben wollen, erwies sich aber als wahr: Eberhard sprach weder Latein noch Italienisch, was die Konversation mit ihm sehr erschwerte, da Barbara nur wenige Brocken Deutsch kannte. Ein Graf, der kein Latein gelernt hatte, das war unfassbar. Auch die Erklärung, sein Vater habe verboten, dass er es lerne, rief bei Barbara nur ein Kopfschütteln hervor. Aber das war jetzt egal. Seinen Augen hatte sie angesehen, dass sie ihm gefiel, und auch ihr gefiel dieser Graf aus dem fernen Württemberg sehr gut. Die wilde Haarmähne, die kühne Nase, die schnellen Bewegungen, das offene Lachen. Das Merkwürdigste aber waren seine Augen. Sie schienen selbst dann, wenn er sich ganz auf ein Gespräch oder eine Sache konzentrierte, alles zu registrieren, was um ihn herum geschah.

Am nächsten Morgen trafen auch der Markgraf und sein ältester Sohn Federico in Revere ein. Nach einem Gespräch unter vier Augen, an dem die Markgräfin als Dolmetscherin teilnahm, war Ludovico überzeugt, in Eberhard den richtigen Mann für seine Barbarina gefunden zu haben. Ernst und sich seiner Verantwortung für sein Land bewusst, so erschien er ihm. Einer, dem man nicht so schnell etwas vormachen konnte und der sich auch in einem Kreis von Fürsten nicht so leicht übertölpeln lassen würde. Ludovico war überzeugt, dass Eberhards glühender Wunsch, einmal beide Hälften des geteilten Landes wieder in seiner Hand zu vereinigen, über kurz oder lang in Erfüllung gehen würde. Um diesen Wunsch mit diplomatischem Geschick in die Wege leiten zu können, brauchte er eine Familie, einen erbberechtigten Sohn. Vor einer Generation erst hatten sein früh verstorbener Vater und sein noch lebender Onkel das Land geteilt. Sein in Stuttgart residierender Onkel aber habe neben einer Handvoll Töchter auch zwei Söhne. Beide seien aber keine Regenten. Der Graf wartete die Wirkung seiner Worte ab. War doch sein jüngerer Vetter Eberhard mit Elisabeth, einer Tochter des Kurfürsten

Albrecht Achilles von Brandenburg, verheiratet, und die war eine Cousine der Markgräfin. Die Ehe gelte als sehr unglücklich und sei zudem kinderlos. Das wusste Barbara auch aus den Briefen ihres Onkels. Vielleicht hatte er deswegen eine Ehe seiner Großnichte mit dem Erben von Württemberg-Urach angeregt. Wenn sich eine Wiedervereinigung der Landeshälften anbahnte, dann würden ihre Enkelkinder Erben der Gesamtgrafschaft sein. Sie tauschte einen schnellen Blick mit ihrem Mann und wusste, dass er genauso dachte. Seine Ratgeber hatten ihn also richtig informiert. Eberhard von Württemberg-Urach war einer, dem man seine Tochter anvertrauen konnte. Dabei schien er ganz offensichtlich in sie verliebt zu sein, und er hatte gemerkt, dass er auch Barbara nicht gleichgültig war. Wenn es auch darauf nicht ankam, so war es immer einfacher, wenn zwei Fürstenkinder sich miteinander arrangieren konnten als wenn die verordnete Ehe in einen Zweikampf ausartete. Das band Kräfte, die woanders nützlicher eingesetzt werden konnten. Unbewusst griff er nach der Hand seiner Frau, die ihn ein wenig belustigt ansah, es aber geschehen ließ.

Trotz aller guten Vorzeichen musste nun schnell und endgültig gehandelt werden. Es durfte für den Bräutigam kein Zurück geben. Noch immer hatte Ludovico das Schicksal seiner Tochter Dorotea vor Augen. Nur nicht noch einmal zum Gespött aller werden, nur nicht noch einmal ein Kind durch eine Hölle der Gefühle gehen lassen. Seine strahlend schöne Tochter sollte kein Opfer werden, dafür wollte er sorgen. Jetzt, da Eberhard in Mantua war, musste neben dem Ehegelöbnis auch gleich die Hochzeit gefeiert werden. Am Montag vor Ostern zog die Familie nach einigen in Revere verbrachten Tagen des Kennenlernens nach Mantua. Bereits am Mittwoch derselben Woche wurde das Verlöbnis gefeiert. Während Graf Eberhard die Tage von Gründonnerstag bis Ostersamstag in der abgeschiedenen Ruhe der Kartause von Mantua verbrachte, um nachzudenken und zu beten, setzten die Räte und Notare aus Mantua und Württemberg die getroffenen Vereinbarungen in ein Vertragswerk um.

Denn schon am Dienstag nach Ostern fand die feierliche kirchliche Einsegnung der Ehe im Dom zu Mantua statt. Noch am gleichen Tage, sofort als er aus der Kirche kam, hatte Ludovico Herzog Galeazzo Maria von Mailand von der Hochzeit seiner Tochter Barbara mit dem Grafen Eberhard von Württemberg unterrichtet. Welch eine Genugtuung, nach all den Jahren von einer so vorteilhaften Partie berichten zu können. Barbara konnte nicht mehr passieren, was Dorotea einst das Leben gekostet hatte: Sie war eine verheiratete Frau. Wenn auch die Hochzeit in Urach erst in einigen Monaten stattfinden sollte. Schneller ginge es nicht, ein so großes Fest, wie es ihm vorschwebe, vorzubereiten, hatte Graf Eberhard gesagt. Besonders freue er sich auf das große Turnier und die ritterlichen Zweikämpfe, wie das unmittelbar vor der Hochzeit stattfindende Berennen der Braut. Graf Eberhard war Feuer und Flamme. Da aber war ihm sein Schwiegervater das erste Mal ins Wort gefallen, ein Turnier dürfe es nicht geben. Waffenlärm bei einer Hochzeit, das sollte unbedingt vermieden werden. Erstaunt hatte Eberhard ihn angesehen, aber nicht weiter nachgefragt. Bis zum Juli war es noch lang, und dann würde man sehen.

Nichts und niemand konnte die Ehe Barbaras noch gefährden. Oder vielleicht doch? In der Eile hatte niemand die Stammbäume des Brautpaares verglichen. Jetzt wurde entdeckt, dass Barbara und Eberhard nicht nur ihren Geburtstag gemeinsam hatten, sondern von ihren Müttern her auch den Ururgroßvater Friedrich IV., Burggrafen von Nürnberg. Das war eine Verwandtschaft vierten Grades, und dafür musste eine päpstliche Dispens eingeholt werden, eine Formalität, die Babaras Bruder Kardinal Francesco schnell und diskret regelte. Auch die Frage der Mitgift und die Absicherung der Tochter waren zur Zufriedenheit beider Seiten gelöst worden. 20.000 rheinische Gulden bekam die Gonzaga Tochter mit auf ihren Lebensweg. 15.000 wurden Eberhard sofort ausgezahlt, den Rest würde es in Kempten geben, bei der Übergabe der Braut, die für den 28. Juni festgesetzt worden war. Das waren nur noch knapp drei Monate, wenn man die notwendigen Reisetage abzog. Manchmal wurde es Barbara ganz schwindelig. Es schien ihr, als sei sie aus einem schönen Traum erwacht in ein Leben hinein, das nur noch eine einzige Hetze zu sein schien. Sie musste sich entscheiden, wer sie begleiten sollte, was sie mitnehmen, welche Kleider sie tragen und was sie von ihrer persönlichen Habe eingepackt haben wollte in das neue Leben, das sie erwartete. Ein Leben, das von ihrem Ehemann mit der selben Summe wie ihre Mitgift abgesichert worden war. Ihr würden die Einkünfte von Schloss, Stadt und Amt Herrenberg gehören. Falls ihr Mann vor ihr sterben sollte, wäre dieses Schloss auch ihr Witwensitz. Mit der Eheschließung musste Barbara auf alle Ansprüche aus dem väterlichen und dem mütterlichen Erbe verzichten. Lange grübelte sie darüber nach, was das bedeutete. Hatte sie keinen Anspruch mehr darauf, in Mantua zu leben? Würden ihre Brüder ihr den Aufenthalt verwehren, wenn es in Württemberg unerträglich wäre?

„So etwas“, tadelte ihre Mutter „darf man nicht einmal denken, geschweige denn aussprechen. Eine Gonzaga läuft nicht davon!“

Eigentlich war es nicht üblich, eine Ehe zweimal kirchlich einsegnen zu lassen und dann ohne das unmittelbar darauf folgende Beilager, aber Ludovico hatte darauf bestanden. Nachdem er seinen Schwiegersohn kennen gelernt hatte, glaubte er zwar nicht mehr daran, dass er getäuscht werden könnte. Aber die kirchliche Zeremonie war eine zusätzliche Absicherung seiner Tochter und außerdem für Mantua eine willkommene Gelegenheit, seine Schönheit zu zeigen. Die ganze Stadt hatte sich festlich geschmückt. Auf den die Stadt umgebenden Seen kreuzten in schwimmende Gärten verwandelte Barken, die am Abend illuminiert wurden und die Seenlandschaft in ein überirdisches Licht tauchten. Die zahllosen Brücken und Stege wurden mit Fackeln beleuchtet. Vom Dom setzte sich ein Festzug in Bewegung, der angeführt von zehn schönen Jünglingen hoch zu Ross durch die ganze Stadt zog, um dem Brautpaar und der Familie zu huldigen. Zu ihm gehörten die Fahnenschwinger, die ihre Künste unter dem Jubel der Menge zeigten. Auf einem Wagen waren die kunstvoll ausgestalteten Wappen Württembergs und Mantuas zu sehen. Ein junges Paar, Eberhard und Barbara sehr ähnlich und genau wie das Brautpaar gekleidet, grüßte huldvoll in die Menge, während es aus einem von Putten gehaltenen und immer wieder nachgefüllten Füllhorn mit Blütenknospen überschüttet wurde. Natürlich durfte ein Wagen mit dem Rad der Fortuna nicht fehlen. Mantua als Stadt der Künste und der Literatur ließ Vergil, Petrarca und Dante auf einem Wagen am Festzug teilnehmen, selbst Andrea Mantegna, sonst eher scheu und zurückhaltend hatte es sich nicht nehmen lassen, hoch zu Ross im Zug dabei zu sein. Ob als Huldigung an das Brautpaar oder aus Freude über die Fertigstellung seiner Fresken in den Hochzeitsgemächern im Palazzo San Giorgio, das wusste keiner genau zu sagen. Kinder in mantuanischer Tracht streuten Blumen auf die Straßen und liefen und rannten aufgeregt durcheinander und schenkten den Schaulustigen Blüten und Blumen. Es herrschte fröhliche Volksfeststimmung, die durch die beiden Weinbrunnen, in denen Ludovico kostenlos Wein für die Bürger ausschenken ließ, noch weiter gesteigert wurde.

Für die Hochzeitsgäste war eine lange Tafel im großen Festsaal mit den unvollendet gebliebenen Fresken Antonio Pisanellos gedeckt worden. Auf den girlandengeschmückten Ehrenplätzen saß das Brautpaar, flankiert von den Brauteltern, den Geschwistern und den Enkelkindern des Markgrafenpaares. Das fröhliche Treiben, das Stimmengewirr, die vielen Menschen in ihren schönen Kleidern boten einen reizvollen und sehr lebendigen Gegensatz zu den Fresken des großen Künstlers, der die Lancelot-Episode aus der Sage des Königs Artus an die Wände gezaubert hatte. Die Ostwand des Saales nahm das große Turnier ein, die Silber, Gold und Metallauflagen der Malerei schimmerten im Glanz des Lichtes. Da kämpften Ritter, lieferten sich feindliche Reiter tödliche Duelle. Während Barbara kaum einen Bissen herunterbrachte, gab sich Eberhard ganz natürlich. Die sprachliche Barriere half die neben ihm sitzende Schwiegermutter zu überwinden. Sie berichtete, dass die Gonzaga eine ganz besondere Verbindung zur Lancelot-Geschichte hätten. Agnese, jene unglückliche Schwester der Urgroßmutter Eberhards, die in Mantua angeblich wegen Ehebruchs hingerichtet worden sei, hätte doch nur ihre Brüder vor der Rachsucht des Galeazzo Visconti schützen wollen. Aber die Familie hätte einfach Angst gehabt, von dem Visconti aus dem Amt gefegt zu werden. Von Agnese wisse man, dass ihr Schlafzimmer als camera lancelotti ausgemalt gewesen wäre. Agneses Zimmer aber sei seit der Zeit ihres Todes verschlossen. Eberhard rechnete. Das musste ja noch im vergangenen Jahrhundert gewesen sein. Markgräfin Barbara nickte zustimmend. Jetzt wurde Barbara lebhaft und legte Eberhard die Hand auf den Arm: Sie habe das Zimmer einmal gesehen, zusammen mit ihrem Bruder Rodolfo habe sie den Schlüssel von der Beschließerin bekommen. Es sei sehr schön und geheimnisvoll, dieses Gemach der Agnese Visconti, aber auch ein bisschen unheimlich.

Ein Blick auf seine Schwiegermutter zeigte Eberhard, dass sie nicht weiter über Agnese reden wollte. Verbindlich fragte er sie nach der Entstehungsgeschichte der Fresken und warum dieses riesige, auf einige hundert Quadratmeter angelegte Werk wohl unvollendet geblieben sei. Markgräfin Barbara überlegte:

„Damals, als ich als Mädchen nach Mantua kam, war Pisanello gerade wieder aus Rom nach Oberitalien zurückgekehrt. Es war die Zeit, als Kaiser Sigismund von seiner Kaiserkrönung aus Rom hierher nach Mantua kam. Mein Schwiegervater, also Gianfrancesco Gonzaga, wurde damals zum Markgrafen von Mantua ernannt. Ein sehr teurer Titel, meiner Schwiegermutter blieb beim Nennen der Kaufsumme von angeblich 12.000 Gulden fast das Herz stehen." Sie schwieg eine Weile, dann fuhr sie fort: „Ich habe mich immer gefragt, warum meine Eltern leichten Herzens meine Verlobung mit dem Pommernprinzen gelöst und mich nach Mantua geschickt haben. Inzwischen habe ich viel gelernt." Sie sah Eberhard voll an: „Um seine Legitimation mit einer Hohenzollernprinzessin zu krönen kaufte er mich für die horrende Summe von 50.000 Gulden." Sie lachte: „Ich denke, für Mantua war es ein gutes Geschäft und für meine Eltern auch, sie festigten damit ihren Herrschaftsanspruch in Brandenburg. Ich denke aber, dass auch die Geldmittel meines Schwiegervaters nicht unerschöpflich waren. Das viele Gold und Silber an den Wänden musste ja auch bezahlt werden. Und dann hatte sich Pisanello künstlerisch in Rom weiterentwickelt. Es ging nicht mehr recht voran. Mein Schwiegervater liebte Turniere über alles, er hat die größte Ritterromansammlung aller Bibliotheken Italiens für Mantua zusammengekauft. Auch ein Grund, warum mein Mann gegen Turniere und Ritterspiele ist."

Eberhard nickte und wandte sich seiner Braut zu, die ihn auf einige Einzelheiten der Bilder aufmerksam machte.

Die Württemberger aus seiner Gefolgschaft hatten sich schon ein wenig in Mantua akklimatisiert und hatten – ihr Herr sah es mit Staunen – in der lockeren und freundlichen Atmosphäre viel von ihrer von jenseits der Alpen mitgebrachten Steifheit verloren. Barbara deutete auf die Fresken:

„Gibt es so etwas auch in Urach?“ Eberhard schüttelte den Kopf. Dann antwortete er ernsthaft:

„Nicht so, Urach hat andere Qualitäten. Es ist eine kleine Stadt, das Klima ist rau und das Leben nicht einfach. Das Schloss ist schön. Meine Eltern haben es ausgebaut, und auch ich habe manches geändert, Ihr werdet schon sehen, Madonna Barbara, Ihr werdet schon sehen. Es gibt dort auch Säle mit Malereien. Ich hoffe, sie werden Euch zusagen!“ Er nahm ihre Hand und küsste sie, für einen Moment verlor Barbara ihre Scheu und lächelte ihm zu, offen und vertrauensvoll. Als er ihre Hand losließ, schien es ihm, als verfiele sie wieder in diesen merkwürdig teilnahmslosen Tagtraum. Lächelnd wandte sich Markgräfin Barbara an ihren Schwiegersohn:

„Das gibt sich, zu vieles stürmt jetzt auf sie ein. Sie liebt Mantua und besonders die Gärten, das Landleben ist ihre ganz große Freude, Tiere und Blumen – wo sie das findet, da ist Barbara zu Hause.“

Eberhard nickte. Was er dazu tun konnte, dass sich seine Frau in Württemberg wohl fühlte, das würde geschehen. Alles andere stünde dann in Gottes Hand.

Die Unterzeichnung der Verträge fand im Palazzo di San Giorgio statt. Der fast quadratische Bau in seiner wuchtigen Wehrhaftigkeit sah aus, als wolle er die fremden Besucher nicht einlassen. Beim Betreten des Gebäudes hatte Ludovico seine Hand auf den Arm des Schwiegersohnes gelegt und führte ihn so in die camera picta, den Raum, der die vor kurzem fertiggestellten Fresken Andrea Mantegnas enthielt. Oft saß Ludovico hier, lesend und nachdenkend, neue Pläne verfolgend. Mantuas Lage zwischen den Großmächten Mailand und Venedig erforderte immer wieder diplomatische Drahtseilakte, die Ludovico mit zunehmendem Alter müder machten, als er sich vor sich selber zugeben mochte. Der Stolz auf das Meisterwerk des so lange umworbenen Malers ließ ihn immer öfter offizielle Ereignisse hierher verlegen. Dann weidete er sich an den vom Staunen überwältigten

Gästen, denen es im wahrsten Sinne des Wortes den Atem verschlug und die oft minutenlang gebannt auf die lebensfrischen Szenen schauten und sich nicht satt sehen konnten.

So war es auch heute. Während sich die Räte und Advokaten des Markgrafen ohne viel Federlesens um den großen Tisch gruppierten, hielten die als Zeugen ausgewählten Begleiter Eberhards die Luft an. Sie standen wie festgenagelt. Einzig ihr Herr fasste sich schnell und nahm mit seiner ihm frisch angetrauten Frau auf den beiden für sie vorgesehenen Sesseln Platz, flankiert vom Markgrafenpaar. Niemand sprach, der Vertrag wurde verlesen, geprüft und war schließlich unterzeichnungsbereit. Während der umständlichen Prozedur glitten Eberhards Augen immer wieder zu den Fresken. Er verglich die Familienmitglieder, die er kannte, mit ihren Bildnissen und war fasziniert von dem, was der Maler hinter den Personen gesehen und in sie hineingemalt hatte. Da war seine Schwiegermutter, Barbara von Hohenzollern. Ernst, energisch und fast unnahbar. Aber hinter der Fassade ahnte man ihre Güte, aber auch die große Kraft, mit der sie die Familie geformt und zusammengehalten hatte. Sie wurde gefürchtet und geliebt zugleich.

Dagegen hatte der Markgraf, trotz seiner das Bild beherrschenden Haltung, etwas Müdes, Leidendes. Wie er sich dem Sekretär zuwandte. Wachsam beobachtete seine Frau die Szene, darauf bedacht, ihre Sorge nicht allzu sehr zu zeigen. Sie wollte ihn schützen, aber er selber sollte nichts von dieser liebenden Sorge merken. Waren die Söhne Federico und Gianfrancesco wirklich so arrogant, wie sie auf dem Bild erschienen. Einzig die stolze Lebensfreude des immer gut gelaunten Rodolfo schien Eberhard mit der Wirklichkeit übereinzustimmen. Alle strahlten die Vornehmheit eines jahrhundertealten Geschlechts aus, waren hineingeboren in ihre bevorzugte Stellung. Selbst die kleinen Söhne des Thronfolgers hatten das gelassene Selbstbewusstsein derjenigen, denen

„Am Hof von Mantua", Gemälde von Mantegna, Camera degli Sposi, Palazzo Ducale. Vorne Barbaras Vater Ludovico, Markgräfin Barbara, ihre Mutter, und dahinter Barbara.

eine goldene Zukunft gewiss ist. Zuerst hatte er vermieden, das Bild Barbaras anzusehen, es war ihm vorgekommen, als dränge er damit in ein Geheimnis ein. Sie schaute in unendliche Fernen, die Augen weit geöffnet, mitten in der Familie und doch ein wenig abseits, umgeben von einer merkwürdigen Traurigkeit. Während er noch schaute, spürte er die Hand Barbaras auf seiner, so als ob sie Halt suche. Ruhig wandte er sich ihr zu und lächelte, während er ihre Hand ganz festhielt und sie erst losließ, als es daran ging den Vertrag zu unterzeichnen. Barbara hatte Tränen in den Augen, Mantegnas Bild verschwamm vor ihrem Blick. Sie würde fortgehen und doch für immer in Mantua bleiben. Vielleicht gelang es ihr, das Fresko in ihrem Gedächtnis zu bewahren und es so mitzunehmen nach Württemberg. Ein kleines Stück Mantua in einer fremden Welt.

Die Reise ins Land der Bären und Wölfe

Bereits am folgenden Tag reiste Graf Eberhard mit seinem Gefolge ab. Es blieben ihm nur wenige Monate für die Hochzeitsvorbereitungen in Urach. Trotzdem wollte er Italien nicht verlassen, bevor er Mailand nicht gesehen hatte. Es schien ein großer Wunsch seines Schwiegervaters zu sein, dass er Herzog Galeazzo Maria Sforza seine Aufwartung machte. Warum, konnte er zwar nicht ganz nachvollziehen, aber es schien ihm ein leicht erfüllbarer Wunsch zu sein, der sich außerdem mit seinen eigenen Vorstellungen deckte. Er war neugierig auf die Stadt, in der sein Ururgroßvater Bernabo Visconti gelebt und in der seine Urgroßmutter Antonia ihre Kindheit und Jugend verbracht hatte. Er machte einen Umweg über Lodi und besichtigte das von Bernabo errichtete Kastell. In Mailand verbrachte er eine Nacht im Alten Palazzo der Visconti, während Galeazzo Maria mit seinen Räten und dem Gesandten Ludovico Gonzagas beriet, wo er den Grafen von Württemberg wohl empfangen solle. Musste er ihm entgegenreiten? Der Sforza entschied sich dagegen, denn „die Herren von jenseits der Alpen seien hochmütig und ließen nur sich selber gelten“. Nicht einmal der Hinweis des Gesandten, dass Eberhard kein Ausländer, sondern der Schwiegersohn des befreundeten Markgrafen von Mantua sei, konnte ihn von seiner Meinung abbringen.

Eberhard wurde am nächsten Tag von Galeazzo Maria im neuen Castello sforzesco empfangen. Dabei hielt einer der Württemberger eine von Eberhard vorbereitete Rede, die dem Herrn Mailands außerordentlich gut gefiel. Besonders angetan war er, dass der Württemberger Graf sich auf die verwandtschaftlichen Beziehungen, die ihn mit den Herzögen von Mailand in der Vergangenheit verbunden hatten, bezog. Außerdem wies er auch noch auf die gegenwärtige Verbindung zur Frau Galeazzo Marias, Bona von Savoyen, hin, deren Tante Margarete in Stuttgart mit Eberhards Onkel Ulrich verheiratet sei. Danach war das Eis gebrochen, und Galeazzo Maria tat alles, die Wünsche des Gastes zu erfüllen. Als Eberhard bemerkte, er würde gar zu gerne den Comer See mit dem Schiff überqueren, wies Galeazzo Maria seinen Vogt in Como an, ausreichend Schiffe für den Grafen von Württemberg, sein Gefolge und die mehr als sechzig Pferde bereitzustellen. Auch sollten alle Kosten, die dem Grafen während seines Aufenthaltes auf Mailänder Gebiet entstünden, aus der Staatskasse bezahlt werden. Von Airolo aus reiste Eberhard im Barte ohne weitere Aufenthalte auf schnellstem Weg der Heimat entgegen. Die Zeit drängte. Es musste eine Hochzeit werden, schöner und prächtiger noch als die seines Vetters Philipp von der Pfalz.

Auch in Mantua wurde die Zeit knapp. Es blieben nur noch neun Wochen, bis die Braut in Kempten von der Abordnung ihres Bräutigams in Empfang genommen werden sollte. Bis dahin musste die umfangreiche Aussteuer, all die Wäsche, die kostbaren Teppiche und Wandbehänge, das Tuch und die Stoffe, das Silbergeschirr, der Schmuck und die Kleider Barbaras, gesichtet, wenn nötig in Ordnung gebracht und aufpoliert und vor allem verpackt werden. Lange hatte Ludovico mit sich gerungen, ob er selber seine Tochter nach Urach bringen solle, schließlich war ihm die Reise doch zu mühsam erschienen, und er hatte die Verantwortung für Barbara in die Hände seines Sohnes Rodolfo und seines bewährten Rates Dr. Raimondo Lupi gelegt. Die Abreise war auf den 10. Juni festgesetzt worden. Eberhard hatte Hermann von Sachsenheim nach Mantua zurückbeordert, um so Barbara das Gefühl zu vermitteln, in Württemberg willkommen zu sein. Während gepackt, überlegt, verworfen und bereits Listen über die Personen, die Barbara in ihr neues Leben am Uracher Hof begleiten sollten, aufgestellt wurden, entwischte diejenige, um die es ging, je näher der Tag der Abreise kam, immer öfter dem Trubel um ihre Person und saß ganz alleine, versunken in Mantegnas Fresken, in der camera picta und hing ihren Gedanken nach. Nichts blieb so wie auf dem Bild, und doch blieb das Bild. Nach ihr würde Paola verheiratet werden und sich in einem fremden Land wiederfinden. Niemand konnte wissen, ob sie sich dann noch einmal wiedersehen würden.

Gerade war die Schwester ihrer Mutter aus Dänemark auf Besuch in Mantua. Aber solche Zusammentreffen waren selten und die Reisen gefährlich. Nein, sie musste Abschied nehmen für immer. Niemals mehr würde sie sehen, wie die herbstlichen Nebel von den Seen heraufschweben wie dünne Feenschleier. Von den Barken war ihr das immer vorgekommen, als zerflösse die Stadt in grauen Wolken, eine unwirkliche Stätte mit Palästen, Straßen und Plätzen, von denen nur sie, und sonst niemand eine Ahnung hätte. Revere im Frühling mit dem Landungssteg, die übermütigen Burschen und Mädchen, die Kälbchen in Gonzaga mit ihren langen Wimpern und den freundlichen Augen. Einmal hatte sie ein schwarzes Lamm mit der Flasche groß ziehen dürfen. Das Wachsen und Vergehen der Blumen im Jahreslauf. Sie konnte sich nicht vorstellen, dass alles dies geschah, ohne dass sie dabei wäre.

Mit ihrem Vater konnte sie nicht darüber sprechen. Er freute sich zu sehr an seinem Schwiegersohn, von dem alle, mit denen er sprach oder korrespondierte, nur das Beste wussten. Sie lobten Eberhards Ernsthaftigkeit, seinen Fleiß und die Überlegtheit. Sogar der Onkel seiner Frau, der listenreiche Kurfürst Albrecht Achilles, der aus irgendeinem Grund die Stuttgarter Linie bevorzugte, weil diese – so vermutete Ludovico – leichter zu beeinflussen war, hatte von Eberhard gesagt, dass „er für einen Grafen ein wahrhaft großer Fürst sei". Einer, von dem man noch hören werde und für sein Land ein Segen. Selbst ihre Mutter mochte nicht immer von ihren Sorgen und Zukunftsängsten hören. Schließlich sei sie selber als Kind von zehn Jahren von zu Hause fortgekommen, habe sich in Mantua einleben müssen, und wenn es Vittorino nicht gegeben hätte, dann wäre sie in den Jahren, als sie alleine dem Zorn und der Wut des enttäuschten Schwiegervaters ausgeliefert gewesen sei, lieber tausend Tode gestorben als weiterhin in der Fremde zu sein. Aber es sei das Los der Töchter fortzugehen, so stünde es schon in der Bibel. Und sie wisse nicht, warum Barbara sich so viele Gedanken mache. Ihr Bräutigam sei ein Mann von seltener Herzensgüte und noch dazu verliebt. Allemal nicht die schlechtesten Voraussetzungen für eine Ehe.

Natürlich machte sich die Mutter Sorgen und dachte darüber nach, wie sie der Tochter die erste Zeit in Württemberg erleichtern könne. Wenn dann erst Kinder da wären und der Alltag eines Hofes sie in Anspruch nähme, dann würde auch ihre Barbarina begreifen, dass ein eigener Haushalt besser sei, als das fünfte Rad am Wagen der Familie, in der man groß geworden war. Ende Mai traf Hermann von Sachsenheim wieder in Mantua ein. Er sollte Barbara alle Fragen, die sie zu Württemberg und Eberhard hatte, beantworten und mit seinen Erzählungen natürlich auch den Bräutigam in bestem Licht erscheinen lassen. Jetzt war es nur noch wenig mehr als ein Monat bis zur Reise über die Alpen. Die Eltern hatten schon festgelegt, wer die Tochter nach Urach begleiten sollte. Insgesamt würde ihr Tross 70 Personen umfassen. Dazu kamen 217 Pferde und 30 Maultiere. Für die Damen, die vielleicht nicht immer reiten wollten, wurden zwei weichgepolsterte Wagen mitgenommen und für das große Gepäck waren vier weitere Wagen angeschafft worden. Kleinere Pakete, Stoffballen und Teppiche sollten auf die dreißig Maultiere verteilt werden. Eberhard hatte seiner Braut versichert, sie dürfe gerne einige ihrer vertrautesten Personen mit nach Württemberg nehmen, dann würde sie sich schneller einleben und weniger Heimweh haben. Viel zu schnell war der gefürchtete und ersehnte 10. Juni herangekommen. Bereits am frühen Morgen hatte sich der Zug geordnet, die Reise begann aber erst am Nachmittag. Es dauerte eine Weile, bis jeder den ihm zugewiesenen Platz eingenommen hatte, bis Priester und Ritter, Advokaten, der Arzt und die Damen Barbaras nicht mehr durcheinander liefen, sondern in den Wagen oder auf ihren Pferden Platz genommen hatten. Die Maultierführer waren bei ihren mit den Lasten beladenen Tieren, Trommler und Trompeter eilten dem Zug voraus, der mit Fahnen und Bändern in den Farben Mantuas ausgeschmückt war. Die Mutter hatte an alles gedacht, sogar ein Koch und ein Kellermeister begleiteten die Tochter.

Für Ludovico war es eine große Beruhigung, dass sein vertrauter Ratgeber Konrad von Hertenstein, der seinen für italienische Zungen unaussprechlichen Namen in Italien in Tristano de Sassoduro geändert hatte, die Tochter begleitete. Zu seiner Beruhigung nahm Hertenstein auch seine Frau Barbara mit auf die Reise. Konrad von Hertenstein war unentbehrlich, er hatte dem Markgrafen in vielen Jahren große Dienste bei Missionen in den deutschsprachigen Ländern erwiesen. Fast zwei Jahre lang war er in Europa herumgereist, um passende Partien für Barbara und Paola ausfindig zu machen. Jetzt sollte Hertenstein die politischen Zusammenhänge im süddeutschen Raum sondieren und analysieren. Außerdem war es besser, wenn Sohn und Tochter auch deutschsprachige Ratgeber um sich hatten, die nicht in Lohn und Brot der neuen württembergischen Verwandtschaft standen. Ein vornehmes Gefolge, ein gut ausgestatteter Tross, Ludovico war zufrieden. Lächelnd nickte er Rodolfo zu, der sich vor ihm verneigte, bevor er aufsaß und sich an die Spitze des Zuges begab.

Barbara liefen die Tränen über die Wangen, fest klammerte sie sich an die Mutter, die sie nach einer langen Umarmung vorsichtig von sich schob. Lächelnd strich ihr der Vater ein letztes Mal über die Stirn, schluchzend verabschiedete sich ihre Schwägerin Margareta von ihr. Sie wusste, wie es war, wenn man von zuhause fortging. Sie waren jetzt Verbündete, die dasselbe Schicksal vereinte. Dann zwang sich Margarete zu einem Scherz:

„Mach's gut, kleine Braut, bekomme viele Kinder, wir verheiraten sie dann, hüben und drüben."

Da musste auch Barbara lachen. Langsam setzte der Zug sich in Bewegung, hell klangen die Hufe der Pferde auf dem Pflaster Mantuas. Noch einmal Vergils Denkmal sehen, die Seen, die Brücke hinter dem Palazzo di San Giorgio. Immer kleiner wurde die Stadt, bis sie ganz hinter dem Horizont verschwunden war.

Am Abend des zweiten Tages erreichten sie Verona. Schon vor der Stadt, die jetzt zur Republik Venedig gehörte, wurde der Zug vom Podesta eingeholt und von ihm und seinen Beamten feierlich in die Stadt eingeholt, dort erwartete sie bereits der Capitano, das zweite Oberhaupt der Stadt. Auf Wunsch der Republik Venedig wurde zu Ehren der Braut des Hauses Gonzaga ein großes Festmahl ausgerichtet. Rodolfo als Zeremonienmeister fiel die Aufgabe zu, die Gäste richtig zu platzieren. Wenn er seine Schwester in die Mitte der Tafel setzte, wem gebührte dann der Ehrenplatz neben ihr? Schließlich entschied er sich und beruhigte sich erst, als sich niemand über seine Anordnungen beschwerte. Aber seiner Mutter musste er das Problem und die von ihm herbeigeführte Lösung im Brief vortragen. Hatte er alles richtig gemacht? Und wenn nicht, wie wäre es richtig gewesen. Er hätte so wenig Erfahrung mit Dingen dieser Art, klagte er. Nach einer im Bischofspalast von Verona verbrachten Nacht besuchte Barbara am nächsten Morgen die Messe und betete für einen günstigen Verlauf der Reise.

Vor der Abreise verabschiedeten sich Barbara und Rodolfo von den gastfreundlichen Honoratioren Veronas, die ihnen versicherten, die Republik Venedig wolle nichts lieber, als das sich ihre Gäste in der Stadt wohlgefühlt hätten. Nachdem Rodolfo im Namen seines Vaters und seiner Schwester versichert hatte, dass die Gonzagas nur freundschaftliche Gefühle für die Königin der Meere hegten und sich noch einmal in aller Form bedankte, wurde gegen 14 Uhr die Weiterreise angetreten. In Trient bekam Barbara erstmals so schlimmes Heimweh, das sie gar nicht wusste, wie sie ihren Kummer vor den anderen Reisenden verbergen sollte. Aber sie biss die Zähne zusammen, um sich nichts anmerken zu lassen. Sie sehnte sich nach der Mutter, nach den Geschwistern, einmal noch mit der Mutter reden, aber es war ja nicht möglich. Sie sehnte sich nach Margareta und so merkwürdig es klingen mochte, nach den Kälbchen in Gonzaga. Ihrer Mutter schrieb sie nichts davon. Aber der mitreisende Priester Stephanin Guidotti berichtete der Markgräfin Barbara, ihre Tochter benehme sich zwar stets liebenswürdig, würde nicht einmal über die Müdigkeit klagen, die das Reiten ihr verursache, aber die Briefe, die er jeden Abend von ihr zum Weiterleiten nach Mantua bekäme, seien immer von Tränen benetzt. Barbara schrieb, es sei ihr größter Schmerz, nicht zu wissen, ob sich die Eltern wohl befinden.

Rodolfo ließ ihr allerdings nicht viel Zeit zum Nachdenken. Es musste schnell gehen, alles musste auf die Minute klappen, der Zeitplan, den er einzuhalten hatte, ließ ihm keine Wahl. Wer konnte schon wissen, wie sie über die Berge kamen. Er war dafür, so lange es noch ging, Zeit zu gewinnen für die schwierigen Passstrecken. Der Anstieg auf den Ritten war so anstrengend, dass die Führer der Pferde Sorge hatten, ihre Tiere gesund über die Strecke zu bringen. Das Reiten fiel vor allem den Frauen schwer. Kopfschüttelnd hörten sich die Bergführer die Klagen an, sie machten abwehrende Handbewegungen und lachten. Noch vor hundert Jahren sei das Tal des Eisack überhaupt nicht zu passieren gewesen. So wie man jetzt durchreisen konnte, sei es doch ein reiner Spaziergang. Barbara blies die Backen auf, gemütlich war der Abstieg nach Klausen wirklich nicht zu nennen. Aber als sie es endlich geschafft hatten, entschädigte der Aufenthalt in dem malerischen Städtchen für alle Mühen.

Der florierende Bergbau hatte Klausen zu einer wohlhabenden Stadt gemacht, die vielen Reisenden brachten Geld in die Kassen und hatten den Einwohnern eine gelassene Weltläufigkeit vermittelt. Rodolfo führte seine Schwester zur alten und berühmten Kapelle des Heiligen Sebastian. Sie lag ein wenig außerhalb des Ortes und war in früherer Zeit ein Hospiz für Kreuzfahrer gewesen. Hoch über der Stadt thronte auf einem nach allen Seiten abfallenden Felsmassiv die wehrhafte Bischofsburg Säben und grüßte die Reisenden. Dort oben war bis vor einem halben Jahrtausend der Bischofssitz des alten Rätien gewesen. Als die Bischöfe ihren Sitz nach Brixen verlegten, ließen sie die Burg zu einer uneinnehmbaren Festung ausbauen. Mehrmals belagert, hatte Säben seitdem allen Angreifern getrotzt.

Brixen, die älteste Stadt Tirols, erreichte der Zug am 19. Juni. Rodolfo hatte sich erkältet und auch einige der mitreisenden Damen klagten über Leibschmerzen und Erbrechen. So hatte der Arzt alle Hände voll zu tun. Barbara ging mit Stephanin Guidotti, dem Priester, und Hermann von Sachsenheim am Morgen vor der Abreise hinüber zum romanischen Dom, dessen erst vor kurzem fertig gestellter Chor eine ganz neue Architektur mit vielen Ecken aufwies. Lange stand sie vor den Fresken im Kreuzgang des Domes, sie waren alt, mindestens hundert Jahre, und stellten Szenen aus dem Leben der Heiligen Christina dar. Kurz darauf war der Kreuzgang eingewölbt worden, und jetzt wurden die Arkaden nach und nach ausgemalt. Von einer Dornenkrönung, die Meister Leonhard von Brixen gerade fertiggestellt hatte, war Barbara besonders angetan. Nach einem stillen Gebet im Langhaus des Domes kehrten sie zurück zu den anderen. Sie wurden schon ungeduldig erwartet.

„Weiter, wir müssen weiter." Es ging Rodolfo noch immer nicht gut, und er mochte es nicht, wenn sich seine Schwester, ohne ihm etwas zu sagen, einfach vom Zug entfernte.

Mit der durch Silber- und Bleibergbau reich gewordenen Stadt Sterzing hatten sie das Tor zum Südaufstieg des Brennerpasses erreicht. Die vielen Gasthöfe und Herbergen zeugten vom regen Reiseverkehr zwischen der Nord- und Südhälfte Europas. Für die noch nicht ganz vollendete Pfarrkirche Unserer Lieben Frau im Moos, weit draußen vor der Stadt gelegen, hatte der berühmte Ulmer Künstler Hans Multscher einen Flügelaltar geschaffen. Ein vielgerühmtes Kunstwerk, wie es landauf landab kein zweites geben sollte. Das, so hatte Ludovico seinem Sohn eingeschärft, sollten sie sich unbedingt ansehen, es sei eines der Wunder der neuen Kunst. Jener Ulmer Meister hätte auch das Grabmal des Vaters des Grafen Eberhard in der Kartause Güterstein geschaffen und auch Erzherzogin Mechthild habe bei ihm arbeiten lassen. Barbara stand ehrfürchtig im Chor der Pfarr- und Pilgerkirche vor dem zwölf Meter hohen Flügelaltar, der in dem hohen

Gotteshaus fast die Decke erreichte. Freundlich hatte sich der Pfarrer der Kirche erboten, den Altar, der sonst nur an kirchlichen Festtagen geöffnet wurde, den vornehmen Gästen in allen Einzelheiten zu zeigen. Fast zwei Jahre hätten der Meister und seine Gehilfen in der Ulmer Werkstatt an dem Altar und seinen Figuren gearbeitet. Im Juni 1458 sei dann Hans Multscher selber mit seinen Gesellen über den Fernpass und den Brenner gekommen und habe das auf Tragtieren und Karren verpackte, in Einzelteile zerlegte Kunstwerk im gerade fertiggestellten Chor aufgebaut. Das hatte noch einmal ein halbes Jahr in Anspruch genommen, denn die Malerarbeiten hatte der Meister selber vor Ort ausgeführt. Hans Multscher und seine Gesellen hätten während der Aufbauzeit in der Stadt bei namhaften Herren des Magistrats und der Kirche gelebt. Auf den geschlossenen Flügeln war das Leiden Christi zu sehen. Jetzt trat der Geistliche an den Altar heran, öffnete die schweren Flügel und die Figuren wurden sichtbar. Fast lebensgroß beherrschte die Mutter Gottes mit dem Kind auf dem Arm den Figurenschrein. Sie sah aus wie eine begüterte Bürgersfrau, die, angetan mit ihrem schönsten Kleid sonntäglich herausgeputzt zum Kirchgang geht. Neben ihr vier heilige Frauen: Barbara, Ursula, Apollonia und Katharina. Der heilige Georg und der heilige Florian standen vor dem Schrein und bewachten die wunderbare Szene. Ein Bild, unfassbar in seiner Schönheit, seiner Größe, seiner fast überirdischen Meisterschaft. Lange stand Barbara in Gedanken versunken. Bei solch einem Künstler hatte Eberhards Mutter arbeiten lassen. Ein wenig begann die Neugierde auf Frau Mechthild und auf Württemberg das Heimweh Barbaras in den Hintergrund zu drängen. Diesmal war sie es, die auf eine rasche Weiterreise drängte.

Der von Rodolfo gefürchtete Aufstieg zum Brenner war einfacher, als er es sich vorgestellt hatte. Die Hochwasser, die im Sommer die Überquerung dieses mit 1374 Metern niedrigsten Alpenpasses gefährlich machten, waren in diesem Jahr ausgeblieben. Planmäßig erreichten die Reisenden vor Einbruch der Nacht den Ort Matrei. Ausgeruht ging die Reise am nächsten Tag weiter nach Innsbruck. In der Hauptstadt Tirols wurde die Braut des Grafen Eberhard von Württemberg mit allem höfischen Prunk von Erzherzog Siegmund dem Münzreichen und seiner Frau Eleonore von Schottland in der von Siegmund gebauten Hofburg empfangen. Der Habsburger, der auf dem Konzil von Mantua gewesen war, glaubte sich an die vierjährige Barbara erinnern zu können, denn Markgraf Ludovico und seine Gemahlin hätten immer ihre Kinder um sich versammelt gehabt, wie er seiner Frau erklärte. Barbara meinte, dass bei diesen Worten ein schmerzlicher Zug den Mund der Erzherzogin umspielte. Erst viel später erfuhr sie, wie sehr Eleonore unter ihrer Kinderlosigkeit litt. Auch Rodolfo verzog ein wenig die Mundwinkel, sagte aber nichts, denn bei seinem Aufenthalt am Hofe Karls des Kühnen, einem der heftigsten Gegenspieler des Habsburgers im Kampf um die Vorherrschaft in den habsburgischen Vorlanden, hatte er die schillernde Politik des „einem Glücksspielers gleichenden Erzherzogs" kennen gelernt. Auch jetzt befand er sich gerade wieder im Kampf mit der Eidgenossenschaft und Karl dem Kühnen. Wechselnde Koalitionen, in denen auch der französische König Ludwig XI. eine nicht einzuschätzende Rolle spielte, ließen es geraten erscheinen keinerlei Meinung zu irgendeiner politischen Entwicklung kundzutun. Lächeln war angesagt und Freundlichkeit, dahinter ließ sich taktierendes Abwarten gut verstecken. Auch mit Eberhard im Bart und seiner Mutter Mechthild hatte Siegmund schon manchen Strauß ausgefochten. Der Konflikt um die Grafschaft Hohenberg, die Mechthild gerne in den Besitz Württembergs überleiten wollte, war immer noch nicht ausgestanden.

Bei der Abreise trafen sie mit Markgraf Karl von Baden zusammen, der den Hochzeitszug gemeinsam mit Erzherzog Siegmund eine Strecke des Weges zum Fernpass geleitete. Schwere Regenfälle und ein eiskalter Wind machten den Anstieg zu diesem uralten Weg über die Alpen unangenehmer als gedacht. Als sich der Wind zu einem Sturm auszuwachsen begann, ließ Rodolfo den Zug noch unterhalb der Passhöhe in dem alten Bergbauort Nassereith übernachten. Der Abbau von Blei und Zink hatte dem Städtchen Wohlstand gebracht. Die von den Römern gebaute Passstraße Via Claudia Augusta wurde von den deutschen Königen die seit Otto dem Großen zur Kaiserkrönung nach Rom zogen, ausgebaut und befestigt. Den Grafen von Tirol war die Wichtigkeit dieses Verbindungsweges wohl bewusst, deswegen hatten sie eine Poststation eingerichtet. Zudem kreuzte in Nassereith der Fernpass die alte Salzstraße. Auch das weiße Gold brachten den Einwohnern lukrative Geschäfte. Die nächste Etappe und der Abstieg nach Vils waren für Mensch und Tier so anstrengend, dass Rodolfo sich in Absprache mit Hermann von Sachsenheim entschloss, dort einen Ruhetag einzulegen. Damit alle Mitreisenden Kräfte sammeln konnten für die letzte Wegstrecke und die Ankunft in Kempten. Fast alle waren erkältet oder hatten Leibschmerzen. Barbara hustete so stark, dass der Arzt Angst bekam, sie könnte den hohen Anforderungen der nächsten Tage nicht gerecht werden.

Das Land wurde jetzt offener, die Berge hatten viel von ihrer bedrohlichen Majestät verloren. In die Täler kuschelten sich kleine Ortschaften, deren Häuser und Kirchen so aussahen, als hätte sie die Faust eines Riesen von irgendwoher einfach an die Stelle gesetzt. Auf den sattgrünen Wiesen weidete das Vieh. Ungeduldig hatten die in Kempten wartenden Württemberger eine erste Abordnung nach Vils geschickt, um das Eintreffen des Hochzeitszuges nicht zu verpassen. Drei Meilen vor Kempten hatten die Abgesandten des Grafen Eberhard Aufstellung genommen. Die Grafen Jost von Niclaus von Zollern, Friedrich von Helfenstein, Jörg von Werdenberg, Ulrich von Montfort und Wilhelm von Kirchberg waren die vornehmsten unter den mehr als zwanzig Adeligen, die gekleidet in die Farben Württembergs, die Braut und ihre Begleitung willkommen hießen. Vertragsgemäß übergab Rodolfo in Kempten den noch ausstehenden Teil der Mitgift an den Beauftragten Eberhards. Wie in Mantua verabredet, setzte sich der Zug am 29. Juni in Bewegung. War die Braut bereits in Kempten von Magistrat und Bürgermeister mit einem Empfang geehrt worden, so war das nur ein schwacher Vorgeschmack auf das, was die Freie Reichsstadt Ulm der neuen Gräfin von Württemberg zu bieten hatte. Als Barbara spät am Abend in der Stadt ankam, wurde ihr Wagen flankiert von vier württembergischen und zwei mantuanischen Adeligen. Beim großen Empfang durch den Bürgermeister und den Magistrat der Stadt wurden Rodolfo als Geschenke vier mit Hafer beladene Wagen und zwei Wagen voller Wein, dazu 20 Geschirre mit Fischen und ein silberner Becher überreicht, das war aber noch nicht alles. Das eigentliche Hochzeitsgeschenk wollten die Ulmer erst bei den Hochzeitsfeierlichkeiten in der Residenz in Urach übergeben.

Auch in Ulm hatten weitere vornehme Abgesandte des Grafen Eberhard auf Barbara gewartet, um sie zu begrüßen und ihr die Ehre zu erweisen. Mittlerweile war der Zug auf 650 Pferde angewachsen. Sie alle mussten in Ställe eingestellt, versorgt und gefüttert werden, eine im Voraus geplante Aufgabe des Landhofmeisters. Graf Eberhard bewies, was sein Land zu leisten imstande war.

Jetzt war die Grenze Württembergs nicht mehr weit. Graf Eberhard der Jüngere ritt mit seinem Gefolge der Braut entgegen und geleitete sie feierlich nach Blaubeuren, der ersten Station auf württembergischen Boden. Hier endlich sahen sich die Brautleute wieder. Graf Eberhard machte Barbara die Aufwartung auf dem Boden der Grafschaft in hochvornehmer Begleitung des Markgrafen Karl von Baden und seines Onkels Ulrich von Württemberg. Das war der Auftakt zu einem Fest, wie es das Land noch nie gesehen hatte. Eberhard von Württemberg holte seine fürstliche Braut ins Land, wie es einer Königin würdig wäre. Der Bräutigam kam mit einem Gefolge von 200 Pferden. Aber das war noch nicht alles. Jetzt trafen die Züge Eberhard des Jüngeren und des Pfalzgrafen Philipp von der Pfalz mit dem Tross Eberhards zusammen und huldigten Barbara. Auf diesen feierlichen Akt folgte ein Schaukampf zwischen Wilhelm von Wernau und Jakob von Landau, ein Hochzeitsbrauch, den man „Berennen der Braut" nannte.

Urach 1474: Eine Hochzeit wie im Märchen

Dann setzte sich der gewaltige Zug langsam in Richtung Urach in Bewegung. Beim Eintreffen vor der Stadt begann dort ein weiteres ritterliches Rennen und Stechen, für das Ludovico Gonzaga ganz sicherlich kein Verständnis aufgebracht hätte. Aber für alle, die dabei zusahen, ganz besonders für den Bräutigam, war es ein Fest für die Augen. Danach trennte sich der Hochzeiter von seinem Zug, ritt alleine in die Stadt zurück. Von nun an galt ein minutiös ausgetüftelter Zeit- und Sicherheitsplan für die kleine württembergische Residenzstadt, die für die nächsten vier Tage nach dem Willen des Grafen von Württemberg zum Nabel der fürstlichen Welt werden sollte. Eine Stadt, in der nun eine sorgfältig vorbereitete, akribisch geplante Hochzeit ablaufen würde, die Württemberg alle Ehre machen sollte. Vierhundert Geharnischte waren aus den umliegenden Ämtern abgerufen und unter den Befehl der Vögte von Urach und Tübingen gestellt worden. Sie hatten für die Zeit der Festlichkeiten für Ruhe und Ordnung zu sorgen. Eltern durften ihre Kinder nicht auf den Gassen spielen lassen, das war viel zu gefährlich. Das Vieh musste vor den Toren bleiben um die Straßen rein zu halten. Eberhard wollte eine ordentliche und saubere Stadt präsentieren. Urach platzte aus allen Nähten. Die kleine Residenz hatte mehr Gäste als Einwohner in ihren Mauern zu beherbergen.

Zuerst durfte der Zug des Pfalzgrafen Philipp in die Stadt einreiten, dann kamen die Berittenen des Markgrafen von Baden. Dann zogen die Mantuaner ein. Danach kam die Braut in ihrem Wagen, flankiert von Adeligen. Den Zug beschloss der Tross der Stuttgarter Grafen. Vor den Toren zurückbleiben mussten die Reiter Eberhards im Barte, sie mussten warten, bis alle anderen ihre Quartiere bezogen hatten. Denn es ging eng zu in der kleinen Residenz Urach bei dieser Hochzeit, bei der Graf Eberhard sein ganzes Prestige in die Waagschale warf. Angesteckt von der Fröhlichkeit der Menschen, die sie bewunderten und ihr zujubelten, lächelte Barbara zurück und winkte. Urach war klein, aber es schien alles zusammenzupassen, die Häuser, die schöne Umgebung, das Schloss, in dessen Hof sie nun hineinfuhr und an dessen Tor sie der große Palmenbaum mit dem trotzigen Wahlspruch „Attempto" grüßte. Vor der Amanduskirche wartete Eberhard bereits auf sie und mit ihm die vornehmsten Damen des gräflichen Haushaltes. Karl von Baden und Ulrich von Württemberg geleiteten sie hinüber zum Portal der Kirche, in der Bischof Hermann von Konstanz eine feierliche Messe zelebrieren würde. Gleich nach der Ankunft einen Gottesdienst, das hatten sich Barbaras Eltern gewünscht. Das Abenteuer der Reise war vorbei, Barbara Gonzaga, Markgräfin von Mantua, war in ihrem neuen Leben als Gräfin von Württemberg angekommen.

Vor der Kirche stand Eberhard in lebhaftem Gespräch mit Rodolfo Gonzaga, wenn die Worte fehlten, nahmen sie die Hände zur Hilfe. Wie es aussah, verstanden sie sich gut. Neben ihm, die Dame in dem vornehmen Kleid, das musste seine Mutter sein, Erzherzogin Mechthild, nicht übermäßig groß, strahlte sie in Haltung und Ausdruck Würde und eine so zeitlose Anmut aus, dass Barbara sie wie gebannt anschauen musste. Mechthild bemerkte den Blick und kam der Schwiegertochter mit kleinen eleganten Schritten entgegen und nahm sie in den Arm. Lebhaft schob sie ihren Arm unter den Ellen-

Wandgemälde: Die Vermählung des Grafen Eberhard im Barte mit Barbara Gonzaga.

bogen Barbaras und dirigierte sie unmerklich zu Margarete von Savoyen, der Frau Ulrichs von Württemberg-Stuttgart. Dann machte sie sie mit Elisabeth von Württemberg, der Frau Eberhards des Jüngeren bekannt. „Ein Bäsle, wenn ich mich nicht irre," erklärte sie. „Meine Töchter, Mechthild, verheiratet mit dem Landgrafen von Hessen, und Elisabeth, deren Mann leider schon gestorben ist." Auf der anderen Seite standen die Bischöfe von Konstanz, Augsburg und Speyer, die Äbte der großen Klöster in Württemberg und im angrenzenden Bayern und die Prälaten, alle im feierlichen Ornat. Selbst für Barbara, die den Umgang mit Kardinalen und kirchlichen Würdenträgern gewohnt war, ein ebenso feierlicher wie ein wenig einschüchternder Anblick.

Eberhard schien ganz vertieft in sein Gespräch. Als er Barbaras Stimme dicht neben sich hörte, wendete er kurz den Kopf und lächelte ihr zu. Er streckte ihr die Hand entgegen, nach einem kurzen Zögern legte Barbara ihre hinein und spürte überrascht, wie ihr diese Berührung Sicherheit und Kraft gab. Am Arm Eberhards schritt sie hinein in die Kirche der Residenz, die nun auch die ihre war und nahm an der Seite ihres Bräutigams Platz. Auf der Orgelbank saß der Organist des Bischofs von Augsburg. Sein Spiel füllte die Kirche mit immer mehr anschwellenden brausenden Orgelklängen und tauchte sie in ein Meer von Klang. Durch die Fenster brach die Abendsonne und malte bunte Kringel auf den Boden und die Wände der Kirche. Barbara zitterte vor Aufregung und Anstrengung. Beruhigend hielt Eberhard ihre Hand und ließ sie während des Gottesdienstes nicht mehr los. Besorgt schaute er auf sie, die ihm blass und müde erschien, und der ganze Abend lag noch vor ihnen.

„Bald ist es überstanden", murmelte er, sie verstand nicht ganz, wollte aber etwas Freundliches antworten und murmelte: „Attempto". Überrascht blickte er auf und drückte ihre Hand.

So viel Glanz und vor allem so viele Leute hatte das von Ludwig I. und Mechthild von Württemberg zur Residenz ausgebaute Uracher Schloss noch nicht gesehen. Sie alle drängten sich jetzt in der großen Dürnitz. Dabei waren nur die engsten Familienmitglieder im Schloss untergebracht. Neben Barbara und ihrem Bruder auch Mechthild und ihre Töchter Mechthild und Elisabeth. Pfalzgraf Philipp logierte mit den vornehmsten seines Gefolges im Haus des Dekans. Alle anderen Gäste waren in Bürgerhäusern und bei Hofbediensteten untergebracht. Jeder Bürger hatte Gäste aufnehmen müssen, ob es ihm passte oder nicht. Für die Unterkunft kam das Land Württemberg auf, auch für das Essen und für die Stellplätze der Pferde. Bei 4280 Pferden, die in Urach und dem benachbarten Städtchen Dettingen an der Erms untergebracht werden mussten, und einem Entgelt pro Stellplatz von sechs Pfennigen war das kein kleines Sümmchen, das da auf den Kämmerer des Landes zukam.

Drei Küchen waren eingerichtet worden: Die Fürstenküche, die Küche für die Herren und die Knechte und die Gesindeküche. Insgesamt 52 Köche hatte der Uracher Küchenmeister für die Dauer der Festlichkeiten zu befehligen. Sie waren größtenteils von den anreisenden Herrschaften ausgeliehen. Eberhards Mutter Mechthild hatte ihre Leibköche zur Verfügung gestellt, die Schwestern Eberhards die ihren von ihren heimatlichen Höfen mitgebracht. Die schwäbischen Grafen und die großen Klöster hatten ihre Köche nach Urach geschickt und so klappte eigentlich alles wie am Schnürchen, obwohl die Schlossküche für die Menge des Hilfspersonals viel zu klein war. Alles lief ab mit einer genau vorher berechneter Präzision. Niemand musste hungern, die Speisen folgten einander genau in der richtigen Zeit. Der Wein floss in Strömen. Steif vom langen Sitzen strebte besonders die Jugend nach dem Essen in das extra für das Fest errichtete Tanzhaus. Der erste Tanz gehörte der Braut und ihrem jungen Bruder, der sie sicher und gut über die Alpen geleitet hatte. Jetzt löste sich auch bei ihm die Spannung, übermütig schwang er die Schwester im welschen Tanz.

„Wie in Mantua", flüsterte Barbara, und er drehte sie noch ein bisschen schneller, „wie in Mantua ... "

Der zweite Tanz Barbaras stand dem Bräutigam zu. Ganz fest hielt der Graf von Württemberg seine Gräfin im Arm. Er war zufrieden. Die Frau, die er sich ausgesucht hatte, gefiel allen. Sie war warmherzig, ein wenig zurückhaltend vielleicht. Aber das konnte sich ja noch geben. Bisher hatten ihn alle zu seiner Wahl beglückwünscht. Das war die eine Seite der Medaille, sein ganz persönliches Glück. Dazu war die Verbindung mit Mantua für Württemberg von unschätzbarer Bedeutung. Barbaras Bruder war einer der einflussreichsten Kardinäle in Rom und so einen zum Schwager zu haben, war manchmal mehr wert als ein großes stehendes Heer. Auch sonst war er mit seiner Brautfahrt zufrieden. Er hatte den Kontakt nach Mailand wiederbelebt, hatte dort für seine Bibliothek einige wertvolle Inkunabeln erworben, die er jetzt übersetzen lassen wollte. Für den Fall, dass er doch einmal genug Zeit hätte Latein zu lernen hatte er in Mailand, beraten von Barbara, eine lateinische Grammatik gekauft, genau dieselbe nach der auch Barbara und ihre Geschwister gelernt hatten. Bis jetzt hatte er allerdings noch nicht viel Zeit gehabt sich damit zu beschäftigen. Lächelnd drückte er ihr einen Kuss auf das blonde Haar, ein Raunen ging durch die Menge der Gäste, die dem Tanz zusahen, Mechthild zog die Augenbrauen hoch und lächelte. Aber sie waren ein wirklich schönes Paar, der Graf Eberhard mit seinem vollen Haar und dem dunklen Bart und die blonde Barbara mit der pfirsichzarten Haut und den lachenden Augen. Eine anmutige junge Frau, nicht ganz schlank, aber das konnte nur von Vorteil sein, wenn sich erst drei oder vier Kinder an ihre Rockzipfel klammerten.

Schon war er da, der Moment, auf den alle gewartet hatten: Pfalzgraf Philipp führte Eberhard ins Brautgemach, in das kurze Zeit später auch Barbara von ihrem Bruder Rodolfo und dem Markgrafen Karl von Baden geleitet wurde. Die vornehmsten unter den Gästen drängten nach, und in ihrer Gegenwart wurde die Decke über Braut und Bräutigam geschlagen. Damit galten sie nun endgültig als verheiratet. Die meisten der Gäste aber hatten sich von diesem Ereignis nicht bei ihrem Tanzvergnügen stören lassen.

Am nächsten Morgen holten die Markgrafen Rodolfo Gonzaga und Karl von Baden die Braut in einer feierlichen Prozession vor dem Uracher Schloss ab und führten sie hinüber zur Kirche. 24 Männer in den Farben Württembergs mit großen Lichtern in den Händen machten ihr den Weg frei, hinter ihr schritten die vornehmsten Fürstinnen und Gräfinnen. Vor der Kirche trafen sie mit Eberhard zusammen, der von Philipp von der Pfalz und Ulrich von Württemberg zur Kirche geleitet wurde. Ihm folgte ein langer Zug von Hochadligen und Grafen. Der Platz in der Kirche reichte nur für die vornehmsten der Gäste. Alle anderen mussten draußen bleiben. Auch der für solche Menschenmengen nicht annähernd ausreichende Kirchplatz wurde nun abgesperrt, damit auch wirklich kein Unbefugter sich hereinschleichen konnte. Die Kirchentüren waren mit jeweils 20 Geharnischten vor Neugierigen gesichert. Vor dem Portal steckte Hermann, Bischof von Konstanz, Barbara und Eberhard die Eheringe auf. Der Ring der Braut, so wurde gemunkelt, habe einen Wert von hundert Gulden, der des Bräutigams sei dreißig Gulden wert. Dann schlossen sich die Tore hinter den illustren Gästen und das Hochamt begann. Philipp von der Pfalz hatte seine Sänger und Trompeter mitgebracht, die nun in württembergische Farben gekleidet dem Gottesdienst einen festlichen musikalischen Rahmen gaben. Gleich nach der Kirche fand ein ritterliches Schaurennen mit Spießen im Hof des Schlosses statt. Ritterliche Spiele, Tänze und Vergnügungen gehörten zu einem gesellschaftlichen Ereignis wie einer Fürstenhochzeit einfach dazu. Albrecht Achilles von Brandenburg hatte erst kürzlich seinem Schwiegersohn Eberhard dem Jüngeren den Ablauf einer Hochzeit beschrieben: am Sonntag kommt man an, am Montag sticht man, am Dienstag rennt man und am Mittwoch zieht man wieder heim. Das stimmte auch für Eberhards Hochzeit. Nur reisten die Gäste erst am Donnerstag und nicht schon am Mittwoch ab.

Nach dem Schaukampf begann das große Festmahl im Schloss, an dem aus Platzmangel wieder nur die allervornehmsten Gäste teilnehmen konnten. Anstelle einer festlichen Tafel gab es diesmal Tische, an denen Männer und Frauen getrennt saßen. Am ersten der beiden Frauentische hatte Barbara, nunmehr Gräfin von Württemberg den Ehrenplatz inne, bei ihr saßen ihre Schwiegermutter Mechthild und die beiden Stuttgarter Gräfinnen Margarete von Savoyen und Elisabeth von Brandenburg. Am zweiten hatten die Töchter Mechthilds Platz genommen, flankiert von zwei Töchtern des Grafen Ulrich von Württemberg und des Markgrafen Karl von Baden. Für die Herren waren sieben Tische gestellt worden. Am ersten, dem vornehmsten, saßen neben Eberhard sein Schwager Rodolfo, Markgraf Karl, Pfalzgraf Philipp und der Bischof von Konstanz. Aber selbst so reichte der Platz nicht für alle, Grafen, Prälaten, Vertreter der Reichsstädte und Ritter konnten erst, nachdem die Fürsten und Bischöfe gegessen hatten, in einem zweiten Durchgang abgespeist werden. Andere kamen noch viel später dran, denn sie hatten an den Tischen der hochgestellten Persönlichkeiten zu servieren, Fleisch vorzulegen, Wein zu verkosten und zu kredenzen. Aber auch diejenigen, die gleich Platz genommen hatten, mussten noch eine Zeitlang auf das Essen warten. Denn vor dem Essen wurde ein besonderes Defilée veranstaltet. Vier Grafen, zwei Freiherren und vier Herren aus dem Niederadel marschierten, gefolgt vom Landhofmeister und dem Haushofmeister in die Dürnitz ein. Hinter ihnen kamen die Trompeter und Pfeifer des Pfalzgrafen Philipp, gekleidet in die Farben Württembergs, sie sollten mit ihrem Spiel die Gäste während des Mahls unterhalten. Erst nachdem der Zug vorbemarschiert war, wurde das Essen aufgetragen.

Nach dem Mahl wurde die Gräfin von Württemberg in das Tanzhaus geführt, dort nahm der Bischof von Augsburg im Namen Eberhards die Hochzeitsgeschenke entgegen. Auch dies geschah in einer hierarchisch genau aufeinander abgestimmten Reihenfolge. Unter der Fülle des mitgebrachten Silbergeschirrs begannen sich die Tische zu biegen. Zwei Sekretäre waren damit beschäftigt, aufzuschreiben, welcher Geber welches Geschenk gebracht hatte, damit ihre Freigiebigkeit auch der Nachwelt noch übermittelt werden könne. Der Dekan von Urach nahm die Geschenke der niederrangigeren Gäste entgegen und für die Gaben der Landschaft dankte der Landhofmeister.

Von den geschmückten Fenstern des Rathauses aus sah Barbara am Nachmittag dem Rennspiel auf dem Marktplatz zu. Alle Bauten, die sonst auf dem Markt standen waren für das Turnier abgetragen worden, in der Mitte war der Platz etwas erhöht und eben gemacht und danach sorgfältig mit Sand bestreut worden. Damit der abgeschrankte und streng bewachte Parcours auch an den Abenden genutzt werden konnte, waren am Dachgeschoss des Rathauses vom Büchsenmeister zur Illumination 300 Lichter aufgehängt worden. Unsichtbar für die Gäste standen auf dem Dachboden des Schlosses und des Rathauses jeweils einhundert Wasserkübel bereit, ein ausbrechendes Feuer einzudämmen. Ähnliches galt auch für die anderen Häuser der Stadt. Aber davon wussten die Gäste, die sich vergnügten, nichts. Wie Barbara hatten auch die anderen vornehmen Damen für das ritterliche Rennen ihre Plätze in den Fenstern des Rathauses und der den Marktplatz einrahmenden Häuser eingenommen. Bei der Geschenkübergabe hatte Eberhard gefehlt, weil er seine Teilnahme am Rennen auf dem Marktplatz vorbereiten musste. Immer wieder hatte ihn Konrad von Hertenstein im Namen seines Schwiegervaters Ludovico von Mantua gebeten, nicht am dem Rennen teilzunehmen. Eberhard aber liebte seit seiner Kindheit Turniere, noch nie hatte er freiwillig ein ritterliches Kampfspiel ausgelassen und so nützten alle Appelle des Schwiegervaters nichts, Eberhard nahm an den Turnieren teil.

Zunächst maßen am Montag Albrecht Göler von Ravensburg und Hans Kübarn ihre Kräfte im ritterlichen Zweikampf, danach berannten sich Ludwig von Schechingen und Hans von Emershofen. Graf Eberhard rannte gegen Kunz Kübarn, den Hofmeister des Bischofs von Eichstatt. Danach gab es noch einmal zwei Paarungen, die gegeneinander in die Rennbahn stiegen. Ihnen allen war der Beifall der vornehmen Damen sicher. Auch die Uracher Bürger und viele aus dem Umland in die Stadt gekommene Schaulustige ließen sich das Fest nicht entgehen, und so umstanden die Gäste dichtgedrängt die Rennbahn und feuerten die Kämpfenden an. Die Stimmung stieg auf den Höhepunkt, als der Herr des Landes in die Rennbahn stieg. Wie immer und zu jeder Zeit traten die vornehmen Damen als Schiedsrichterinnen auf und vergaben den Sieg. Leider wurde über die Ergebnisse nicht Buch geführt, so dass weder die Sieger noch die Preise bei den ritterlichen Spielen der Hochzeit für die Nachwelt festgehalten wurden.

Als der Montag zu Ende ging, waren insgesamt nicht weniger als 13.000 Gäste verköstigt worden. Was sie zu essen bekamen, war von erlesener Vielfalt:
„Der Speisezettel brachte am Sonntag nachts für die fürstlichen Personen fünfzehn, für die Frauen, Grafen, Ritter und Edelleute acht, für das gemeine Gesinde fünf Gerichte; auf Montag zu dem Morgenessen für die Frauen und Fürstinnen 22 Gerichte. Nemlich: Hühner in einer weissen Brühe, ein grünes Kraut und dürre Bratwürste darauf, ein Vorgebratenes von Milchschweinen, heiss gesottene Vorhennen (Forellen), ein gebackenes Rösch (Schmarren), ein Senf, ein Wildbrett in Pfeffer, ein Zagelbein (Schwanzstück), heiss gesottene Hechte, Pasteten, ein weisse sass (Sauce,Brühe), Vögel, Hühner in einer süssen Brühe, gebratene Vorhennen, ein Gebackenes von gefüllten Oblaten, ein Braunmues, ein Fleischsulz, ein Wildbrett in einer grünen Brühe, ein Gebackenes über Becher, ein weisses Mues, ein Bratenes von Hühnern, Krebse ...“ Jeder sollte satt werden und für die, die auch zwischendurch noch Hunger hatten, standen an langen Tischen Leckereien bereit. Insgesamt wurden an den vier Tagen 150.000 Liter Wein verbraucht. Für den großen Hunger stand Brot in großer Auswahl zur Verfügung, so 20.000 Herrenbrote, 120.000 Gesindebrote und 25.000 Schnittbrote.

Zu einem besonderen Ereignis wurde am Dienstag das Gesellenstechen auf dem Marktplatz. An diesem Massenturnier nahmen 64 Helme teil. Pfalzgraf Philipp, Eberhard von Württemberg, sein gleichnamiger Stuttgarter Vetter und der junge Markgraf Christoph von Baden rangen im ritterlichen Turnier mit ihren Helfern miteinander. Wieder hatten die vornehmen Damen in den Fensterfronten des Rathauses und der Häuser rings um den Marktplatz die für sie reservierten Plätze eingenommen und verteilten ihre Huld, die Bewunderung der hohen Frauen war den ritterlichen Kämpfern sicher. Die vielen Schaulustigen hatten ihre Becher aus Tannenholz noch einmal an einem der vier Rohre des Weinbrunnens gefüllt, der im Schlosshof über die Tage des Hochzeitsfestes der Bevölkerung kostenlos zur Verfügung stand. Jedermann durfte von dem roten oder weißen Neckarwein so oft und so viel schöpfen, wie er wollte. Der Brunnen spie über die vier Tage 500 Fuder Neckarwein in unablässigem Strahl in die Becher der Untertanen. Dazu hatte der Hochzeiter Eberhard für der Bevölkerung zwei Ochsen am Spieß spendiert. Ein verständnisvoller Fürst, der nicht nur seine hohen Gäste an seinem Glück teilnehmen ließ, sondern auch sein Volk. Von den Geharnischten wurden die Zuschauer immer wieder hinter die Absperrungen zurückgedrängt. Wie schnell konnte ein Ross auskeilen oder die Schaulustigen sich zu weit vorwagen. Es war zu gefährlich, den Kämpfenden zu nahe zu kommen. Kein Unglück sollte die glückliche Feststimmung trüben.

Auch am Mittwoch gab es noch Schaukämpfe mit Lanzen und Spießen und stumpfen Schwertern. Noch war die Stadt voller Festrausch und guter Stimmung. Aber selbst das schönste und aufwändigste Fest geht einmal zu Ende. Am Donnerstag früh machten sich die ersten Gäste zur Abreise bereit. Das bis jetzt grenzenlos überfüllte Städtchen leerte sich. Besonders als am Nachmittag die Stuttgarter Grafenfamilie mit ihrem großen Tross die Stadt verließ, wirkten die Straßen Urachs danach wie ausgestorben. Eigentlich hatte auch Rodolfo Gonzaga sobald als möglich aufbrechen wollen. Aber, so schrieb er am Donnerstagabend seiner Mutter, er sei schließlich doch dem Wunsch seines Schwagers gefolgt und habe den Aufenthalt um einige Tage verlängert. Denn Eberhard wolle ihm noch einige Landesteile und Ländereien zeigen. Die vier Tage der Hochzeitsfeierlichkeiten hatten den Landhofmeister und seine Beamten vor eine schier unlösbare Aufgabe gestellt, aber sie hatten sie bewältigt. Die Hochzeit des Grafen Eberhard im Bart konnte sich würdig einreihen in die großen Hochzeitsfeste der Fürsten der Zeit. Der junge Graf hatte es gewagt und das ganze Prestige seines Landes in die Waagschale geworfen. Gewonnen hatte auch Württemberg mit einer Hochzeit, die eines Fürsten würdig war.

Noch waren nicht alle Bedingungen des Heiratsvertrages erfüllt. Nachdem die Ehe vollzogen war, musste Barbara eine für sie sehr schmerzliche Pflicht erfüllen.

Nachdem sie am Morgen des 9. Juli in ihrem Schlafzimmer im Schloss zu Urach *„gegenüber ihrem Bruder Rodolfo … in Anwesenheit mehrerer ihrer Landsleute, sowie der Deutschen Georg von Ehingen, Hermann von Sachsenheim und Hans von Spät, mit Einwilligung ihres Gatten eidlich auf die väterliche und mütterliche Erbschaft verzichtet hatte, überreichte ihr Eberhard die Morgengabe.“*

„Pro sua immensa liberalitate“ sagte Barbara, im Erbverzicht erhielt sie 7000 rheinische Gulden.

Damit gehörten ihr die Einkünfte aus Schloss und Dorf Entringen, aus Schloss, Stadt und Amt Herrenberg, die Einkünfte der Stadt Tübingen und aus Breitenholz im Amte Tübingen. Herrenberg sollte im Falle ihrer Witwenschaft auch ihr Witwensitz werden. Für seine Schwester nahm Rodolfo Gonzaga zwei Tage später auf dem Herrenberger Marktplatz vor dem Haus des Kellermeisters Georg Vischer die Huldigung der seiner Schwester zugewiesenen Städte und Dörfer entgegen. Obwohl alle ein wenig enttäuscht darüber waren, dass die junge Gräfin von Württemberg nicht selbst gekommen war, herrschte eine gute Stimmung. Damit war der Vertrag erfüllt, und es zog Rodolfo Gonzaga und die Seinen in die Heimat zurück. Wieder ein Abschied. Diesmal kam sich Barbara noch verlassener und elender vor als bei der Abreise in Mantua. Sie stand neben Eberhard im

Schlosshof und fröstelte, obwohl es doch mitten im Sommer war.

Schon hatte sich der Zug formiert. Besonders schwer war ihr der Abschied von Konrad und Barbara Hertenstein gefallen. Es war so bequem gewesen, sich auf die Deutschkenntnisse der beiden zu verlassen. Sie spürte, wie ihr die Tränen in die Augen stiegen, und versuchte sie zurückzudrängen. Doch einer hatte ihre Traurigkeit bemerkt. Fürsorglich ergriff Eberhard ihre Hand und lächelte ihr aufmunternd zu. Sie hielten sich an den Händen, als Rodolfo zu ihnen trat, gestiefelt, gespornt und gekleidet wie ein Deutscher. Das sei normal, antwortete er auf Eberhards erstaunte Frage, die deutsche Tracht sei dem Klima und dem Leben diesseits der Alpen weitaus zuträglicher als die Gewänder Italiens. Die würden in Mantua wieder ausgepackt. Eberhard nickte lachend und sagte laut:

„Dann passt nur auf, dass man euch in Mantua auch erkennt und ihr nicht beim Heimkommen die Ausweise zeigen müsst."

Das glaubte Rodolfo nun doch nicht. Liebevoll nahm er seine Schwester in die Arme, als er sich von ihr verabschiedete:

„Sobald werden wir uns nicht wiedersehen!" Und zu Eberhard gewandt: „Pass gut auf sie auf, sonst kommen wir und überziehen Württemberg mit Krieg!"

Eberhard legte den Arm um die Schultern Barbaras und versprach ernst:

„Nur keine Bange, bei mir ist sie gut aufgehoben. Immer!"

Barbaras Augen füllten sich wieder mit Tränen, und mit einer Kopfbewegung bedeutete Eberhard dem Schwager aufzusitzen und der Schwester den Abschied nicht noch schwerer zu machen. Zum letzten Mal ritten die Mantuaner durch die ihnen nun schon wohl vertrauten Straßen Urachs. Auch diesmal säumten noch viele Schaulustige den Weg Rodolfo Gonzagas hinaus aus der

Stadt, Blaubeuren zu. Schon am 7. August, kaum mehr als einen Monat nach der Abreise, trafen sie in Mantua ein und erregten, wie von Eberhard vorhergesagt, großes Aufsehen. Die Leute liefen zusammen, die Fremden in ihrer deutschen Tracht zu bestaunen. Am Hof von Mantua wurde der erfolgreiche Abschluss der Hochzeitsfeierlichkeiten mit einem großen Fest begangen.

Der Beginn des neuen Lebens

Jetzt holte der Alltag die kleine Residenz Urach mit aller Macht ein. Es wurde geputzt, geschrubbt, Dinge an ihre ursprünglichen Orte zurückgebracht. Die Hochzeitsgeschenke mussten sorgfältig aufgelistet und verstaut werden, der Kämmerer sortierte die Rechnungen und machte sich ans Bezahlen. Barbara begann sich einzuleben. Sie lernte Deutsch, wobei ihr der schwäbische Dialekt manchen Streich beim Verstehen spielte, kleine Misslichkeiten, die Eberhard mit Lachen quittierte. Seine liebevolle Fürsorge und Anteilnahme halfen ihr das immer vorhandene Heimweh zu überbrücken. Wenn Eberhard verreisen musste, dann schrieb er liebevolle Briefe. Bei den gemeinsam eingenommenen Mahlzeiten hielten sie sich in dieser ersten Zeit ihrer Ehe an den Händen. Eine liebevolle Partnerschaft, getragen vom Verständnis füreinander. Neugierig versuchte sich Barbara in ihrer neuen Heimat zu orientieren. Es dauerte einige Zeit, bis sie sich von den Strapazen der Reise erholt und alle Eindrücke der anstrengenden Hochzeit verarbeitet hatte. Sie interessierte sich für das Schloss, in dem sie zu Hause war und das ihr, die die Pracht und die monumentale Größe der Reggia in Mantua gewohnt war, klein, überschaubar und sehr heimelig vorkam. Barbara hatte einen Blick für architektonische Schönheit. In Mantua hatte sie dabei sein dürfen, als Alberti ihrem Vater die Pläne für seine Kirchenneubauten vorlegte. Auf ihren Wunsch nahm Eberhard sie mit, den von Pater von Koblenz durchgeführten Neubau der Amanduskirche zu

Graf Eberhard im Bart und seine Gemahlin Barbara Gonzaga von Mantua, dargestellt auf den Glasfenstern im Chor der Tübinger Stiftskirche.

besichtigen. Alle Welt sah dem jungen Grafen von Württemberg den Stolz auf seine schöne junge Frau an, er ließ sie teilhaben an seinem Leben. Staunend sahen seine Freunde und Berater, wie gut sich diese Ehe anließ.

Barbara dagegen war oft enttäuscht, wie wenig sie von Eberhard und seinen politischen Verbindungen wusste, zu wenig jedenfalls, um ihm wirklich von Nutzen sein zu können. Ihre Eltern hatten immer alles gemeinsam besprechen können. Jetzt rächte sich, dass sie sich nie für Politik interessiert hatte. Dagegen entwickelte sie rasch ein liebevolles Gefühl für Schloss Urach, wohl auch weil es so eng mit Eberhard verbunden war. Hier war er geboren, hier hatte er als Kind gelebt. Natürlich konnte es sich nicht mit der Pracht der Reggia messen, aber es war innen größer und schöner als man außen ahnen konnte. Rechtzeitig zur Hochzeit war die Dürnitz von Peter von Koblenz zu einer vierschiffigen, von einem Kreuzrippengewölbe gekrönten Halle umgebaut worden. Die Architektur nördlich der Alpen war so ganz anders, als Barbara es gewöhnt war. Oft ging sie hinauf in den Palmensaal. Dort hatte sie das Gefühl, ihrem Mann näher zu sein als sonst irgendwo. Immer wieder betrachtete sie die großen Palmen mit dem rätselhaften Motto „Attempto“, „ich wag's“ – sie wollte verstehen, was in ihm vorging. Eberhard machte es ihr leicht, er erzählte in seiner raschen Art. Nur vergaß er allzu oft, dass sie noch nicht alles verstand, so sehr sie sich auch bemühte. Immer wieder studierte sie die Wappen seiner Urgroßeltern, die von den großen, den Palmen vorgeblendeten Tartschenschilden leuchteten.

Für alle, die in diesen zentralen Saal des Schlosses kamen, war hier auf den ersten Blick ersichtlich, auf welch fürstlichen Stammbaum Graf Eberhard von Württemberg verweisen konnte. Da wand sich die Schlange der Visconti und erzählte von seiner Urgroßmutter Antonia, deren reiche Aussteuer einst das Land vor dem

Untergang gerettet hatte. Gegenüber war das Wappen ihres Mannes, Eberhard des Milden, der mit seiner klugen Friedenspolitik und seinem blitzschnellen Zugreifen bei den Schleglern von Heimsheim das Land befriedet und in den Wohlstand geführt hatte. Leider war er nicht Deutscher König geworden, sondern Eberhards Pfälzer Urgroßvater Ruprecht III., dessen Gemahlin Elisabeth eine geborene Burggräfin von Nürnberg war. Zu den Vorfahren Eberhards gehörte auch Amadeus von Savoyen, Fürst von Achaja. Verheiratet war er mit Katharina von Genf. Barbara sprach die Namen und Geschlechter aus, lauschte den Worten nach, Graf von Montbéliard und Montfaucon, Gräfin von Châtillon, Namen und Geschlechter, einige schon ausgelöscht, andere weiterblühend in vielen Zweigen.

Töchter dieser Häuser hatten genau wie sie nach Württemberg geheiratet, hatten hier gelebt, Kinder geboren und neuen Generationen Platz gemacht, die ihr Erbe weitertrugen. Das Erbe alter Familien, immer wieder aufs Neue erblühend. Eberhard, der Träger und Erbe dieser Verbindungen, war nun ihr Mann. Gemeinsam würden sie sein Ziel, dass in dem trotzigen Attempto beschlossen war, in die Tat umsetzen. Dieses Ziel vor Augen hatte er sich vor seiner Pilgerfahrt ins Heilige Land in der Kartause Güterstein am Grabe seines Vaters segnen lassen. Es hatte ihn erfüllt, als er über dem Heiligen Grab in Jerusalem zum Ritter geschlagen wurde, ein Ziel, das nicht nur ihm, sondern seinem Land diente. Es war nicht gut für die Menschen, dass Württemberg geteilt war. Das hatten auch ihre Eltern gesagt. Nachdenklich betrachtete Barbara die Schlange der Visconti. Antonia hatte sie geheißen, jene Prinzessin aus Mailand, die genau wie sie über die Alpen gezogen war. In Stuttgart hatte sie einen Garten angelegt, um etwas aus ihrer Vaterstadt um sich zu haben. Ihre Schwiegermutter Mechthild hatte ihr das erzählt. Jetzt gehörte der Garten Elisabeth, der Frau Eberhard des Jüngeren. Sie verstand Eberhard und hatte doch Angst vor der Konsequenz, mit der er sein Ziel verfolgte. Seinen trotzigen Mut unterstrich die Palme, die schützend ihre Krone über den Geschlechterwappen wölbte, die Palme mit ihren über zwanzig Meter in die Erde hinabreichenden Wurzeln. Ein Wunderbaum, dem staubtrockene Wüstenstürme genauso wenig anhaben konnten wie große Dürrezeiten. Jedes Mal, wenn sie mit Eberhard oder ihrem Gefolge von einem Ritt in die Umgebung zurückkehrte, dann grüßte sie die mächtige Palme im Eingangstor. Auch dort wieder sein Wahlspruch: Ich wag's – das Programm eines ehrgeizigen Fürsten für seine Regentschaft. Barbara begriff erst jetzt, warum ihre Mutter so sehr darauf gedrungen hatte, dass sie sich mehr für Politik und Diplomatie interessiere. Aber ihr hatte es immer viel mehr Spaß gemacht, zu gärtnern und sich mit der Landwirtschaft zu beschäftigen. Schon jetzt hatte Barbara die Landschaft der Alb, die Umgebung von Urach lieb gewonnen. Einige Male war sie bei aufgeregten Bauernfamilien in den Hof geritten, hatte das Vieh in Augenschein genommen, ein Kälbchen gestreichelt und die Lämmer begutachtet. Die Menschen mochten die junge Gräfin, die unkompliziert und ohne sich zu scheuen mit einfachen Leuten umgehen konnte.

Zur Freude Barbaras stand in Urach, genau wie in Mantua, eine der frühen Druckerpressen. Genau wie Barbaras Vater glaubte Eberhard, dass der Buchdruck ein Mittel sei, Bildung und Wissen erschwinglich zu machen. Aber auch wenn man etwas zu sagen, eine Nachricht zu verkünden hatte, dann war der Buchdruck dafür das geeignete Mittel. Möglichkeiten, die noch nicht viele von Eberhards Standesgenossen begriffen, geschweige denn wie er in die Tat umgesetzt hatten.

Oft war Barbara auch in dem gerade rechtzeitig zur Hochzeit fertig gewordenen Goldenen Saal des Schlosses zu finden. Ein lichter Raum, von dem aus man einen weiten Blick über die Stadt und die Raue Alb hatte. Manchmal glaubte sie, bis nach Mantua sehen zu können. Aber diesem Gedanken gab sie sich nicht oft hin. Eberhard sah ihr an, wenn sie geweint hatte. Er mochte nicht, wenn sie traurig war. Erwartungsvoll lief sie ihm entgegen, sobald sie ihn die Reittreppe heraufkommen hörte. Wie immer schnell, ein wenig gehetzt und trotzdem Ruhe ausstrahlend. Hermann von Sachsenheim schüttelte oft den Kopf, murmelte etwas von „sich selber umbringen“ und „langsamer wäre manchmal schneller“, aber weil er wusste, dass er damit bei seinem Herrn nicht weiterkam, sagte er so etwas niemals laut. Dann stand Eberhard vor ihr. Abgespannt und müde manchmal, immer aber mit jenem wachen Blick, der Barbara schon in Mantua fasziniert hatte.

In der ersten Zeit der Ehe war Barbaras Schwiegermutter Mechthild oft aus Rottenburg nach Urach gekommen. In ihrer Begleitung hatte sie fast immer ein hübsches Mädchen. Margarete war eine der unehelichen Töchter Eberhards aus seiner Zeit vor der Pilgerreise ins Heilige Land. Mechthild wollte Barbara die erste Zeit in Württemberg erleichtern. Für Mechthild, die Tochter des vornehmsten unter den weltlichen Kurfürsten, des Pfalzgrafen Ludwig III. bei Rhein, war es nicht einfach gewesen, sich nach der in Heidelberg verlebten Kindheit in Württemberg heimisch zu fühlen. Zuerst am Stuttgarter Hof und dann, als die Streitigkeiten mit ihrem Schwager Ulrich dem Vielgeliebten immer mehr zunahmen, als Herrin über das nur noch halb so große Württemberg-Urach. Ihr Mann hatte sich der Teilung widersetzt. Kleines Land, kleiner Einfluss, hatte er gemeint, sich aber schließlich ins Unvermeidliche gefügt. Als Mädchen hatte sie bedeutende Dichter und Gelehrte kennen gelernt. *„Oh Metzelin, oh Metzelin“* hatte Oswald von Wolkenstein sie in einem seiner Lieder bedichtet. Kaum verheiratet saß sie weit entfernt von Kunst und Kultur in einer kleinen Stadt namens Urach in einem seit langem nur als Jagdaufenthalt genutzten Wasserschloss. Aber man kann sich einer Aufgabe nicht entziehen. Mit Liebe und Hingabe hatten Eberhards Vater, Graf Ludwig der Ältere, und Mechthild ihre Residenz ausgebaut. So wie es nun Eberhard tat, mit Sachverstand, aber auch mit Augenmaß. Das Land war zu klein, um viel Geld abzuwerfen. Aber es war ein schönes Land, und wenn Eberhard sein Ziel erreichte, dann würde es einmal wieder nur ein Württemberg geben. Es sah nicht so aus, als würden die Stuttgarter Grafen viel Glück beim Regieren haben, und hochverschuldet waren sie auch. Damals, als Eberhard geboren wurde, war Mechthild einfach glücklich gewesen, nach dem kranken erstgeborenen Ludwig und dem früh verstorbenen Andreas noch einmal einen Stammhalter in den Armen zu halten. Eberhard, erwünscht wie kaum ein anderer. Schmächtig, aber gesund sei er gewesen und pfiffig. Ein wissbegieriges Kind, das seinem Vater nicht von der Seite wich. Es hatte ihn ja auch nur selten zu sehen bekommen. Ludwig war zwar nur Herr über ein kleines Land, aber sein kluger Rat und seine Kunst zu verhandeln waren gesucht bei allen, die nach Einigung und Frieden strebten. Als Ludwig starb, an einer Krankheit, die um sich griff wie sonst nur die Pest, war Eberhard gerade fünf Jahre alt gewesen. Sein Vater habe verhüten wollen, dass man das Kind als zweiten Sohn einer geistlichen Laufbahn zuführte und verboten, dass es Latein lerne. Zu ihrem Entsetzen hatten sich die Räte und Vormünder daran gehalten. Aber manchmal erwächst aus Schlechtem auch Gutes. Jetzt würde er eben alles, was er lesen wolle, übersetzen lassen. Mechthild ahnte, was in ihrer Schwiegertochter vorging, sie wollte sie stützen und ihr Mut machen für ihre Aufgabe an der Seite Eberhards. Aber Barbara war anders. Sie hatte weder den politischen Instinkt und den Durchsetzungswillen ihrer Mutter Barbara von Hohenzollern noch die kreative Kraft und den Weitblick Mechthilds. Sie war eine Gärtnerin, sie hegte und pflegte das, was man in ihre Obhut gab. Sie eroberte die Herzen mit ihrer Anmut und ihrem Liebreiz.

Kurz vor der Hochzeit in Urach hatte Karl der Kühne von Burgund Eberhards Vetter Heinrich von Württemberg in Mömpelgard gefangen genommen und sich den Besitz an der burgundischen Pforte gesichert. Heinrich, der jüngere Sohn des Stuttgarter Grafen Ulrich, wurde in so schwerer Kerkerhaft gehalten, dass er seelisch daran zerbrach und seine geistige Gesundheit für immer zerstört wurde. Eberhard hatte Mömpelgard und die elsässischen Besitzungen an Heinrich abgetreten, um einer weiteren Zerstückelung der Kernlande zuvorzukommen. So lag jetzt die Last der Besetzung und auch der Gefangenschaft auf den Schultern eines anderen. Aber als Fürst des Reiches und als Mitglied des Hauses Württemberg durfte er nicht abseits bleiben. Er gehörte mit einem Truppenkontingent dem Reichsheer an, das sich im März des folgenden Jahres sammelte, um Karl den Kühnen anzugreifen und den Frieden wiederherzustellen. Barbara litt unter der bevorstehenden Abreise Eberhards nach Trier. Gerade noch hatte sie sich über die ersten Anzeichen einer Schwangerschaft gefreut, da erschreckte sie der Gedanke an eine vielleicht Monate dauernde Abwesenheit ihres Mannes. Darüber konnte sie auch die wachsende Freundschaft mit Margarete von Rechberg nicht hinwegtrösten, mit der Barbara sich bei ihrer Hochzeit angefreundet hatte. Besonnen und einfühlsam trug die Witwe des Grafen Veit II. von Rechberg viel dazu bei, dass sich Barbara in Württemberg wohl zu fühlen begann. Nach dem Tod ihres Mannes vor vier Jahren hatte Margarete auf der Sulzburg gelebt, die sie gemeinsam mit ihm ausgebaut hatte. Veit II. hatte mit seinen beiden Brüdern Ulrich und Albert Graf Eberhard auf seiner Pilgerfahrt ins Heilige Land begleitet. Margaretes ältester Sohn Georg durchlief gerade seine Ausbildung am Uracher Hof, zwei weitere Söhne und die beiden Töchter wuchsen auf Burg Staufeneck heran. Eng verbunden mit der Familie Eberhards hatte Margarete von Rechberg die junge Barbara unter ihre Fittiche genommen und war ihr zur unentbehrlichen Freundin geworden.

Trotz aller Bemühungen, Barbara des Einleben zu erleichtern, schlossen ihre Eltern bereits im Dezember nach der Hochzeit aus Briefen und Berichten von Gästen am Hof in Urach, dass ihre Tochter unter Heimweh litt und unzufrieden sei. Besorgt fragte die Mutter nach, wurde aber von Barbara mit einem ausweichenden Schreiben abgespeist. Unglücklich sei sie nicht. Zwar gäbe es einigen Kummer, aber wer hätte den nicht auf Erden? Im ganzen sei sie mit ihrem Leben zufrieden. Markgräfin Barbara war alarmiert. Immer hatte ihr die Tochter ohne Hintergedanken ihre Sorgen anvertraut. Nach einem Gespräch mit ihrem Mann wurde Konrad von Hertenstein mit seiner Frau für einige Wochen nach Urach geschickt, um die Wahrheit herauszufinden. Von ihm erfuhren die Eltern von der Schwangerschaft der Tochter. Auch Barbara schrieb in dieser Zeit oft an die Eltern. Sie schickte Käse aus Württemberg nach Mantua und bekam dafür welchen aus ihrer Heimat, von dem sie auch ihrer Schwiegermutter etwas zukommen ließ. Ihren Vater informierte sie, so wie er es sich gewünscht hatte, über die politischen Ereignisse, über Erbstreitigkeiten und sonstige Neuigkeiten an den Höfen Süddeutschlands. Manchmal wunderte sie sich, wie sich ein Puzzle aus unzusammenhängenden Teilen durch geduldiges Hin- und Herschieben zu einem Ganzen formen ließ. Dies neu erwachte Verständnis für Politik machte ihr noch mehr Spaß, als sie entdeckte, dass dies ihre Unterhaltung mit Eberhard erleichterte. Sie konnte Fragen stellen, die er beantwortete, und als sie merkte, dass er sie um ihre Meinung bat, versuchte sie noch mehr teilzunehmen an dem, was ihn und das Land betraf.

Barbara freute sich sehr auf das Kind. Aber die morgendliche Übelkeit, die, anders als von Margarete vorhergesagt, nach den ersten Monaten nicht verging, machte ihr zu schaffen. Nach einiger Zeit konnte sie die Mahlzeiten aus der Hofküche einfach nicht mehr vertragen. Schon beim Geruch der Morgensuppe drehte sich ihr der

Magen um, und danach konnte sie den ganzen Tag nichts mehr essen. Je mehr Bauch sie ansetzte, desto dünner wurde sie, die Ringe drohten ihr vom Finger zu fallen. Mit ihrem Bruder Federico wollte sie gerne einen Wettbewerb darüber veranstalten, wer dicker sei – sie oder er. Vielleicht aber sei es besser, damit noch ein paar Monate zu warten ... Seltsamerweise vertrug Barbara die Gerichte, die ihr Hertensteins Frau im Frauenzimmer kochte, sehr gut, so dass der treue Hertenstein nach Mantua meldete: *„... mein Weib ist kochin worden und kocht im frawenzimmer wan fraw Barbare der hauskoch essen zu dissen zeiten nicht gefelt."* Damit hatte er sich selbst in Urach festgesetzt, denn Ludovico und seine Frau baten ihn nun, wenigstens so lange bei ihrer Tochter zu bleiben, bis Eberhard vom Burgunderfeldzug zurückkam. Konrad und Barbara Hertenstein blieben bis zur Entbindung Barbaras am 2. August 1475 in Urach. Eine leichte Geburt, die Hertenstein den Großeltern in Mantua in einem lebendigen Bericht schildert: *„2 des augost hat der almechtig got fraw Barbare, ewr. gnaden Tochter, ain hubsche tochter geben. Di wetagen wärten ihr von 23 pis ain halb stund nach mitternacht. Sie gedacht vil an ewr gnad. Der von Wirtemberg was stetzc pey fraw Barbare und trost si als lang, pis si des Kind wolt gepern. ... Ich hab hofnung, es wird ain gute hebam ais mir. Als pald dy we kamen. Da sickt ich der herczogin von Osterreich ain potn, aber sie kom, als sie des Kinds genessen war."*

Ein kleines Mädchen, das in der Taufe den Namen Barbara erhielt. Eine der Patinnen war Margarete von Rechberg. Lächelnd erinnerte Mechthild daran, dass auch sie erst einer Tochter das Leben geschenkt habe. Die Buben folgten eben den Mädchen nach. Ende August schrieb Barbara nach Mantua, dass sie nun eine eigene kleine Barbarina habe. Aber das Glück von Urach währte nicht lange. Das so liebevoll begrüßte kleine Mädchen starb noch im Säuglingsalter. Nach dem Tod des Kindes wurden Barbaras Briefe nach Hause seltener. Es war, als wäre sie versteinert. Vergeblich versuchte Mechthild die Schwiegertochter zu trösten. Auch sie hatte Kinder verloren und ihren geliebten ersten Mann.

„Es gibt Wunden, die heilen nie“, sagte sie, „aber es gibt Dinge, die einem die Schmerzen erleichtern.“

Auch Eberhard litt, er verbarg seine Trauer hinter rastloser Tätigkeit. Manchmal saß er regungslos eine ihm endlos scheinende Zeit in seinem Betstuhl. Nur seine Hände, die die braunen Holzperlen seines Paternosters hielten, bewegten sich. Immer wieder glitten seine Finger über die große braune Perle am Ende der Schnur, die seine Palme trug. Jetzt lag sein erstes Kind neben dem Vater und den Geschwistern in der Klosterkirche auf dem Güterstein.

Es würden weitere Kinder kommen. Ein Schicksalsschlag war kein Grund, ein Ziel aus den Augen zu verlieren. Aber es wäre schön gewesen, dieses Kind in die Zukunft hineinwachsen zu sehen. In eine Zukunft, in der das Land wieder eins war und in dem junge Menschen nicht fortgehen mussten, um eine bessere Bildung zu erwerben. Wer fortging kam oft nicht wieder. Eine Universität, damit die begabten Söhne im Lande bleiben konnten, eine hohe Schule für Württemberg. Einige seiner im Palmensaal aufgeführten Vorfahren hatten Universitäten gegründet. Diesseits und jenseits der Alpen. Zuletzt seine Mutter gemeinsam mit seinem Stiefvater die Universität Freiburg, nach Wien die zweite Universität in den habsburgischen Erblanden. Der Onkel Antonia Viscontis, Galeazzo II. war Gründer der berühmten Universität von Pavia. Eberhards Urahn mütterlicherseits, Ruprecht I., Pfalzgraf bei Rhein hatte die Universität Heidelberg ins Leben gerufen, die dritte Alma mater nach Prag und Wien auf dem Boden des Heiligen Römischen Reiches Deutscher Nation. Er, Eberhard im Bart, würde die erste Universität auf württembergischen Boden gründen. Der erste Graf, der ein so großes Unternehmen schulterte. Eine Hohe Schule, in der unter der

Rute des Schulmeisters die Wissenschaften gelehrt wurden, die Eberhard in seiner Erziehung so schmerzlich vermisste.

Eine Landesuniversität bot nicht nur den eigenen Landeskindern Chancen auf eine bessere Ausbildung, sie zog auch Gelehrte und Denker aus anderen Ländern an. Wer Geld für eine Alma Mater ausgab, der konnte sicher sein, dass sich sein Kapital vervielfachte. Über kurz oder lang würden die besser ausgebildeten Söhne des Landes bessere Arbeit liefern, das würde dem Land zu einem Vorsprung verhelfen, überall. Mehr Bildung würde mehr Bücher voraussetzen. Das käme der jungen Kunst des Druckens zugute und würde einem Land ohne Bodenschätze andere Schätze eröffnen. All dies zeichnete sich bei der nun schon fast zwanzig Jahre alten Universität Freiburg ab, die einst auf Drängen seiner Mutter von Albrecht VI. ins Leben gerufen worden war. Es würde schwierig werden, in seiner kleinen Grafschaft das Geld für so ein großes und auch gewagtes Unternehmen aufzubringen. Genial mutet die Zusammenarbeit Eberhards mit seiner Mutter an, die einen Teil ihres Sindelfinger Witwengutes in die Universität einbrachte. Mechthild erklärte sich bereit, den größten Teil des Sindelfinger Stiftes nach Tübingen an die dortige Pfarrkirche zu geben. Ein Unternehmen, dem der Papst zustimmen musste. Eberhard, der bisher im Konstanzer Bischofsstreit auf Seiten des Kaisers gestanden und erbittert gegen Papst Sixtus IV. gekämpft hatte, erhielt dank tatkräftiger Hilfe von Barbaras einflussreichem Bruder Kardinal Francesco die Zustimmung des Papstes zur Verlegung des Sindelfinger Stiftes. Damit stand auch der Umwandlung der Pfarrkirche St. Georg in eine Kollegiatskirche nichts mehr im Wege. Nachdem dieser erste Teil gelungen war, gab Eberhard bekannt, dass er eine Universität gründen wolle. In einem weiteren Schreiben an den Papst bat er mit Hilfe der von Sindelfingen nach Tübingen geleiteten Pfründe eine Universität errichten zu dürfen und die wirtschaftliche Ausstattung der Alma

Mater durch die Inkorporation von fünf württembergischen Pfarreien noch weiter aufzustocken. Auch diesmal wieder ließ Kardinal Gonzaga hinter den Kulissen seine Verbindungen spielen, und Papst Sixtus stimmte auch dieser Bitte zu.

Der Landesherr, der kein Latein lernen durfte, hat, je mehr sich sein Horizont erweiterte und er sich der Bedeutung von Wissen bewusst wurde, mit unermüdlicher Energie versucht, Versäumtes nachzuholen. Das ist ihm trotz seines enormen Arbeitspensums auf vielen Gebieten mit bewunderungswürdiger Energie gelungen. Seine Disziplin und sein Fleiß brachten schon die Zeitgenossen zum Staunen: *„In Geschäften war er arbeitsamb, beharrlich und embsig, er kundt nit feyern, sondern er muoste allzeit etwas zu zu thuon und zu schaffen haben, ein geschäfft drang das ander vnd macht jedermann Vnrhuo, doch handelt er allezeit auß hohem Verstand, mit gebührendem Ernst, dapffer, bedächtlich, vnd vernünftig; allen Vberfluß, wollust, vnd ohnnötigem Costen stellet er ab, vnd wollte aus begird, in weiter erkandtnis zu kommen nicht anversuocht lassen, sondern alles selbst erfahren, daher war sein Sprichwort, reim oder symbolum, Ich wags, bey disem Symbolo hat er auch gefüeret ein Zederbaum, darmit sein hochbestendig, Vnbeweglich, heroisch, fürstlich und gerecht gemueth zu bedenken."*

Bei Eberhards ungeheurem Arbeitspensum konnte es nicht ausbleiben, dass sich sein Körper, der von Kindheit an nicht kräftig gewesen war, gegen die Ausbeutung zu wehren begann. Heftige Fieberschübe, Leibschmerzen, Nierenkoliken und Blasenentzündungen machte ihm das Leben schwer und traten, je älter er wurde, immer öfter und schmerzhafter auf. Barbara sorgte sich um ihren Mann. Sie versuchte ihm zu helfen. Aber je schlimmer die Krankheiten wurden, desto mehr arbeitete er, Ihre Bitten, doch einmal an sich selber zu denken, verhallten ungehört.

Nach dem Tod der kleinen Barbarina hatte sich Barbara verändert. Der Wunsch nach einem Kind begann sie so sehr zu beherrschen, dass sie jedes noch so kleine Anzeichen für den Beginn einer neuen Schwangerschaft nahm. Wenn die Hoffnung zerrann, versank sie in Traurigkeit. Eberhard versuchte sie abzulenken. Er nahm Barbara mit in die großen Klöster des Landes, ließ sie teilhaben an seinen Bestrebungen um eine Reform des Klosterwesens. Mechthild begann Barbara die illegitimen Kinder ihres Mannes nahe zu bringen. Auch sie brauchten jemanden, der sich ihrer annahm, der sie lenkte und erzog, der bei Hofe schützend die Hand über sie hielt. Barbara kam dieser Aufgabe liebevoll nach, ihre ganze Mütterlichkeit wandte sie Eberhards Kindern zu. Obwohl der Anblick des begabten Hans von Karpfen ihr jedes Mal einen Stich ins Herz gab. Warum konnte dieser Sohn nicht ihrer sein? Warum hatte sie keine Kinder? Überall gab es Kinder. Nichten und Neffen in Hülle und Fülle gab es in Mantua. Um Barbara zu trösten, schickte ihr Bruder Gianfrancesco seine junge Tochter Eleonora zur Erziehung nach Urach. Die Nichte hing mit zärtlicher Liebe an ihrer Tante und blieb in Württemberg, sie heiratete schließlich ein in die Familie der Grafen Werdenberg. Überall, wohin sie kam, wurde die junge Landesherrin zum Segen, sie selber aber fühlte sich unglücklich und verachtet. Nichts wert neben den Frauen, die Kinder hatten. Dabei war es ein offenes Geheimnis, wie gut ihre Ruhe und ihre sorgende Liebe dem Grafen Eberhard tat. Aber der Schmerz über ihre Kinderlosigkeit blieb. Wie sollte sie die Blicke Eberhards ertragen? Er brauchte einen Erben, wenn er sein Einigungswerk für die Zukunft sichern wollte.

Während der Verhandlungen mit den Beratern Ulrichs des Vielgeliebten und seiner Söhne erwies es sich, dass das Fehlen leiblicher Erben bei beiden Linien einen Vorteil bedeuten könne. Mit großem Ernst suchte Eberhard Barbara davon zu überzeugen: Es ist, wie es ist, und wie es ist, ist es gut! Das Schicksal annehmen und das Beste daraus machen. Barbara versuchte ihn zu verstehen. Was hatte Vittorino gesagt, als ihre Tante Cecilia Ottantonio von Urbino nicht heiraten wollte? Das Auflehnen gegen den Willen Gottes sei eine Sünde, aus der Unheil erwachsen würde. Trotzdem blieb der Tod der kleinen Barbarina ein Schmerz, der nicht vergehen wollte.

Einig im Ringen um die Einheit des Landes

In Stuttgart war Margarete von Savoyen gestorben. Tief betrauert von ihrem Ehemann Ulrich dem Vielgeliebten und der Bevölkerung. Beide hatten all das Unglück, das die missratenen Söhne Ulrichs und die bei all seiner jovialen Herzlichkeit nicht immer kluge Politik über das Land und ihre Ehe gebracht hatte, in gegenseitiger Liebe ertragen. Aufgewachsen am gebildeten Hof ihres Vaters auf Schloss Ripaille am Genfer See, hatte Margarete in dritter Ehe Ulrich den Vielgeliebten geheiratet. Ähnlich wie Mechthild von der Pfalz, deren Schwägerin sie gleich zweimal war, hatte sie Interesse an Literatur und Kunst. Gemeinsam mit Ulrich hatte sie Stuttgart mit der „Reichen Vorstadt“ ausbauen wollen, aber der unglückliche Krieg mit der Pfalz, die Gefangennahme Ulrichs bei Seckenheim und die Lösegeldforderungen Friedrichs des Siegreichen hatten dem Land eine gewaltige Schuldenlast aufgebürdet. Drei der vier Töchter, die sie Ulrich dem Vielgeliebten geschenkt hatte, waren vor ihrer Mutter gestorben. Ein Leben, begonnen auf der Sonnenseite des Lebens, hatte sich vollendet. Zurück blieb ein Ehemann, der fast erblindet, unter den Machtansprüchen seines unberechenbaren Sohnes Eberhard litt und schließlich abdankte, das Land einem Regenten überlassend, der, jähzornig und wechselhaft, längst von seiner Frau getrennt lebend, eine von unfähigen Ratgebern bestimmte Günstlingswirtschaft aufrichtete. Der entmachtete Onkel suchte Schutz und Hilfe bei seinem Neffen Eberhard im Bart in Urach. Bei einer für ihn veranstalteten Hirschjagd im Glemswald erkrankte Ulrich der Vielgeliebte schwer und starb wenig später auf Schloss Leonberg. Über ein halbes Jahrhundert hatte er die Geschicke der Grafschaft Württemberg mitbestimmt und gelenkt. Seine letzte Ruhe fand er nach einer prunkvollen Trauerfeier in der Stiftskirche in Stuttgart. Wenige Jahre später gelang Eberhard im Bart mit dem Abschluss des Münsinger Vertrages, die von Vater und Onkel herbeigeführte Teilung des Landes endgültig rückgängig zu machen und für die Zukunft weitere Teilungen zu verhindern.

Um Barbara zu zeigen, wie wichtig sie für ihn war, nahm Eberhard sie mit zu dem kleinen Gestüt, das er schon einige Jahre vor ihrer Heirat auf dem Einsiedel bei Tübingen angelegt hatte. Es gehörte zu den Ländereien, die Barbara als Morgengabe überschrieben worden waren. Hierher zog er sich zurück, wenn er alleine sein wollte, in den Wäldern des Schönbuch fand er Erholung bei der Jagd. Lange schon hatte er den Wunsch geäußert, an dieser schönen Stelle ein Schlösschen zu bauen, Räume, die ihm und Barbara alleine gehörten, so wie das Stadtschloss in Urach bei allen Änderungen, die er daran vorgenommen hatte, doch immer das Schloss seiner Eltern geblieben war. Barbara war Feuer und Flamme. Sie kümmerte sich um den Bau des Schlösschens, das ein Refugium für Eberhard und sie werden sollte, ein Haus, dessen Wände sie umschließen würden, für ruhige Tage. Von hier aus könnte Eberhard mit seinen engsten Freunden auf die Jagd im Schönbuch gehen, während sie sich an den Pferden auf dem Gestüt und den Viehherden auf der Weide freute. Nur wenige Jahrzehnte später hat Johann Tethinger das Schloss so beschrieben:

„Es war kunstfertig erbaut und mehr als Lustschloss als auf Größe hin errichtet worden von dem ersten Herzog der Württemberger, Eberhard im Bart. Er hatte es mit breiten und auch zur Abwehr von Angriffen hohen Mauern erbaut auf einer kleinen Ebene. Es umfasst drei oder bis unter das Dach vier Stockwerke; dort sind das Gemach des Fürsten und die Zimmer der Adeligen.

Es hat ein flaches, nicht nach deutscher, sondern italienischer Art konstruiertes Dach. Innen am Eingang ist ein für den Hofstaat bestimmtes Atrium, das jedoch allein der Erquickung dient; sie sollen dort weder wohnen noch schlafen. Außerhalb sind Ställe für Pferde und Wohnungen für Reiter. Tagsüber werden nur Adelige hereingelassen, weshalb ein Wächter das Tal bewacht. Außerdem hat Herzog Eberhard einen Graben herumziehen lassen – alles wie bei einer Burg mit einer auf Pfählen ruhenden Zugbrücke, die in der Nacht gewöhnlich in den Torbau hochgezogen wird.“

Ein Schlösschen, das in Größe und Bau an die Landhäuser in Revere und Gonzaga erinnerte, ein italienisches Dach für Barbara, deren Sehnsucht nach Mantua immer noch ungestillt war. Als Eberhard seine Reise nach Rom zu planen begann, hatte Barbara den Wunsch geäußert, ihn bis Mantua zu begleiten und von dort aus mit ihm zusammen die Heimreise anzutreten. Aber je näher der Tag der Abreise kam, desto mehr Ausflüchte fielen ihr ein, bis sie sich schließlich gegen die Reise entschied. Was sollte sie in Mantua? Fast alle, die einst mit ihr das Leben geteilt hatten, waren gestorben. Tot die Eltern und die Schwägerin Margareta. Francesco, der Neffe war dabei, die schöne Isabella d'Este zu heiraten, eine Verbindung, die noch ihre Mutter eingefädelt hatte. Wie lange hatte sie der Mutter nicht geschrieben ? Nach dem Tode der kleinen Barbarina war sie zu traurig gewesen. Jeder Brief hatte sie an das Kind erinnert. Eberhard sah ihre Traurigkeit nicht gerne. Man müsse sich abfinden und das Beste aus allem machen. Barbara lächelte schmerzlich. Allen Schicksalsschlägen begegnete er mit seinem „Attempto“. Sein Wahlspruch schien ihn äußerlich unverwundbar zu machen wie eine Rüstung. Aber diese Gelassenheit hatte ihren Preis. Die übermenschliche Anstrengung, die sie ihm abverlangte, kostete ihn Lebenskraft und Gesundheit. Seiner Unruhe stellte sie ihre Ruhe gegenüber. Er dankte ihr die Fürsorge mit zärtlicher Aufmerksamkeit und Zuneigung. Sein Tempo änderte er nicht. Auch jetzt schien er enttäuscht, dass sie doch nicht mitkam, aber er fasste sich schnell. Er verstand, dass sie sie nicht nach Mantua wollte, obwohl die Sehnsucht nach der Stadt der Kindheit noch lebendig war. Das Mantua, nach dem sie Heimweh hatte, gab es nicht mehr. Es war versunken hinter den Nebelschleiern, die der Mincio im Frühling und im Herbst über die Stadt legte. Das Mantua, das sie kannte, lebte in den Fresken Mantegnas fort. Aber nicht einmal das war sicher. Erst kürzlich hatten ihr Besucher aus der Heimatstadt erzählt, dass die Decke des großen Festsaales herabgestürzt sei und die Trümmer die Fresken Antonio Pisanellos zum Teil unwiederbringlich beschädigt hatten. Nein, sie wollte nicht nach Mantua.

Eberhards Frage, ob sie denn wirklich nicht sehen wollte, wie sich die Nichten und Neffen entwickelt hatten, ließ sie wieder zögern. Die bei ihrer Hochzeit dreijährige Elisabetta hatte sich gerade mit dem Erben von Urbino, dem jungen Guidobaldo da Montefeltro verlobt. Vielleicht sei ja auch Paola, die Schwester, gerade in Mantua? Aber Barbara wollte nicht. Besonders gegenüber Paola hatte sie Schuldgefühle. Die zarte Schwester lebte in unglücklicher Ehe mit dem grobschlächtigen Grafen Leonhard von Görz. Belesen, an Kunst und Literatur interessiert, hatte sie an Barbaras Statt den fast ein Vierteljahrhundert älteren Grafen von Görz geheiratet, einen trunksüchtigen Schuldenmacher, der sein Land schlecht regierte. Auch Paola hatte keine Kinder. Ein Makel, den ihr Mann ihr vorwarf, denn die Grafschaft Görz würde nach seinem Tod an die Habsburger fallen. Ein gegensätzlicheres Paar als Leonhard und Paola konnte man sich nicht vorstellen. Wenn Barbara nach Görz gegeben worden wäre, dann hätte Paola mit Eberhard das bessere Los gezogen. Als Kinder hatten sie sich ausgemalt, wie viele Buben, wie viele Mädchen sie haben würden. Jetzt waren sie beide taube Früchte an einem absterbenden Ast.

Sie würde die Zeit auf dem Einsiedel verbringen, den Frühling begrüßend und mit ihm die Lämmer und Zicklein, die Kälbchen und die jungen Fohlen. Dort wuchs auch der Weißdorn, den Eberhard von seiner Pilgerreise mitgebracht hatte. Inzwischen war er zu einem richtigen Baum geworden und bewachte das gemeinsame Schlösschen. Es würde ihrer beider Erinnerungen bewahren und beschwerliche Reisen unnötig machen. Besonders schön hatte sie die Idee gefunden, den Bach, der das Schloss umspielte, zu vier kleinen Teichen aufzustauen. Vier Weiher, die an die Seen von Mantua und den aufgestauten Mincio erinnerten. Wenn dann im Herbst der Nebel seine Fäden zog, dann würde es sein wie in Mantua. Dieser Gedanke bedeutete Trost und schenkte Kraft. Dazu musste die Übersiedlung der Residenz von Urach nach Stuttgart vorbereitet werden. Selbst wenn sie wollte, sie musste in Württemberg bleiben. Es war ihre Pflicht. Ohnehin wäre sie Eberhards Reisetempo nicht gewachsen, nach wenigen Tagen wäre sie kreuzlahm geritten und so krank, dass man die Gräfin von Württemberg auf irgendeinem Hospiz zurücklassen müsste. Keine angenehme Vorstellung.

Zudem machte sich Barbara ihre eigenen Gedanken. Wenn ihr Vater als Condottiere für Mailand Kriege führte, dann hatte er wie selbstverständlich ihre Mutter als Regentin eingesetzt. Wenn Eberhard das Land verließ, dann setzte er ein Regiment für die Zeit seiner Abwesenheit ein, daran hatte sie keinen Anteil. Selbst ihre Schwiegermutter Mechthild hatte die Vormundschaft für ihre Kinder in Männerhände legen müssen. Frauen hatten keinen Anteil an der Regentschaft ihrer Männer, mochten sie noch so begabt und gebildet sein. Sie waren und blieben auf das Frauenzimmer beschränkt. Wie oft hatte sie sich darüber geärgert. Aber selbst Eberhard hatte daran nichts ändern können oder wollen. Landhofmeister Dietrich von Weiler, Haushofmeister Dietrich Speth und Eberhards Kanzler Johann Waibel hatten für die

Zeit der Abwesenheit des Landesherrn die Verantwortung für Regierung und Verwaltung des Landes.

Mit 60 Pferden machte er sich auf die beschwerliche Reise über die Alpen, zu seinen Reisebegleitern hatte er sich mit Johannes Vergenhans und Gabriel Biel zwei seit langem vertraute Freunde ausgewählt. Dazu kamen der brillante junge Johannes Reuchlin, der nach Jahren im Ausland seine Studien in Tübingen beenden wollte und dabei den Räten Eberhards im Bart aufgefallen war, und sein Freund, der Luxemburger Petrus Jacobi, dem Eberhard die Erziehung seines illegitimen Sohnes Ludwig anvertraut hatte.

Nach einem Aufenthalt in Florenz, bei dem die Reisegesellschaft aus Württemberg von Lorenzo dem Prächtigen empfangen wurde, traf Eberhard in Rom ein. Hohe Beamte der Kurie nahmen den Gast und seine ganz in Schwarz gekleidete Reisegesellschaft in Empfang. Bereits zwei Tage nach seiner Ankunft nahm Eberhard aus der Hand Papst Sixtus IV. die Goldene Rose entgegen. Eine Auszeichnung, die der Papst jeweils am Sonntag Laetare, dem Rosensonntag, an eine verdiente tugendhafte und besonders würdige Persönlichkeit verschenkte. Diese jedes Jahr aufs Neue von einem illustren Goldschmied angefertigte Rose wurde in einem würdevollen Messamt dem Auserwählten überreicht. Nach dem Gottesdienst geleiteten 23 Kardinäle, darunter Eberhards Schwager Francesco Gonzaga, den Württemberger Grafen, der die fast 750 Gramm schwere Rose aus gediegenem Gold in Händen hielt, zu seinem Domizil am Tiberufer. Als Eberhard nach über einem Monat in Rom mit seiner Begleitung die Stadt wieder verließ begleiteten ihn die Kardinäle von Mantua und Siena bis vor die Tore. Eberhard übergab die Rose nach seiner Rückkehr der Amanduskirche in Urach. Ein nobles und auch einträgliches Geschenk, denn mit dem Aufbewahrungsort der Goldenen Rose war ein immerwährender Sonderablass verbunden.

Während der Reise hatte Eberhard sich immer wieder Sorgen um seine Mutter gemacht. Gicht und Rheumatismus hatten Mechthild seit ihrer Jugend zu schaffen gemacht. Eberhard war erst wenige Monate alt gewesen, als seine Mutter sich eine Besserung ihres schmerzhaften Rheumaleidens bei einer Kur in Baden bei Wien erhoffte. Auch in den Jahren danach hatte sie immer wieder in Bädern Heilung gesucht. Ganz besonders gerne war sie in den nördlichen Schwarzwald nach Wildbad gereist. Dem Bad hatte sie sich so verbunden gefühlt, dass sie sogar das ihr gehörende Kirchenpatronat in Böblingen gegen das von Wildbad mit dem Kloster Hirsau tauschte. In Wildbad hatte Mechthild berühmte Schreiber und Gelehrte wie Niklas von Wyhle empfangen. Auch das kleine Teinach, unterhalb der Burg Zavelstein gelegen, hatte zu den von ihr aufgesuchten Badeorten gehört. Kaum war Eberhard nach Rom abgereist, erfuhr Barbara von einer unvorhergesehenen Reise ihrer Schwiegermutter nach Heidelberg, um sich dort wegen ihrer Gicht behandeln lassen. Eine Nachricht, die Barbara so beunruhigte, dass sie Eberhard umgehend unterrichtete. Mechthild starb in Heidelberg, ohne ihren Sohn wiedergesehen zu haben. Ihrem Wunsch entsprechend wurde sie in der Klosterkirche Güterstein neben ihrem ersten Mann Ludwig, ihren Söhnen und der kleinen Enkelin Barbara beerdigt. Für seine Mutter ließ Eberhard Peter von Koblenz die Andreaskapelle auf dem Güterstein erbauen und die Gebeine seiner Familienangehörigen nach deren Fertigstellung in diese, dem Lieblingsheiligen seiner Mutter geweihten Kapelle umbetten.

Es fiel Barbara nicht leicht, die Residenz in Urach aufzugeben. Seit ihrer Heirat hatte sie das Uracher Schloss als ihre eigentliche Heimstatt in Württemberg angesehen, jetzt musste sie Abschied nehmen. Nach der vollzogenen Einigung des Landes war Stuttgart alleinige Residenz- und Hauptstadt des wiedervereinigten Württemberg, eine vernachlässigte Residenz, der man die Geldnot der letzten Jahrzehnte ansah. Ein Schloss, das nicht mehr viel von dem ausstrahlte, was vergangene Generationen investiert hatten. Zu drückend war die Schuldenlast geworden. Die Jahre unter der Herrschaft von Ulrichs Nachfolger Eberhard dem Jüngeren waren dem Schloss nicht gut bekommen. Lange schon war er von seiner Frau, der bei der Bevölkerung sehr beliebten Elisabeth von Hohenzollern getrennt, sie lebte mal bei ihrem Vater, Kurfürst Albrecht Achilles in Ansbach, dann wieder in Nürtingen.

Neugierig betrat Barbara den Garten der „Fraw von Mailant", der jetzt Elisabeth gehörte. Zuerst konnte sie kaum glauben, was sie sah, zerschlagen die kostbaren Gefäße, ungepflegt die Mauern, verdorben die seltenen Pflanzen und Blumen, ein Bild des Jammers; wenn man wie Barbara eine Vorstellung von der ursprünglichen Idee der Anlage hatte. Es hatte nicht viel Überredungskunst gebraucht, um Elisabeth davon zu überzeugen, dass der Garten in Barbaras Händen wieder zu einem Juwel werden würde. Über den Kaufpreis waren sich die Cousinen schnell einig geworden. Jetzt arbeiteten Gärtner unter Barbaras Anleitung daran, den Garten nach den Vorgaben seiner Schöpferin Antonia Visconti wieder erstehen zu lassen.

Der prächtige Gartenpavillon in der Mitte war das Zentrum der Anlage, hier tummelten sich zum Entzücken aller jetzt wieder *„allerlei aus Stein gehauene Tiere, die mit ihren natürlichen Farben angestrichen waren, damit sie desto kenntlicher wären"*. Vier Wege kreuzten sich beim Pavillon und teilten den Garten in vier, mit einem niederen Hag umfriedete Flächen. Darin blühte *„allerley Schönes, lustiges Blumenwerk, einheimische Kräuter und fremde, seltsame Gewächse"*. Barbara hatte ein achteckiges Gartenhäuschen dicht an der Mauer zum Stadtgraben hin anlegen lassen, in ihm warteten *„Gemälde von aller Nationen Trachten, sowohl von Manns als Frauenspersonen"* darauf, von Gästen betrachtet zu werden. Hierher konnte sich Barbara zurückziehen, wenn die unerträglichen Zänkereien des jüngeren Eberhard ihr die Luft nahmen. Sie selber hätte das noch aushalten können, aber wenn sie sah, wie Kraft und Gesundheit ihres Mannes in diesen unablässigen Kämpfen um die Macht zerrieben wurden, dann wünschte sie sich zurück nach Urach.

Sooft sie konnte, zog Barbara sich in das Dominikanerinnenkloster in Kirchheim unter Teck zurück. Hier fand sie die Ruhe und den Frieden, den sie brauchte, um ihrem Mann eine Stütze zu sein. Fast hätte sie darüber das große, seit langem immer wieder verschobene Turnier in Stuttgart vergessen, mit dem Eberhard die Landeshauptstadt Stuttgart herausstellen und ihren Bürgern das Gefühl geben wollte, von nun an würde es wieder aufwärts gehen. Dazu brauchte er Barbara an seiner Seite. Sie ließ sich nicht zweimal bitten: Gemeinsam mit ihm empfing sie die vielen Gäste. Einer fehlte allerdings, ließ sich auch nicht auf Drängen seines Schwiegervaters Albrecht Achilles herbei, dem Turnier beizuwohnen: Eberhard der Jüngere maulte und ward nicht gesehen. Dafür war als ranghöchster Teilnehmer Markgraf Friedrich von Brandenburg mit seinem erst fünfzehn Jahre alten Bruder Sigmund an der Spitze von mehr als hundert Rittern und Edelleuten erschienen. Eberhard lud als Schirmherr des Turniers die Teilnehmer zu einem Festessen ein, das an verschwenderischer Küchenkunst und Aufwand andere Turniere der Zeit weit übertraf. Die Herren tafelten an 41 Tischen, für die hochadeligen Damen waren im Frauenzimmer 19 Tische gedeckt. Trompeter und Spielleute ergötzten die Herren während des Mahles, und an beiden Abenden wurde getanzt, bis die Nacht hereinbrach. Für Barbara eine Gelegenheit sich als Landesmutter einer ums Doppelte gewachsenen Grafschaft zu präsentieren. Sie tat das, in dem sie ihren Silberschatz im Saal der Herren und im Frauenzimmer auf Kredenzen zur Schau stellte. Ein wohlhabender Fürst präsentiert sich und seine Herrschaft im neuen Glanz.

Nachdem Eberhard im Bart lange Zeit mit dem Gedanken gespielt hatte, den Sohn seiner ältesten Schwester Mechthild, Wilhelm von Hessen, zu seinem Nachfolger heranzubilden und ihn bereits an seinem Hof erziehen ließ, wurde dem Grafen Heinrich und seiner Frau Elisabeth von Zweibrücken-Bitsch im Schloss von Reichenweiher ein Sohn geboren. Die Mutter des kleinen Eitel Heinrich genannten Jungen starb an seiner Geburt, sein Vater war zur Erziehung nicht geeignet. Eberhard nahm den Jungen, der nun die Hoffnungen des Landes trug, an seinen Hof. In Stuttgart sollte er erzogen werden. Barbara, die so gut mit Kindern umgehen konnte, nahm sich seiner ebenso an, wie sie sich um Wilhelm gekümmert hatte.

Nach Mechthilds Tod hatte Eberhard den Witwensitz seiner Frau mit Zustimmung seines Vetters in Stuttgart von Herrenberg auf Böblingen umschreiben lassen. Neugierig hatte Barbara Schloss und Stadt besucht und in Besitz genommen. Von der Südseite des Schlossberges schaute sie hinab auf die unendliche grüne Weite des Schönbuchs. Davor glänzten die beiden Seen, die durch einen schmalen Damm voneinander getrennt waren. Wenn sie den Blick nach links wendete, sah sie vorbei an dem hübschen Wasserschlösschen direkt am Ufer auf den Oberen See. Nicht weit vom Schloss entfernt lag die kleine, vom Friedhof der Stadt umgebene Marienkapelle. Dort, in der Vorstadt, hatten die jagenden Grafen ihr Hundehaus, für das die Bürger der Stadt zuständig waren. Eine Quelle stetigen Ärgers, denn die Hunde fraßen viel und besonders in schlechten Zeiten bekamen sie auf Wunsch des gräflichen Jägers Besseres zu essen als die Menschen.

Als Barbara zum ersten Male durch das Untere Burgtor hinaufgeritten war, hatte sie die dem Schloss vorgelagerten Flächen zu beiden Seiten des befestigten Weges entdeckt. Hier konnte man traumhaft schöne Gärten anlegen. Es musste eine Freude werden, hinaufzureiten auf den Scheitelpunkt des Berges, hinein in das eigentliche Tor. Mechthild war in den letzten Jahren nur noch selten nach Böblingen gekommen. Barbara nahm sich vor, öfter einmal vorbeizuschauen. Der Blick vom See auf den von Schloss und Kirche gekrönten Schlossberg war atemberaubend. Wenn sie von Tübingen her kommend Böblingen am Horizont auftauchen sah, dann wurde ihr warm ums Herz, die Stadt strahlte schon von weitem Geborgenheit aus mit der trutzig dem Schönbuch entgegengestreckten Stadtkrone. Die Stadt gefiel ihrer Herrin sehr wohl, sie hielt sie für eine der schönsten in ganz Württemberg. Von Böblingen aus war der Hasenhof bei Waldenbuch schnell und bequem zu erreichen. Dort fand sie Entspannung und Ruhe. Sie liebte die sanft abfallenden Gärten, die Wiesen und die üppigen Weiden, auf denen große Viehherden standen. Barbara teilte das Leben der einfachen Leute, dabei fand sie Entspannung, sie wusste um die Härte des Bauernlebens und versuchte sich hineinzudenken in die Menschen, die, wenn das Wetter es nicht gut mit ihnen meinte, an einem Hagelschlag oder einem Gewitter die Arbeit eines ganzen Sommers verloren. Sie möchte gerne mit den einfachen Leuten Bohnen und Speck teilen, meinte sie mitleidig, als eine Teuerung die Menschen ums tägliche Brot fürchten ließ. Barbara unterhielt mit den Erzeugnissen ihrer Ländereien den Hof in Urach und nach dem Umzug auch den in Stuttgart. Ihrem sparsamen Mann kam das sehr entgegen.

Für Eberhard war es wichtig, Württemberg als aufstrebenden Staat mit einer angemessenen Hofhaltung zu präsentieren. Das war bei den Schulden, die auf dem Stuttgarter Landesteil lasteten, nicht einfach zu bewerkstelligen. Sparsamkeit war dringend nötig, aber sie durfte das Ansehen des Landes nicht belasten, eine Gratwanderung, die vielen nicht einleuchten wollte. Es war an der Zeit, das gewonnene Prestige und das Ansehen des Hauses auch nach Außen hin mit einem angemessenen Titel zu dokumentieren. Zu diesem äußeren Ansehen gehörte die

Aufnahme Eberhards durch Kaiser Maximilian in den Orden zum Goldenen Vlies. Nicht um der Ehre willen nahm Eberhard diesen begehrten Orden aus der Hand Kaiser Maximilians entgegen, sondern weil er wusste, wie viel es anderen bedeuten würde, an seiner Statt zu sein. Zugleich plagte ihn die Sorge, das er sich als Ordensritter zu sehr mit den Habsburgern verbündete. Ein Balanceakt, den Barbara verstand. Hatten nicht die Gonzaga nur mit geschickter Schaukelpolitik ihre Macht erhalten können?

Weltlichkeit und eine Verrohung der Sitten griffen in den Klöstern der traditionellen Orden immer mehr um sich. Klösterliche Zucht und Ordnung waren vergessen, über die alten Ideale der Klosterkultur war die Zeit hinweggegangen. Dingend mahnten Bischöfe und Landesherren Reformen an, aber die Klöster waren in der Mehrzahl reformunwillig. Als die Bischöfe sich zusammenschlossen und versuchten, ihre Wünsche durchzusetzen, erklärten die Äbte der meist reichen und unabhängigen Klöster, Eingriffe in das klösterliche Leben stünden den Bischöfen nicht zu. Als Landesherrin hatte Mechthild von der Pfalz ein außerordentliches Zeichen ihrer Auffassung von Verantwortung gesetzt, als sie das Kloster Urspring einnehmen ließ und den reformunwilligen Benediktinerinnen reformierte Nonnen aus Eichstätt an die Seite gab. Auch Eberhard im Bart setzte sich, anders als viele Landesherren seiner Zeit, mit Nachdruck für Reformen der Klöster ein. Als junger Mann hatte er die Kultur feinsinnigen Klosterlebens in den Frauenklöstern des Landes kennen und schätzen gelernt. Einige seiner unehelichen Kinder verdankten ihr Leben dieser Neigung des Landesvaters. Nun wusste er genau, wo anzusetzen war. Eberhard holte als Gegengewicht zu den erstarrten Orden die junge Bewegung der Brüder vom Gemeinsamen Leben ins Land. Durch das lebendige Beispiel gelebter Brüderlichkeit hoffte er, die etablierten Klöster auf Reformkurs bringen zu können.

Kaum stand das Schlösschen ein Jahrzehnt auf dem Einsiedel, da wurde schon wieder gebaut. Das Land war vereint, die Residenzen in Urach und in Tübingen aufgegeben, der Hof in die Hauptstadt des Landes übergesiedelt. Die Gebäude auf dem Einsiedel gehörten zum neuen, vom Papst bereits bewilligten Stift St. Peter. Ein klösterliches Refugium für das Kaiser Friedrich III. Schirm und Schutz des Reiches übernommen hatte. Ein Zeichen der ganz persönlichen Frömmigkeit des Grafen Eberhard, mitgetragen von seiner Frau. Adel, Klerus und Bürgertum sollten hier gemeinsam nach dem Muster der Brüder vom Gemeinsamen Leben vereint sein. Der Propst stand zwölf Kanonikern, Priestern und Klerikern, einem Meister von Adel, zwölf Edlen und Rittermäßigen und zwölf ehrbaren Bürgern vor, zusammen 13 Geistliche und 25 Laienbrüder. Die Stiftsangehörigen mussten aus der Grafschaft stammen, ausnahmsweise konnten auch Brüder aus dem übrigen Schwaben eintreten. Die Stiftung erfolgte *„mit verwilligung der hochgebornen fürstin unser hertzlieben gemahllen fraw Barbara geborn Margräffin von Manto, Gräffin zu wirttemberg und zu Mömpellgart, mitstiffterin.“*

Damit ging auch das Schlösschen und was sonst noch auf dem Einsiedel stand wie das Gestüt in den Besitz des Stiftes St. Peter über. Zum ersten Probst bestellte Eberhard seinen engen Vertrauten und alten Freund, den berühmten Theologen Gabriel Biel. Zur Ausstattung des Stiftes gab Eberhard aus seiner persönlichen Schatulle noch 18.000 Gulden hinzu. Aber ganz hergeben mochten weder er noch Barbara das Schlösschen mit dem italienischen Renaissancedach. Der Landesherr behielt sich das Recht vor, darin zu wohnen, wenn er das Stift besuchte und wenn er mit den Brüdern etwas zu besprechen hatte. Nach seinem Tode aber sollte es ganz vom Stift übernommen, zu einem Gästehaus ausgebaut oder einer anderen Nutzung zugeführt werden. Auf keinen Fall sollte es seinen Erben gehören: *„Denn wir wöllen nit, das nach unse-*

rem tod kainer unser erb oder nachkomen wonung oder gerechtigkeit dazu haben sollen."

Die junge Universität erfüllte die Hoffnungen, die ihr Stifter in sie setzte. Sie erwarb sich innerhalb von wenigen Jahren einen ausgezeichneten Ruf. Viele junge Deutsche, die in Frankreich studierten, zogen von dort nach Tübingen. Johannes Vergenhans, der als Stiftsherr in Sindelfingen die Gründung der Alma Mater mit veranlasst hatte, war als Erzieher und Weggefährte Eberhards einer seiner vertrautesten Freunde und Ratgeber. Als Gründungsrektor der Universität, als ihr zweiter Kanzler und als Tübinger Probst blieb er bis zu seinem Tod eng mit der Eberhardina verbunden. Wenn Eberhard Tübingen einen Besuch abstattete, dann wohnte er nicht im Schloss, sondern bei Johannes Vergenhans. Ein Zeichen der Vertrautheit und der Nähe.

Zur 20-jährigen Wiederkehr seiner Hochzeit feierte das Jubiläumspaar in Stuttgart ein Fest. Eberhard ließ eine Medaille prägen, die alle Gäste mit auf den Nachhauseweg bekamen. Die Vorderseite zierte die große Palme mit dem Motto „Attempto", die Rückseite zeigte in einem verzierten Schild den Adler der Gonzaga umgeben von der lateinischen Umschrift: *„Glückwünsche zur 20jährigen Wiederkehr ihrer Hochzeit"*. Bei dem Fest wurde der großartige Silberschatz Barbaras auf mehreren Kredenzen im Festsaal ausgestellt. Gegessen wurde von Silbertellern, die Barbara in Württemberg eingeführt hatte. Die vornehmsten Gäste bekamen ihr Mahl auf den viereckigen Silbertellern aus dem Hochzeitsgut der Braut serviert. Barbara trug zu diesem Anlass eine der dicken Goldketten mit einem von Mantegna gestaltetem Anhänger, der einer exotischen Pflanze nachempfunden war. Auch Barbaras Schwester Paola und ihre Nichten Chiara und Elisabetta hatten solches Geschmeide zu ihren Hochzeiten bekommen. Dazu gehörten auch Ringe und Stirnketten mit den gleichen aparten Anhängern.

Auf dem Reichstag zu Worms beurkundete Kaiser Maximilian, dass er die *„württembergisch landschaft zu Swaben gelegen mit allen herrschaften, stetten, schlossen, leuten und guetern, so von dem heiligen reich zu lehen herrüren ... zu lehen versammelt, verainigt unds also samentlich zu einem hertzogthumb geordnet, gemacht, erhoben und aufgericht"* habe. Ulrich der Vielgeliebte hatte sich dreißig Jahre zuvor um diese Standeserhöhung bemüht, sie aber nicht erhalten. Jetzt wurde sie seinem Neffen von Kaiser Maximilian angetragen. Eine Würdigung des außerordentlichen Fürsten. Bei dieser Gelegenheit bekundete der Kaiser noch einmal feierlich, dass Württemberg in Zukunft weder getrennt noch geteilt werden solle. Damit bestätigte er auch die von Eberhard getroffenen Nachfolgeregelungen für den Fall seines Todes. Unter freiem Himmel nahm Eberhard die Insignien der neuen Würde, den Herzogsmantel, den Herzogshut und das Herzogsschwert in Empfang. Nach der Laudatio, gehalten durch den Grafen von Wolkenstein, überreichte ihm der Kaiser die Zeichen der neuen Würde, und Eberhard, nun Herzog von Württemberg, reihte sich ein in die Phalanx der Reichsfürsten. Er hatte nun den Vorrang vor den Markgrafen und den Landgrafen. Sein prachtvoll herausgeputztes Reichstagsgefolge in den Farben Württembergs führte die traditionelle Berennung des Königsstuhles durch und nahm kurz darauf an der feierlichen Belehnung des Herzogs mit seinem Herzogtum durch Kaiser Maximilian teil.

Müde und krank kehrte Eberhard vom Wormser Reichstag zurück. Beim feierlichen Einzug in seine Hauptstadt jubelten die Bürger dem ersten Herzog des Landes und seiner Frau zu. Es war das letzte große Fest im Leben des Schwerkranken. Mit äußerster Willensanspannung gelang es ihm, die neue Landesordnung auf den Weg zu bringen. Danach wurden die Schmerzen unerträglich, das Fieber ließ sich nicht mehr bändigen, es war, als würde Feuer in seinem Leib wüten. Die ständige Überarbeitung, die Reisen unter den katastrophalen Bedingungen seiner Zeit hatten ihn vor der Zeit altern lassen, seinen Körper verbraucht. Noch einmal bäumte er sich auf, ließ sich nach Tübingen bringen, in seine Lieblingsstadt, die Stadt seiner Universität. Unerträgliche Nierenschmerzen, Gallenkoliken und Fieberschübe schwächten den Kranken immer mehr. Barbara wich kaum von seiner Seite, sie hielt seine Hand, lauschte auf seinen Atem, weigerte sich zu glauben, das alles vorbei sein sollte. Sie konnte nicht fassen, dass er, der Schlaf für verschwendete Zeit hielt, nun nie mehr erwachen würde.

Letzte Jahre in Böblingen

Den Vormittag, an dem Eberhard für seine letzte Reise in das Stift St. Peter auf dem Einsiedel vorbereitet wurde, verbrachte Barbara in der Tübinger Stiftskirche. Stumm und tränenlos stand sie mit versteinerter Miene vor den Glasfenstern Peter Hemmel von Andlaus im Chor der Kirche. Sie betrachtete die Barbara von einst in einer Blumenlaube aus roten und weißen Rosen, den Farben der Gonzaga. Das kostbare Kleid aus Damast mit den langen Ärmeln war in Mantua genäht worden, das lose Schleiertuch, das ihre Haare bedeckte, stammte ebenfalls von dort. In den Händen hielt sie ein Gebetbuch. War das wirklich sie? Jene schöne junge Frau mit den gleichmäßigen Zügen? Und daneben er, der Graf von Württemberg, der Mann mit den seltsam zwingenden Augen, die sie so fasziniert hatten, damals in Revere. Sie waren einen weiten Weg miteinander gegangen. Es war eine gute Ehe gewesen. Nur nicht weinen. Er hatte ihre Traurigkeit nie gemocht und nie verstanden. Sie war seinem Wesen fern. Noch von Tübingen aus benachrichtigte sie ihren Neffen Francesco und die Familie in Mantua vom Tode Eberhards.

Der Landesherr hatte sich ein einfaches Leichenbegängnis gewünscht. Er wollte seinen Leichnam lieber *„heiliger als teurer Erde"* anvertrauen, hatte er einmal gesagt. Wie im Traum hatte Barbara die Reden und die Nachrufe gehört. Aufgebahrt lag er da in der blauen Kutte der Brüder vom Gemeinsamen Leben. Mit der Kappe auf dem jetzt grauen, aber immer noch ungebärdigen Haarschopf. Fremd sah er aus im Gewand der Brüder. Fast stockte Barbara der Atem in dieser verschworenen Männergemeinschaft, in die er nun gehörte. Der Einsiedel war einmal ihrer gewesen, hier hatten sie gelebt, bis das Stift gebaut wurde. Mit ihrer Einwilligung hatte sie sich selber aus dem Paradies vertrieben. Mitstifterin, hineingenommen und doch außen vor geblieben. Verloren der Einsiedel, verloren der Garten in Stuttgart.

Seltsamerweise empfand sie Schloss und Stadt nun anders als noch vor kurzer Zeit, als sie als Herzogin nach Böblingen gekommen war. Es war der vorletzte Ort, an dem sie Wohnung bezog. Dann folgte nur noch der allerletzte. Die Menschen wussten nicht so recht, wie sie ihr begegnen sollten. Die alte Pfalzgrafenburg wies nur wenige dauerhaft bewohnbare Räume auf. Fast ein halbes Jahrhundert war sie nur für gelegentliche Aufenthalte der gräflichen Familie genutzt worden. Mechthild hatte sich hier manchmal mit Nikolaus von Wyle getroffen oder administrative Angelegenheiten geregelt. Seit ihrer zweiten Hochzeit mit dem Kaiserbruder Albrecht VI. war das Schloss weder renoviert noch ausgebaut worden. In den ersten Monaten nach Eberhards Tod versuchte sich Barbara in ihrem neuen Leben zurechtzufinden, so vieles gab es zu regeln und zu bedenken. Es gab nur wenige Menschen, die zu ihr vordringen konnten. Dazu gehörten ihre alte Freundin Margarete von Rechberg und ihre Nichte Eleonora Gonzaga. Auch die Bürger Böblingens, seit Jahrzehnten gewohnt, ihren Schlossberg als Witwensitz zu sehen, waren zufrieden, dass sie nun in Barbara eine sesshafte Witwe hatten, eine die in Böblingen präsent war. Eine ständige Hofhaltung brachte Geld in die Stadt, mehr Hofpersonal benötigte mehr Essen und Trinken, Besucher kamen auf den Schlossberg, waren neugierig auf die Stadt. Ihre Begleitung saß in den Gasthäusern und kaufte ein in den Geschäften. Böblingen mauserte sich vorsichtig zur Residenz. Der belebte Schlossberg kam der Stadt zugute. Räume mussten instandgesetzt, Mauern ausgebessert, Möbel gekauft werden.

In seinem Testament hatte Eberhard bestimmt, dass an Barbaras Witwengut nicht gerüttelt werden dürfe. Vermutlich hatte er bereits bei der Abfassung seinem Stuttgarter Vetter nicht über den Weg getraut. Nun war er Herzog und als solcher nicht gewillt, sich noch über den Tod hinaus von dem lästigen Uracher Vetter Vorschriften machen zu lassen. Wenn er sich schon nicht mehr an Eberhard selber rächen konnte, dann wollte er wenigstens seiner Witwe das Leben schwer machen. Seit die im Münsinger Vertrag festgelegten Bestimmungen in Kraft getreten waren, hatte er nichts mehr zu sagen gehabt. Ausgestattet mit einem eigenen Hofstaat, einem Jahrgeld von 3.000 Gulden, das später auf 8.000 Gulden angehoben worden war, und zusätzlichen Reise- und Jagdspesen hatte er sich weitgehend von der Regierung ausgeschlossen gesehen. Auch aus seiner Residenz Stuttgart hatte er sich von dem zielstrebigen Vetter vertrieben gefühlt. Jetzt aber war er Herzog, konnte er machen, was er wollte.

Eberhard II. weigerte sich, Barbara das ihr zustehende Witwengut auszuzahlen. Er hasste diese dickliche Bäuerin mit ihrem landwirtschaftlichen Gehabe und der Arroganz der Gonzaga. Trotz ihres Hofstaates war Barbara auf dem Böblinger Schlossberg allein. Sie war nun nicht mehr die Frau des regierenden Herzogs, sondern eine Witwe, die viel Geld kostete. Dazu war sie sich ihrer Herkunft und ihrer Stellung trotz aller Neigung zu den einfachen Leuten sehr wohl bewusst. Sie hatte dem neuen Herzog seine Anfeindungen nicht vergessen. Besonders trug sie ihm sein rohes und gewalttätiges Vorgehen gegen die Nonnen des Frauenklosters in Kirchheim nach. Ein Willkürakt, der Eberhard II. in Misskredit gebracht hatte. Bei Barbara kam noch hinzu, dass dieses Kloster ihre geistliche Heimat war.

Als der Druck stärker wurde, bat sie ihren Neffen Francesco in Mantua, sich bei Kaiser Maximilian, der gerade in Italien weilte, für sie und ihre Rechte zu verwenden. Gerne möchte Barbara nach Mantua zurückkehren, in all den Jahren ist ihr Heimweh nach der Stadt am Mincio nicht vergangen, sondern eher stärker geworden. Barbaras Schwägerin Isabella d'Este, die während der Abwesenheit ihres Mannes die Regierungsgeschäfte führte, antwortete, sie sei in Mantua willkommen. Nach längerem Überlegen blieb Barbara doch in Böblingen. Eberhard II., den schon seine Zeitgenossen einen „seltsamen Herrn" nannten, hörte nicht auf, die verhasste Cousine zu quälen. Hatten schon die Chronisten in Mantua die achtzehnjährige Barbara als hübsch und ziemlich korpulent beschrieben, so war sie in den letzten Jahren ihrer Ehe so dick geworden, dass sie nicht mehr reiten konnte. Die Liebe zum Landleben, zum würzigen Käse und der guten Milch ihrer Meierei auf dem Hasenhof bei Waldenbuch waren der schlanken Linie nicht förderlich. Im Gegensatz dazu hatte sich Eberhards drahtiger Körper mit den Jahren nicht wesentlich verändert, und er machte auch als Vierzigjähriger bei Turnieren noch eine gute Figur.

Schließlich kam Kaiser Maximilian selber auf den Einsiedel, um am Grabe Eberhards zu beten. Mit ihm kamen viele Große des Landes, um ihren verstorbenen Fürsten zu ehren. Auch Barbara war gekommen. Seufzend deutete der Kaiser auf die schlichte Grabplatte, darunter *„liege ein mit Klugheit und Tugend dermaßen begabter Fürst, desgleichen er im ganzen Reich keinen gehabt, deswegen habe er sich seines Rates oft mit Nutzen bedient"*. Ladislaus Suntheim, Hofkaplan Maximilians I. und Historiograph der Habsburger, hat Barbara damals gesehen und beschrieben:

„Böblingen ain Stat vnnd slos im gey am schönpuch gelegenn; da sind weyer vnnd kain namhaft wasser; da hellt die fraw Barbara vonn Mantaw Hoff vnnd ist die grösst fraw als sy in teutschen landen ist von leib vnnd kainer hett nye kain grösser

gesehenn: Ist Hertzog Eberharts vonn Wirttenperg mit dem pardt hawsfraw gewesenn.“

Auf Schloss Böblingen bekämpfte Barbara die Trauer um ihren Mann und ihre seit dem Tod ihrer kleinen Tochter immer depressiver werdende Grundstimmung mit einer unbezwingbaren Lust am Essen. Mantua lockte, aber sie mochte diesem Ruf nicht einmal folgen, als ihre beste Freundin Margarete von Rechberg dorthin aufbrach. Sie überlegte, ob sie mitgehen sollte, aber dann beschränkte sie sich darauf, der Freundin eine Empfehlung mitzugeben. Dem Neffen teilte sie mit, Margarete von Rechberg sei das Liebste, was sie in Württemberg habe, ausgenommen ihre Nichte Eleonora Gonzaga und ihre so früh verstorbene Tochter. Nach Margaretes Abreise wird es noch einsamer um Barbara. Dann heiratete Eleonora im gleichen Jahr Graf Christoph von Werdenberg, eine Verbindung, von Barbara gewünscht und in die Wege geleitet, aber doch ein Verlust an Nähe. Um sich zu trösten und abzulenken, kaufte sie ein großes Stück Gartenland in Böblingen, nicht weit entfernt vom burgähnlichen Schloss. Gärtner aus Mantua sollen dort einen Garten schaffen ganz ähnlich denen, die in der Lombardei jetzt modern sind. Das würde Zeit brauchen, aber Zeit hatte sie mehr als genug. Kurzatmig war sie geworden, ihre Füße schwollen im Sommer an, so dass kein Schuh mehr passte. Die Seen, so sehr sie von der Höhe des Schlossberges lockten, waren für sie nicht mehr ohne Begleitung zu erreichen. Barbara musste geführt werden. Die letzten Jahre vergingen in gleichmäßig vertropfender Langsamkeit. Kaum noch bewegungsfähig war sie eingeschlossen auf dem Schlossberg. Im Frühjahr und im Herbst, wenn dichte Nebelschleier von den Seen heraufzogen, dann fühlte sie sich wie in Mantua. Wenn die ersten Frühjahrsstürme den Frühling ankündigten, dann sehnte sie sich nach Waldenbuch und dem Hasenhof, der nun auch nur noch ein unerreichbar ferner Traum war. Genau wie das Glück des ersten Jahres in Urach.

Dort kaufte sie kurze Zeit vor ihrem Tod einige Wiesen, um der Gegend nah zu sein. Für Ulrich, den jungen Herzog, den sie als Kind in Stuttgart mit aufgezogen hatte, bestellte sie bei ihrem Neffen Francesco ein paar Pferde mantuanischer Zucht. Zähen Nebeln gleich vergingen die Tage auf dem Böblinger Schloss, bis es Zeit war, dorthin zugehen, wohin die, die sie liebte, schon vorangegangen waren.

Epilog

Am 30. Mai 1503 starb Barbara Gonzaga von Mantua, Württembergs erste Herzogin auf Schloss Böblingen. Ihrem Wunsch gemäß wurde sie im Dominikanerinnenkloster in Kirchheim unter Teck begraben. Im abgeschlossenen Bereich eines Klosters endete ihr lebenslanges Heimweh nach Mantua. Hier glaubte sie Frieden zu finden, nicht an der Seite ihres Ehemannes auf dem Einsiedel, nicht an der Seite ihres so schmerzlich ein Leben lang vermissten toten Kindes. Bei aller immer wieder ausgesprochenen Zuneigung zu ihrem Mann Eberhard im Bart, bei aller Anteilnahme an seinen Aufgaben ist sie ganz sie selber immer nur in Mantua gewesen. Und so lebt sie bis heute im Gedächtnis der Menschen: Anmutig, mit in unendliche Weiten gerichtetem Blick, seltsam fern und doch ganz nah. Auf den Fresken Mantegnas in der camera degli sposi im Palazzo ducale in Mantua.

Keine Grabplatte, kein Stein kennzeichnet den Platz, an dem Barbara ihre letzte Ruhe fand. Der Nonnen Wunsch an Herzog Ulrich nach einem Stein auf ihrem Grab verhallte ungehört. Als Herzog Ulrich 1537 die sterblichen Überreste Eberhards im Bart vom Einsiedel in die Tübinger Stiftskirche überführen ließ, vergaß er – bewusst oder unbewusst – dessen Gemahlin Barbara. Zu diesem Zeitpunkt wären ihre Gebeine vermutlich noch auffindbar gewesen. Als Herzog Christoph 1551 dieses Versäumnis seines Vaters wieder gutmachen wollte, waren die sterblichen Überreste Barbaras nach dem Abbruch des Chores der Klosterkirche verschollen.

Seit 2003, dem Jahr, in dem sich ihr Todestag zum 500. Mal jährte, erinnert eine Gedenktafel in Kirchheim unter Teck an der Stelle des früheren Klosters an Barbara Gonzaga von Mantua. Im gleichen Jahr wurde neben dem Gedenkstein für ihre Schwiegermutter Mechthild von der Pfalz eine Stele für Barbara auf dem Böblinger Marktplatz errichtet. Im Gedächtnis des Landes aber lebt sie fort als eine fromme und mildtätige Fürstin, die in schlechten Zeiten mit den einfachen Leuten Bohnen und Speck essen wollte, damit sie nicht hungern mussten. Alljährlich findet auf dem Hasenhof bei Waldenbuch ein großes Fest statt, bei dem die Besucher bei Bohnen und Speck der Fürstin gedenken, die hier einmal zu Hause war, die Landwirtschaft liebte und einen ganzen Hof mit dem in ihrer Meierei erzeugten Produkten versorgte: Barbara Gonzaga von Mantua, der ersten Herzogin Württembergs.

Margarethe von Savoyen, Gräfin von Württemberg

Möckmühl 1452

Das Kind schlief fest. Die hellblonden Haare wurden immer dichter und ringelten sich an den Enden zu kleinen Löckchen. Die Mutter mochte nicht, wenn er am Daumen lutschte, aber Philipp, der gerade dreijährige Kurfürst der Pfalz, kümmerte sich in diesem Punkt nicht um das, was seine Mutter wünschte. Den Daumen der linken Hand im leicht offenstehenden Mund, die rechte Hand zur Faust geballt, atmete er tief und gleichmäßig. Ab und zu ließ ein zufriedener Seufzer auf abgrundtiefes Wohlbehagen schließen. Margarethe, Pfalzgräfin bei Rhein, Witwe des verstorbenen Kurfürsten Ludwig IV., war ganz in den Anblick ihres einzigen Kindes versunken. Liebevoll streichelte sie die schlafwarmen Wangen des Sohnes und widerstand der Versuchung, ihn in den Arm zu nehmen. Am liebsten wäre sie immer so sitzen geblieben. Sobald sie sich aus dem Bannkreis ihrer Gefühle löste, musste sie eine Entscheidung treffen. Eine Entscheidung, die ihr Leben verändern würde. Sie wollte das tun, was für Philipp das Beste war. Wie immer sie die Gedanken hin und her schob, alles lief auf eines hinaus: Sie hatte keine Wahl, sie konnte sich der Adoption nicht widersetzen. Damit verzichtete sie auf alle Rechte an ihrem Sohn. Margarethe kannte ihren Schwager Friedrich von der Pfalz zur Genüge. Sie hatte keinen Grund misstrauisch zu sein. Aber galt das auch für die Zukunft? Auf dem Schreibtisch in ihrem Arbeitszimmer lag der Vertrag, mit dem sie ihre Zustimmung zur Adoption Philipps durch seinen Onkel geben sollte. Ihre Unterschrift würde aus dem Bruder ihres Mannes, dem nachgeborenen Pfalzgrafen Friedrich, den Kurfürsten Friedrich I. machen, auf den nach seinem Ableben sein geliebter Adoptivsohn Philipp folgen würde. Damit bekäme

Philipp eine unbeschwerte Jugend geschenkt ohne die Belastung durch das Amt. So hatte Friedrich argumentiert, um sie von seinem Vorhaben zu überzeugen. Die Zeiten seien unruhig, und man müsse oft schnell entscheiden, dürfe nicht unbeweglich sein. Vielleicht hatte er Recht. Aber es blieb ein Thronraub, auch wenn die Landstände der Pfalz dem Verfahren zugestimmt hatten. Im Gegenzug hatte Friedrich versprochen, nie zu heiraten und keine erbberechtigten Kinder zu zeugen. Philipp würde sein geliebter Sohn sein, der einzige, sein Nachfolger.

Margarete biss sich auf die Lippen. Sie hatte keine Wahl. Wenn sie nicht unterschrieb, dann würde er sie zwingen. Zweimal in den letzten hundert Jahren hatte die Pfalz unter vormundschaftlicher Verwaltung gestanden. Ein weiteres Mal mochten die Pfälzer eine vormundschaftliche Regierung nicht hinnehmen. Sie überzeugte sich, dass Philipps Aja vor dem Zimmer schlief, und schloss vorsichtig die Tür hinter sich. Von ihrem Schlafzimmer aus trat sie hinaus auf den Alkoven. Es war eine helle, sternenklare Nacht. Die Sichel des Mondes leuchtete tröstlich und scheinbar zum Greifen nahe über ihr. Langsam ließ sich Margarete auf der steinernen Bank nieder. Unter der Burg konnte sie das Städtchen Möckmühl erahnen. Margarethes verstorbener Mann hatte Stadt und Burg erst vor wenig mehr als fünf Jahren den Grafen von Hohenlohe abgekauft und seiner Frau als Wittum verschrieben.

Die ersten Monate nach Ludwigs Tod hatte Margarethe mit ihrem verkleinerten Hof und der Kindskammer des kleinen Kurfürsten im Heidelberger Schloss verbracht. Dann war sie, um Abstand zu gewinnen, mit Philipp in die feste Burg über Möckmühl gezogen. Unterhalb der kleinen Stadt mündete die friedlich fließende Seckach in die größere Jagst. Margarethe lauschte hinaus in die Nacht. Von unten konnte sie gedämpfte nächtliche Geräusche hören, die Mauern der Stadt grenzten unmittelbar an die der Burg. Der wuchtige runde Bergfried wachte über ihre und ihres Kindes Sicherheit. Trotz ihrer Sorgen fühlte sie sich geborgen und behütet. Ähnlich war es damals gewesen, als sie mit Ludwig eine Wallfahrt wegen ihrer Kinderlosigkeit nach Zell im Pfrimmtal angetreten hatte. Auch damals hatte sie sich trotz ihrer Sorgen beschützt gefühlt. Seit der Hochzeit wartete die Familie, wartete das Land darauf, dass sie einem Erben das Leben schenkte. Die Blicke auf ihren Bauch, die Ratschläge, die immer wiederkehrende Frage und die stummen Vorwürfe hatten sie schließlich fast menschenscheu gemacht, manchmal hatte sie ihre Gemächer nicht mehr verlassen wollen.

Als Ludwigs ältere Schwester Mechthild, die in Urach mit dem Grafen Ludwig I. von Württemberg verheiratet war, einem gesunden Jungen das Leben schenkte, wurden die Fragen in Heidelberg lauter und fordernder. Der sanfte und fromme Ludwig regte, um den Druck von Margarethe zu nehmen, eine Wallfahrt nach dem an der Straße zwischen Worms und Kaiserslautern gelegenen Örtchen Zell an. Dort hatte einst der aus England stammende Missionar Philipp als Einsiedler gelebt, nachdem er in Rom zum Priester geweiht worden war. In Zell hatte er eine Kirche zu Ehren des Erzengels Michael errichtet. Seine Gebeine wurden in der nahe seinem Grab erbauten Salvatorkirche beigesetzt, und Philipp wurde wegen der Wunder, die sich an seinem Grabe ereigneten, heilig gesprochen. Aus seiner Einsiedelei hatte sich das Kloster Zell entwickelt. Es hieß, Philipp helfe bei Kinderlosigkeit, und viele Ehepaare, die sich dringend ein Kind wünschten, kamen nach Zell, um bei ihm Hilfe zu finden. Tief bewegt hatte auch Margarethe an den Segen des Heiligen geglaubt und sich sehr wohl gefühlt in der lieblichen Landschaft mit den sanften Hügeln, dem unendlich weiten Blick ins Rheintal und auf den mächtigen Donnersberg. Hier flehte das junge Kurfürstenpaar in der Stiftskirche um einen gesunden Sohn. Und der heilige Philipp war ihnen gnädig: Nur wenig mehr als neun

Monate später war der Kurprinz nach einer leichten Geburt im Heidelberger Schloss zur Welt gekommen. Auf Margarethes angstvolle Frage, ob das Kind gesund sei, hatte ihr der überglückliche Kurfürst den gebadeten und gewickelten Säugling strahlend entgegengehalten. Ein rosiges Kind, ohne Falten und Schrumpeln, mit hellblondem Flaum auf dem Kopf und großen dunklen Augen. „Philipp", hatte sie gelächelt und ihm die Arme entgegengestreckt, und so war der Junge getauft worden nach dem Heiligen und nach Margarethes Bruder Graf Philipp von Genf, der wenige Monate vor ihrer Hochzeit gestorben war.

Das Jahr, das auf die Geburt des Kurprinzen folgte, war das glücklichste in Margarethes Heidelberger Zeit. Sie genoss die Anerkennung und die Zuneigung, die ihr von überall her entgegengebracht wurde. Die Heidelberger feierten ihre schöne junge Kurfürstin, die Mutter des Erben, die so gerne ritt und zu ihrer strahlenden Heiterkeit zurückgefunden hatte. Margarethe fühlte sich wohl am Neckar und in der Universitätsstadt. Sie begann die reichen Bestände der Bibliothek, die ihr Schwiegervater der Universität gestiftet hatte, einzusehen und zu lesen. Mit ihrer Schwägerin Mechthild verband sie eine lose Freundschaft, die sicher fester gewesen wäre, wenn die Frau des Grafen Ludwig I. von Württemberg Zeit gefunden hätte, um öfter nach Heidelberg zu kommen. Der junge Kurfürst gewann mehr und mehr eigenes Gewicht, seit er nicht mehr auf seine Ratgeber angewiesen war. Sein neuer Status als Familienvater verlieh ihm Würde und Selbstsicherheit, und der Heidelberger Hof veränderte sich nach seinen Wünschen, seine junge Frau begann ihre Repräsentationspflichten zu lieben und versuchte dem Hof ihren eigenen Stempel aufzudrücken.

Diese Wandlung vom Geführten zum Fürsten war für den kränkelnden Sohn Ludwig III. von der Pfalz anstrengend und kräftezehrend. Immer wurde er gemessen an der Regierung seines Vaters, der die Rolle des vornehmsten unter den weltlichen Kurfürsten mit großem Ernst angenommen und erfüllt hatte. 1426 hatte er eine Pilgerfahrt ins Heilige Land angetreten und dabei die Palme gewonnen. Danach hatte er sich den Bart nicht mehr scheren lassen, was ihm den Zunamen „der Gebartete" einbrachte. In Jerusalem hatte er sich eine Augenkrankheit zugezogen, die ihn im Alter erblinden ließ. Nach dem Tod seiner ersten Frau Blanca von England war er eine zweite Ehe eingegangen mit Mathilde Mafalda von Savoyen-Achaja, einer politisch engagierten, hochgebildeten Fürstentochter, die den Geist des Frühhumanismus und der Renaissance am Hof ihrer Eltern im Piemont in sich aufgenommen hatte.

Gemeinsam mit ihr hatte Ludwig den Heidelberger Hof zu einem Hort der Gelehrsamkeit, der Wissenschaft und der Kultur gemacht. Fromm, auf Seiten des Papstes, ein freigiebiger Freund der Armen und ein liebevoller Förderer seiner Hauptstadt Heidelberg. Er hatte den Grundstein gelegt für den gotischen Ruprechtsbau des Schlosses, der, geschmückt mit dem Reichsadler, an seinen Vater, den deutschen König Ruprecht, erinnern sollte. Auf dem Konzil von Konstanz hatte der erste unter den weltlichen Kurfürsten, der vornehmste Fürst des Reiches, den Ketzer Johann Hus dem Scheiterhaufen überantworten müssen, obwohl er ein verbrieftes Recht auf Freies Geleit hatte. In den letzten Jahren seines Lebens hatte er, schwer krank und fast blind, hilflos erleben müssen, dass seine energische Frau gemeinsam mit seinen Räten die Zügel der Regierung an sich riss, um die Erbfolge ihres beim Tode des Vaters erst zwölfjährigen Sohnes Ludwig zu sichern. Vormund des Kurfürsten Ludwig IV. wurde der jüngste Bruder seines Vaters, Graf Otto von Mosbach. In vornehmer Zurückhaltung und mit klugem Verantwortungsbewusstsein hatte der Onkel die Vormundschaft ausgeübt. Nach dem Tod Kaiser Sigismunds und dessen Nachfolgers Albrecht II., der nach nur zwei Jahren Regierungszeit gestorben war, hatte er das Amt des Reichsverwesers übertragen bekommen und es – sich weise im

Hintergrund haltend – zur Zufriedenheit der anderen Kurfürsten ausgefüllt. Als 1442 der neue König Friedrich III. in Aachen gekrönt wurde, war Ludwig IV. gerade volljährig geworden. Otto von Mosbach begleitete den jungen Kurfürsten der Pfalz mit 28 Grafen und über tausend Rittern in den Pfälzer Farben nach Aachen. Ludwig und der junge König verstanden sich ausnehmend gut. Eine Freundschaft, die auch über weite Entfernungen hielt. Ludwig war dabei, als Friedrich III. Enea Silvio Piccolomini bei der Dichterkrönung in Frankfurt den Lorbeerkranz aufs Haupt drückte. Der 1405 in Siena als Sohn eines verarmten Adelsgeschlechts geborene Poet war als Knabe an Wissenschaft, Theologie, Dichtkunst und Literatur gleichermaßen interessiert. Als Geheimsekretär eines römischen Kardinals erlebte er das Basler Konzil aus nächster Nähe. In den darauf folgenden Jahren unternahm Piccolomini als Gesandter ausgedehnte Reisen nach England und Schottland und zog mehr als zwei Jahrzehnte lang durch Deutschland, besuchte die Höfe und die Zentren der Gelehrsamkeit. Lange lebte er am Hof Kaiser Friedrichs III. in Wien, als Gesandter, Geheimsekretär, Ratgeber und Poet. Zum Kardinal aufgestiegen, machte er aus seiner Vorliebe für Deutschland keinen Hehl. Selbst als Papst Pius II. fügte Enea Silvio Piccolomini seinem geistlichen Titel den des Poeten hinzu. Er war als Dichter, als Politiker und als Geistlicher einer der Frühhumanisten, die sich ein echtes Interesse am Menschen und seiner Entwicklung bewahrten. Dies stellte ihn in eine Reihe mit den großen Erziehern seiner Zeit. Der junge Heidelberger Kurfürst begegnete dem Piccolomini-Papst bei seinen Aufenthalten am Kaiserhof in Wien und bei dessen Besuchen in Heidelberg. Sicher haben diese Begegnungen den trotz seiner Jugend für Diplomatie und Staatskunst außergewöhnlich begabten jungen Kurfürsten beeinflusst und geprägt.

Ludwig versuchte durch kluges Maßhalten und Ausloten der verschiedenen Interessen den Konflikt zwischen den Habsburgern und der Schweizer Eidgenossenschaft zu entschärfen. Als die sengenden und mordenden Banden der Armagnacs, die, von Frankreich geschickt, die Schweiz verheeren sollten, von den Eidgenossen vertrieben wurden, überfielen sie das Elsass. Es gelang Ludwig, das Elsass zu befreien und die plündernden Banden der Armagnacs nach Frankreich zurückzutreiben. Der trotz seiner Jugend nicht gesunde Kurfürst war ein so geschickter Diplomat, dass Kaiser und Eidgenossen, geleitet von seinen Ratschlägen, eine beide Seiten befriedigende Einigung aushandeln konnten. Das hatten ihm die Schweizer nie vergessen. Als er seiner Braut Margarethe von Heidelberg aus bis Basel entgegenzog, jubelten ihm die Menschen zu, wo immer er mit seinem Tross auftauchte. Die Eidgenossen übertrugen diese Zuneigung auch auf die junge Braut. Überall auf ihrem Ritt vom Genfer See bis Basel huldigten ihr die Vögte, die Städte und selbst die Honoratioren der kleinen Ortschaften. Für die junge Herzogin von Savoyen waren das überwältigende Ereignisse.

Wie aus einem Traum erwachend erhob sich Margarethe und trat an die Brüstung des Alkovens. Der Stein war kühl und glatt, es tat gut, die Hände darauf zu legen und die laue Luft des Abends zu atmen. Wie sorglos war sie damals von Thonon am Genfer See aufgebrochen in ihre zweite Ehe. Einzig der Gedanke an ihren Vater hatte sie beunruhigt. Wer blieb ihm jetzt noch? Es würde einsam werden um Amadeus VIII., Herzog von Savoyen, den man auf dem Basler Konzil seiner Frömmigkeit und seines Eintretens für Reformen wegen zum Papst gewählt hatte. Nach dem Tod seiner von ihm tief betrauerten Frau Maria von Burgund hatte er sich in die Einsamkeit seiner siebentürmigen Kartause Schloss Ripaille am Genfer See zurückgezogen, um dort im Kreise gelehrter Adeliger und frommer Gelehrter hingegeben dem Glauben zu leben. Damals hatte Margarethe noch geglaubt, alle Männer wären wie ihr geliebter Vater:

Klug, wahrheitsliebend und ganz den ihnen anvertrauten Aufgaben lebend. Von den Kirchenfürsten zum Papst gewählt, weil der amtierende Papst Eugen IV. vom Basler Konzil kurzerhand abgesetzt und verjagt wurde, hatte Amadeus VIII. über einen Monat gebraucht, um sich im Zwiegespräch mit Gott für das Amt zu entscheiden. Dann hatte er die Wahl angenommen, war zum Bischof geweiht und mit der Tiara gekrönt worden. Damals hatte er die Regierung Savoyens seinem Sohn Louis übergeben, um sich ganz der neuen Aufgabe zu widmen. Papst Felix V., der Glückliche, residierte in Lausanne und Genf, sein Pontifikat litt von Anfang an unter der Machtlosigkeit eines nur von wenigen anerkannten Gegenpapstes und bedeutete einen ungeheuren Kraftakt für einen Mann, der seine Aufgabe ernst nahm und daran fast zerbrach. Zu Gunsten des neu gewählten Papstes Nikolaus V. entsagte er zehn Jahre später dem Amt und zog sich in den Frieden von Ripaille zurück. Immer hatte Margarethe gehofft, ihn noch einmal zu sehen, um ihm seinen Enkel Philipp zeigen zu können. Es war sehr schwer für sie gewesen kurz nach dem Tod ihres Mannes auch den Vater zu verlieren.

Erst jetzt begann sich allmählich der versöhnende Glanz der Erinnerung über die schmerzliche Trauer zu legen, und Margarethe konnte an den Vater denken, ohne sich Vorwürfe zu machen, weil sie ihn nicht mehr aufgesucht hatte. Trotz aller gedanklichen Nähe hatte sie nicht geahnt, wie schlecht es um seine Gesundheit stand. Ihre Sicherheit war ihm immer ein Anliegen gewesen. Wie hatte er sich für seine jüngste Tochter um eine Ehe mit Kaiser Friedrich III. bemüht und wie sehr hatte er gehofft, zur Königskrönung nach Aachen als Papst eingeladen zu werden. Aber der Habsburger hatte beide Wünsche ignoriert, nicht geantwortet, die Gelegenheiten verstreichen lassen. Als kurz darauf die Werbung des Kurfürsten von der Pfalz um Margarethe eintraf, hatte der Vater sofort zugegriffen. Auch ein Kaiser brauchte nicht glauben, dass ein Herzog von Savoyen auf einer Tochter sitzen blieb, schon gar nicht auf seiner heißgeliebten Jüngsten. Mit einem großen Fest war Margarethe in Genf von der Familie verabschiedet worden. Reich ausgestattet und mit einer fürstlichen Mitgift zog sie vom Genfer See an den Rhein. In Lausanne ruhte sich der Hochzeitszug einige Tage vor der Wegstrecke nach Basel aus. Mit 200 Pferden im Gefolge traf die Braut in Basel ein. *„Hat by ir 30 jungfrowen"* notierte Heinrich von Beinheim in den „Basler Chroniken" und deutete damit Reichtum und Vornehmheit der fürstlichen Braut an. Die Herren des Gefolges wurden befehligt vom Marschall Savoyens, Jean de Seyssel, denn die Reise war gefährlich. Immer noch marodierten einige Banden räuberischer Armagnacs, von ihrem Stützpunkt in Montbéliard ausschwärmend, in der Basler Gegend. Nicht auszudenken, wenn die Braut des Kurfürsten von der Pfalz in ihre Hände fiele. Mehr als einmal war Margarethes Begleitung in helle Aufregung versetzt worden, wenn in der Ferne ein Trupp Reiter am Horizont sichtbar wurde. Aber immer waren es Schweizer gewesen, die ein Auge auf den Hochzeitszug haben sollten. Endlich in Basel angekommen, konnte die fürstliche Braut zur großen Erleichterung ihrer Begleitung dem Kurfürsten und seinen Rittern übergeben werden. Damit hatten die Savoyer ihren Teil der Aufgabe erfüllt, jetzt war es an den Pfälzern die endgültige Heimführung der Braut zu gewährleisten. Margarethe erinnerte sich kaum an diesen ersten Tag des Kennenlernens. Zu viel war damals auf sie eingestürmt. Der großartige Empfang in Basel. Die Huldigung der Ratsherren, das reichhaltige Essen mit den fantasievollen Schaugerichten an nach Damen und Herren getrennten Tischen, die vielen Gänge, der schwere Wein und all die Geschenke.

Ludwig war vorsichtig und liebevoll. Er erleichterte ihr das Einleben in Heidelberg, war immer für sie da. Für Margarethe, die die Freiheit in den Schlössern am Genfer

See und im Refugium des Vaters fast zehn Jahre nach ihrer ersten Ehe genossen hatte, war es schwer, sich an das strengere Heidelberger Hofzeremoniell zu gewöhnen. Sie hatte einige Zeit gebraucht, sich in der Familie zurechtzufinden und die höfischen Strukturen zu durchschauen. Dagegen hatte die Ehe auf den eher schüchternen Kurfürsten nur gute Auswirkungen. Es ging ihm gesundheitlich besser, er konnte jetzt länger ausreiten, ohne zu ermüden, und war seltener krank. Richtig aufgelebt aber war er nach der Geburt seines kleinen Sohnes. Strahlend trug er ihn herum, zeigte ihn jedem Besucher, der ins Heidelberger Schloss kam, und führte auch sonst einen rechten Affentanz mit ihm auf, wie seine Frau fand. Wegen der anhaltenden Auseinandersetzungen mit den Grafen von Lützelstein reiste Ludwig nach Worms. Er hatte entgegen seiner sonstigen Gewohnheit darauf bestanden zu reiten. Bei der Abreise war das Wetter gut gewesen, dann hatte es angefangen zu regnen und nicht mehr damit aufgehört. Auf Anweisung des Kurfürsten war keine Sänfte mitgenommen worden. Triefend nass und von Fieberschauern geschüttelt traf Ludwig in Worms ein. In der Nacht verschlechterte sich sein Zustand. Aber der Kurfürst wollte die Verhandlungen in der Dompropstei trotzdem nicht absagen. Nach kurzer Zeit bereits musste er um eine Unterbrechung bitten. Mühsam erhob er sich und ging hinaus auf den Flur. Dort brach er zusammen. Bevor ein Priester ihm die letzte Ölung erteilen konnte, starb er, erst vierundzwanzig Jahre alt, am Beginn einer hoffnungsvollen fürstlichen Laufbahn. Sein Erbe war ein Kleinkind von achtzehn Monaten. Das Entsetzen war groß am Hof und im Land. Die Familie war wie versteinert.

Als erster hatte sich Pfalzgraf Friedrich, der Vormund des kleinen Philipp, aus seiner Erstarrung gelöst. Anders als Otto von Mosbach wollte der jüngere Bruder des verstorbenen Kurfürsten nicht im Hintergrund stehen, sondern die Pfalz im eigenen Namen regieren. Von Beginn an hatte der energische Pfalzgraf, nur ein Jahr jünger als Ludwig IV., darauf gedrungen, selber zu regieren. Energisch, politisch denkend, in Bewegung und Aussehen seiner ältesten Schwester Mechthild gleichend, hatte Friedrich schnell erkannt, dass ein Vormund nicht so schnell reagieren könne, wie es angesichts der unruhigen Zeiten nötig wäre. Er brauchte die volle Regierungsgewalt. Wenn er sich jedes Mal mit den Räten seines Mündels auseinandersetzen musste, bevor er eine Entscheidung fällen könne, dann wäre es schlecht um die Zukunft der Pfalz bestellt. Er sah sich alsbald bestätigt, als die Nachbarn glaubten, leichtes Spiel mit einem so jungen Administrator und einem Kind als Kurfürsten zu haben. Begehrlich blickten sie über die Grenzen, ein jeder hatte ein Stückchen Pfalz im Blick, das er gerne dem eigenen Territorium hinzugefügt hätte. Schon fielen die Herren von Lützelstein ins Elsass ein, um den Landvogt Pfalzgraf Friedrich herauszufordern. Es musste etwas geschehen, das Land zu schützen. Auch der kleine Philipp brauchte eine seinem Stand angemessene Erziehung und keine Unruhe um seine Person. Friedrich berief die Landstände, die *„mercklichsten Räte und Glieder der Pfalzgraffschaft“* ein und bat sie, seinem Vorschlag, der Adoption seines Neffen durch ihn, zuzustimmen. Er wolle nicht heiraten und, solange Philipp am Leben sei, keine erbberechtigten Kinder zeugen. Philipp würde ihm in der Herrschaft der Pfalz folgen, daran gab es keinen Zweifel. Ernst und ruhig hatte Friedrich seine Argumente vorgetragen und keinen Zweifel daran gelassen, dass es für die Pfalz das Beste wäre. Das mussten auch die Landstände zugeben. Es war nie gut, wenn der Herrscher eines Landes ein Kind war, ein Spielball in den Händen seiner Ratgeber, eine schnelle Beute für Feinde von außen. Jetzt musste Friedrich noch die Mutter, Margarethe von Savoyen, überzeugen. Immer wieder hatten die Räte des Pfalzgrafen Margarethe aufgesucht und ihr seinen Vorschlag unterbreitet, geduldig die einzelnen Punkte erläutert und um ihr Verständnis geworben.

Margarethe war so allein wie noch nie in ihrem Leben. Verzweifelt versuchte sie zu erraten, was ihr der Vater geraten hätte. Es gab viele Beispiele, in denen die Mütter als kluge und politisch denkende Vormünderinnen das Land ihrer Söhne verwaltet hatten, nachdem die Männer vor der Zeit gestorben waren. Warum sollte sie das nicht auch können? Wie gerne hätte sie sich mit ihrer Schwägerin Mechthild ausgesprochen, deren Mann Graf Ludwig I. vor einem knappen Jahr ganz plötzlich an der Pest gestorben war. Herausgerissen aus einer glücklichen Ehe stand auch sie allein mit ihren noch jungen Söhnen da. Eberhard, der Jüngste, war gerade fünf Jahre alt, sein älterer Bruder Ludwig war noch nicht volljährig, zudem litt er an der Fallsucht und war immer wieder nicht ansprechbar. Er machte seiner Mutter viele Sorgen. Arme Mechthild, sie hatte zwar von Ludwig eingesetzte verlässliche Räte um sich, aber ihre Kinder hatten zwei Vormünder. Einmal den Bruder des Vaters, Graf Ulrich, den man den Vielgeliebten nannte, und den Bruder der Mutter, Pfalzgraf Friedrich.

Es war empfindlich kühl geworden auf dem Alkoven. Fröstelnd zog Margarethe den Seidenschal enger um ihre Schultern. Noch einmal blickte sie hinunter auf das Städtchen, dann trat sie in ihr Schlafzimmer und schloss die Tür. Einem ersten Impuls folgend wollte sie noch einmal nach Philipp schauen, doch als ihre Hand die Klinke schon berührte, entschloss sie sich anders. Mit raschen Schritten ging sie hinüber in ihr Arbeitszimmer und setzte sich an ihren Schreibtisch. Den Federkiel in der Hand spielte sie in Gedanken noch einmal alle Lösungen durch. Was war das Beste für Philipp? Sie wusste es nicht. Aber als Sohn des Pfalzgrafen geschah dessen Politik im eigenen Namen. Was immer geschah, Philipp war dafür nicht verantwortlich. Sie kannte ihren Schwager gut genug, um zu wissen, dass er, anders als ihr Mann, hart durchgreifen würde. Würde er sein Wort halten und tatsächlich keine Ehe eingehen? Er war noch keine dreißig Jahre alt. Würde ihn nicht irgendwann einmal der Wunsch, eigene Kinder auf dem Thron der Pfalz sitzen zu sehen, überwältigen? Sie kannte die Gerüchte um die Augsburger Sängerin Klara Dett, die er zu sich genommen hatte und mit der er zusammenlebte. Es hieß, er liebe sie über alles und würde niemals von ihr lassen. Sie musste Friedrich vertrauen. Sie hatte keine Wahl. Langsam zog sie das Tintenfläschchen zu sich heran und tauchte den Federkiel hinein. Noch einmal zögerte sie, dann setzte sie entschlossen ihren Namen unter das Dokument. Ruhig streute sie Sand über die Unterschrift und sah zu, wie die Tinte trocknete. Morgen früh würde sie ihr Siegel anfügen und dem Kanzler der Pfalz den Vertrag übergeben. Eine Mutter verzichtete auf ihr Kind. Philipp würde mit seinem kleinen Hofstaat in das Heidelberger Schloss übersiedeln. Dorthin gab es für seine Mutter keinen Weg zurück. Philipp würde sie vergessen. Schon bald würde er eingebunden sein in das Hofleben, würde mit seinem Hofmeister reiten, fechten, ritterliche Spiele einüben und lernen, Besuchern mit angemessenem Betragen zu begegnen und die Pfalz zu repräsentieren. Ein Prinz, der auf seine Aufgaben vorbereitet wurde.

Rückkehr in die Jugendzeit

Mit einem Mal überkam Margarethe eine grenzenlose Sehnsucht nach dem Schloss von Thonon und nach Ripaille, diesem Ort der Ruhe und der Meditation. Selbst wenn der Vater nicht mehr da war, konnte sie dort am besten über ihr künftiges Leben nachdenken. Wie seltsam, mit einem Male war Savoyen ganz gegenwärtig. Sie hörte ihren Vater von seiner wie im Alptraum erlebten Kindheit erzählen. Von den Streitigkeiten nach dem Tode seines Vaters, des „Roten" Grafen Amadeus VII., der viel zu früh gestorben war. Für ihren unmündigen Enkel hatte zunächst die kluge Großmutter Bona von Bourbon die Regierungsgeschäfte geführt. Das war aber in der Hofgesellschaft nicht gut aufgenommen worden.

Jeder kämpfte gegen jeden, und so wurde schließlich Bonas Leibarzt beschuldigt, ihren Sohn umgebracht zu haben. Von Anfang an war Bonne de Berry, die Mutter des jungen Grafen, die Hauptanklägerin gewesen. Sie wollte die Macht für sich und ihre Anhänger. Ein von einem Kind regiertes Land mit einem zerstrittenen Hof als Machtzentrum, das war ein willkommenes Angriffsziel für alle diejenigen, die ihre Länder erweitern wollten. Die Herzöge von Berry, Bourbon und Burgund betrachteten aufmerksam die Lage am Hof von Savoyen. Der Klügste und Entschlossenste von ihnen griff am schnellsten zu: Philipp der Kühne von Burgund hatte dabei auch eigene Interessen zu verteidigen. Seine Tochter Maria war, seit sie ein Baby von drei Monaten war, mit Amadeus VIII. verlobt. Ihr Vater wollte diese zukunftsträchtige Verbindung erhalten wissen. Kurz und bündig marschierte er in Savoyen ein, erklärte die Regentschaft für beendet und sich selber zum Regenten. Er setzte Bona von Bourbon ab und verheiratete die Witwe Bonne de Berry ein zweites Mal. Damit sie keine Zeit mehr hatte zum Unruhestiften. Odon von Villars, Erzieher und Ratgeber des jungen Amadeus VIII., sorgte für den Zusammenhalt im Land, bis der junge Fürst, volljährig geworden, die Regentschaft übernehmen konnte. Aber auch das war nicht ohne Schwierigkeiten vonstatten gegangen. Lange Jahre hatte eine starke Hand in Savoyen gefehlt, jetzt widersetzte sich der Feudaladel neuen Herrschaftsansprüchen des Grafen. Wie hatte der Vater um die Einheit des Landes kämpfen müssen! Mit ihrer Entscheidung, Philipp durch seinen Onkel adoptieren zu lassen, hatte Margarethe der Pfalz all dies erspart. Die Zukunft würde zeigen, ob sie richtig gehandelt hatte. Sie wollte darüber erst später nachdenken.

Wuchtig lag das Schloss von Morges im Sonnenschein. Ein rechteckiges Bollwerk mit vier runden Türmen, von den Savoyern im 14. Jahrhundert errichtet. Dort war Margarethe geboren, dorthin war sie nun zurückgekehrt.

Sie erinnerte sich kaum noch an ihre Mutter und bei den Erinnerungen, die sie hatte, wusste sie nicht, ob sie nicht den Erzählungen ihres Vaters entstammten. Blaugrau glänzte die spiegelglatte Fläche des Genfer Sees. Nur in Ufernähe kräuselten sich leichte Wellen, schaukelten die Boote wie Wiegen, behutsam in Bewegung gesetzt von unsichtbaren Wellenhänden. Vergeblich hatte Margarethe am frühen Morgen versucht, das majestätische Haupt des Montblanc zu erspähen. Es war wie verschluckt vom Dunst, der sich erst im Laufe des Vormittags auflösen würde. Neun Kinder hatte Maria von Burgund ihrem Mann geschenkt. Den begabten Erbprinzen Amadeus, der, mit noch nicht einmal zwanzig Jahren an einem plötzlichen Fieber gestorben war. Den Knaben Philipp, der für den geistlichen Stand bestimmt wurde, auch er schon lange tot. Die Töchter Bona und jene erste Margarethe, deren Namen sie nun weiter trug, gestorben noch vor der Mutter. Deren Tod war neben dem des Erben der wohl schlimmste Schlag für Amadeus VIII. gewesen. Er hatte das Land zur höchsten wirtschaftlichen und kulturellen Blüte geführt und war dafür von Kaiser Sigismund in den Herzogstand erhoben worden. Maria von Burgund hatte die Heiterkeit und den Glanz des burgundischen Hofes mitgebracht nach Morges, in das Schloss von Thonon und nach der Übernahme des Piemont auch in die Residenzstadt Turin. Maria, die älteste Tochter dieser Ehe, hatte Filippo Maria, den ebenso hässlichen wie krankhaft misstrauischen letzten Herzog Mailands aus dem Hause Visconti, heiraten müssen, um der Politik des Vaters und seinem Kampf um Piemont Nachdruck zu verleihen. Am schlimmsten aber war, dass nach dem Tode des Erben Amadeus der faule und lethargische Louis Thronfolger geworden war. Seinem Amt nicht gewachsen, überließ er mehr und mehr seiner Frau Anne de Lusignan, der Tochter König Janus von Zypern, die Herrschaft. Ehrgeizig und machtbesessen hatte sie ihren Mann in einen nutzlosen Krieg um Zypern verwickelt. Jetzt war er dem Titel nach König von Zypern, aber viel

Geld war sinnlos ausgegeben, das Land verkam, und die Höflinge taten, was sie wollten. Schwierige Zeiten im Herzogtum Savoyen.

Alles hier in Morges atmete den Geist der Eltern, deren glückliche Ehe sich Margarethe immer zum Vorbild genommen hatte. Nicht jede Prinzessin – hatte die Mutter gesagt – könne so glücklich werden wie sie. Aber jede sollte es wenigstens versuchen. Jetzt saß Maria von Burgunds jüngste Tochter auf dem Sessel, den einst die Mutter so geliebt hatte, und versuchte sich an ihre Kinderjahre zu erinnern. Margarethe war der Liebling des Vaters, weil sie der Mutter so ähnlich war und weil er sehr alleine war nach ihrem Tod. Deswegen hatte er den Zeitpunkt ihrer Eheschließung auch immer wieder hinausgeschoben. Lange hatte er sich nicht entschließen können, Margarethe herzugeben. Endlich war für die Elfjährige der Heiratsvertrag mit Ludwig III. Graf von Anjou ausgehandelt worden. Fast drei Jahre sollte es noch dauern, bis die anmutige Herzogstochter vom Genfer See die Reise an den Busento antreten sollte. Cosenza in Kalabrien – wie romantisch das in ihrer Vorstellung geklungen hatte. Titularkönig von Neapel – ein Hof in Wartestellung. Oben in der alten Stauferburg hoch über der Stadt mit ihren Adelsvillen hatte sich Margarethe gefühlt wie in einem Adlernest. Ein fröhlicher Hof, der den Süden atmete, das hatte sie sich gewünscht. Ludwig III. war nur dem Namen nach König von Neapel. Sein Königreich war ihm durch Adoption vererbt worden. Aber würde er sein Amt jemals antreten können? Die Reise durch Italien war für die Vierzehnjährige eigentlich das Schönste an dieser ersten Ehe gewesen. Aber das hatte sie ja damals, vor fast zwei Jahrzehnten, nicht ahnen können. Schwierig war die die Bewältigung der Bergpässe gewesen, aber einer geübten und leidenschaftlichen Reiterin, wie Margarethe es war, hatte das die Freude am Reisen nur anfänglich trüben können. Sie war immer in Bewegung, das Leben schien ihr ein einziger

Tanz, ein riesiges Fest, dazu gemacht, Margarethe von Savoyen zu erfreuen. All die Burgen auf den Gipfeln der Berge, die blauen Seen und die tiefen Schluchten auf dem Weg, ein Kinderspiel für eine, die mutig und voller Zuversicht einem neuen Leben entgegenreiste. Voller Liebe dachte sie an ihren Vater, der damals schon voller Skepsis und Pessimismus ihre mitreißende Lebensfreude nicht gebremst, sondern unterstützt und gefördert hatte.

Wie schön war Florenz gewesen, wie hatte sie die Schiffreise auf dem tiefblauen Meer nach Neapel genossen. Alles hatte ihr Spaß gemacht. Allmählich waren die Gedanken an den Vater verblasst, das viele Neue hatte sie das Alte vergessen lassen. Dann kam das brutale Erwachen. Nicht der Mann, der sie geheiratet hatte, war nach Neapel gekommen, sie heimzuholen, auch nicht sein Bruder René, der war nach einer verlorenen Schlacht immer noch in Gefangenschaft des Herzogs von Burgund. Gewaltig hoch sollte die Lösegeldforderung sein, aber die Haft, so hörte man, war erträglich, und so machte sich seine Familie keine besonderen Sorgen um ihn. Der Kanzler des Königs von Neapel hatte den Hochzeitszug aus Savoyen an der Spitze von einigen Rittern begrüßt und die Braut nach Cosenza gebracht. Der Herr werde seine Braut dort erwarten, hatte es geheißen. Margarethe erinnerte sich, wie unfroh diese Nachricht geklungen hatte. Was erwartete sie? Stumm ritten die Herren. Das Volk stand an der Straße und jubelte der jungen Braut zu. Lachend, nach allen Seiten winkend, hatte Margarethe sich an dem blühenden Land erfreut. Vor dem Palast in Cosenza hatte der Mann gewartet, dessen Frau sie war. Ein bleicher Fürst, krank aussehend, ganz in Schwarz gekleidet, hatte sich mühsam von dem ins Freie getragenen Stuhl erhoben, um seine Braut stehend zu begrüßen. Fast hätte sie vergessen, vom Pferd zu steigen, so erschrocken hatte sie der Anblick gemacht. Da stand ein Mann, der trotz seiner wenig mehr als dreißig Jahre älter aussah als ihr Vater. Es war ein unfroher Hof, überschattet von der Geldnot, die die reiche Mitgift der Braut aus Savoyen nicht linderte. Von einer Minute auf die andere war der Traum vom schönen vergnügten Leben mit Tanz und Frohsinn verflogen, hatte sich in ein Nichts aufgelöst. Schlimmer noch, er war einer bedrückenden Wirklichkeit gewichen, die Krankheit hieß. Nein, sie könne nicht zu ihrem Gemahl, er sei zu schwach, hatte es immer wieder geheißen. Niemals hatte man sie mit ihm allein gelassen. Nur ihre vertrauten Damen, die sie aus Savoyen mitgebracht hatte, waren um sie. Die Nachmittage verbrachte sie an der Seite ihres Gemahls, der bei lauem Wetter, eine Decke über den Knien, auf der Terrasse sitzen konnte und, in ein Buch vertieft oder ein Spiel, darauf wartete, dass der Arzt kam oder einer seiner Berater ihn in ein Gespräch zog. Es war nicht einfach für eine lebhafte Vierzehnjährige, sich in das Tempo des immer schwächer werdenden Ludwig zu fügen. Zuerst hatte sie trotzig und mutig Ausflüge in die Umgebung unternommen, hatte sich die Stauferburg erobert, war in das Gebirge geritten, hatte die seltenen Pflanzen bewundert und Wildkräuter gesammelt. Mit der Zeit aber hatte sich das langsame Sterben Ludwigs wie ein Alptraum auf sie gelegt und auch ihre Lebhaftigkeit zum Erliegen gebracht.

Dann war das Schreckliche, wenn auch lange Erwartete eingetreten. Ludwig hatte die Augen für immer geschlossen. Zu ihrem eigenen Entsetzen hatte sie fast unbefangen und neugierig an seiner Bahre gestanden, hatte dem Begräbnis im Dom zugeschaut, die Kondolenzbezeugungen entgegengenommen und begriffen, dass sie die Witwe war, von der die Menschen sprachen. Da endlich war sie aus ihrer Erstarrung erwacht. Sie war die Witwe Ludwig III. von Anjou. Ungläubig fast nahm sie es zur Kenntnis. Dann konnte sie niemand mehr in Cosenza halten, weg nur weg von diesem Ort der Freudlosigkeit und der Trauer. Daheim in Savoyen, beim Vater, dort würde sie einen neuen Anfang machen können. Liebevoll hatte Amadeus VIII. sein Kind empfangen. Gerade erst einem Mordanschlag entgangen, hatte er die

Regierung über das Herzogtum seinem Sohn Louis übergeben und sich nach Ripaille zurückgezogen. Jetzt war er glücklich, Margarethe wiederzuhaben, das Letzte, was ihm von seiner Frau geblieben war. Sie hatte in Turin gelebt, manchmal Maria in Mailand besucht. Lieber war sie in Thonon gewesen, es war so dicht bei Ripaille, nur einen Steinwurf entfernt. Zehn Jahre fast war Margarethe am Hofe des Vaters geblieben. Glückliche Jahre in seiner Gegenwart, aber sie hatte von Kindern geträumt, einer Aufgabe, die ihr gestattete, das, was sie gelernt hatte, umzusetzen. Ein Leben an der Seite eines Fürsten an einem Hof, der das Leben eines Landes prägte. Für den Vater war das Wien gewesen, der Kaiserhof. Margarethe musste in der Erinnerung lachen. Es war der Traum des Vaters gewesen, nicht ihrer. Im Park von Ripaille hing sie ihren Gedanken nach. Hier war der Vater noch ganz gegenwärtig. Seine Bücher, seine Bilder, die Kunstwerke die er berührt hatte, das alles hatte sie vor Augen und wusste doch, dass es mit jedem Tag mehr in Vergessenheit geraten würde. Savoyen ohne ihn war noch weniger zu ertragen als ein Leben ohne Philipp. Sie würde zurückkehren nach Möckmühl, ihren Wittumsitz und ihr Leben neu ordnen. Sie wollte allein sein, einige Tage allein, ohne Hofdamen und Sekretär, in aller Stille verbringen.

Eigentlich hatte sie die Delegation aus Württemberg nur empfangen, weil sie glaubte, ihre Schwägerin Mechthild hätte sie geschickt. Mechthild, die eine neue Ehe geschlossen hatte, weil sie es leid war, sich mit den Vormündern ihrer Söhne auseinander zu setzen. Sie hatte eigentlich gegen den Willen aller den Bruder des Kaisers geheiratet, Albrecht VI. von Österreich, einen Mann, der Turniere über alles liebte und die reiche, unabhängige Fürstin brauchte, um seine stets leeren Taschen aufzufüllen. Im Gedanken daran schüttelte Margarethe den Kopf. Wenn er sich da mal nicht täuschte. Sie erinnerte sich, wie Friedrich einmal als die Rede auf seine Schwester Mechthild kam, das Gesicht verzogen und etwas wie

„mit der ist nicht gut Kirschen essen, wirklich nicht!“ gemurmelt hatte. Mechthild war sanft und verbindlich, wenn man mit ihr in Frieden lebte, wenn es aber darum ging, ihre Interessen durchzusetzen, dann war sie härter als Granit. Das wussten alle, die schon einmal mit ihr Auseinandersetzungen gehabt hatten, und das waren nicht wenige. Margarethe hielt es für ausgeschlossen, dass Mechthild, schon im Interesse ihrer Kinder, dem Habsburger den Zugriff auf ihr Vermögen erlauben würde.

Zu ihrer Überraschung fragten die württembergischen Herren aus Stuttgart im Namen des Grafen Ulrich in wohl gesetzten Worten, ob die Hand der Frau Kurfürstin noch frei wäre. Der Graf von Württemberg sei Witwer und würde gerne eine neue Ehe eingehen. Er böte ihr Herz und Hand. Viel brauchten die Herren Margarethe nicht über Graf Ulrich zu erzählen. Einiges wusste sie bereits von Mechthild, die sich immer wieder über diesen ritterlichen, mutigen Schwager, der so ganz anders war als sein Bruder Ludwig ausgelassen hatte. Alle Frauen täten ihn lieben, sie wisse zwar nicht warum, hatte Mechthild gemeint, rote Haare, dunkle Augen, viel schmusiges Gerede. Sie hatte die Achseln gezuckt, auch sei er nicht gerade tugendhaft, die Zahl seiner illegitimen Söhne und Töchter sei gewaltig. Aber er sei freundlich, würde Fehler einsehen, was bei Männern nicht oft zu finden sei, feiere gerne Feste und würde seine Frauen weder einengen noch ihnen befehlen, was zu tun sei. Auch das sei ungewöhnlich. Die Herren berichteten von den Kindern aus den beiden vorangegangenen Ehen. Von den beiden Söhnen, die wohl nur wenig jünger als Mechthilds Sohn Eberhard waren. Drollige Kerle, aber schlecht erzogen. Noch einmal heiraten? Darüber hatte Margarethe noch nicht nachgedacht, das war ein neuer Aspekt. Ein wenig verwirrt erbat sie sich Bedenkzeit. Sie würde demnächst in die Pfalz zurückkehren und würde von Möckmühl aus Graf Ulrich ihre Entscheidung wissen lassen. Noch einmal heiraten? Eigentlich wollte sie nicht, aber was blieb ihr sonst? Der unfähige Bruder und die ungeliebte Schwägerin in Savoyen? Hier leben konnte sie nicht mehr. Schon jetzt hatte ihr Anne de Lusignan unmissverständlich zu verstehen gegeben, dass Margarethe in Savoyen lediglich auf Zeit willkommen sei. Ein dauerhafter Aufenthalt sei weder gewünscht noch durchführbar.

Im Herbst kehrte sie nach Möckmühl zurück. Zu ihrem Erstaunen traf dort bereits wenige Tage nach ihrer Ankunft der Haushofmeister Graf Ulrichs, begleitet von einer Delegation des Heidelberger Hofes, ein. Gemeinsam wurden die Bedingungen für ihre Heirat nach Württemberg ausgearbeitet und festgesetzt. Da sie keine Mitgift mit nach Württemberg bringen würde, ließ ihr Friedrich ihr Wittum von 5.000 Gulden pro Jahr, versichert auf Möckmühl, Löwenstein, den Zehnten der Stadt Heilbronn und Anteile an den Rheinzöllen von Oppenheim und Mannheim. Die Württemberger Herren hörten es mit Befriedigung, denn Geld war knapp in Württemberg.

Was mochte sie in Stuttgart erwarten? Eine kleine Grafschaft, aber ein Herrscherhaus, das es über Jahrhunderte hinweg verstanden hatte, durch kluge Hochzeitspolitik seine Macht zu mehren. Lange war das Land ungeteilt geblieben, aber vor zehn Jahren, da hatte der ältere Bruder Ludwig sich zähneknirschend den Forderungen seines jüngeren Bruders nach einer Teilung des Landes beugen müssen. Man munkelte, mit Mechthild sei noch ein friedliches Miteinander möglich gewesen im Stuttgarter Schloss. Aber als dann auch Graf Ulrich heiratete und Herzogin Margarethe von Kleve, eine Enkelin des großen Burgunderherzogs Johann, ohne Furcht mit ihren am Burgunderhof in Dijon anerzogenen Ansprüchen in das Schloss zog, da hätte es jeden Tag Zank und Streit zwischen den Brüdern gegeben. Überhaupt habe die Tochter Herzog Adolfs II., dem „Weisen“ von Kleve, und seiner Frau Marie von Burgund ein sehr herrisches Auftreten gehabt. Als Wittfrau Herzog Wilhelms III.

von Bayern-München war sie großzügige Verhältnisse gewohnt und sah jetzt nicht ein, dass sie als Frau des jüngeren von zwei Brüdern hinter einer jungen Pfalzgräfin bei Rhein und ihrem Ehemann rangieren sollte. Ende Januar 1441 hatte Ulrich geheiratet und am 23. April des gleichen Jahres stimmte sein älterer Bruder Ludwig der Teilung des Landes zu. Weil Ulrich der Jüngere war, hatte er wählen dürfen und sich für den Stuttgarter Teil entschieden. Eigentlich hätte Nürtingen Residenz werden sollen, aber schließlich hatte sich Ulrich wohl auf Druck seiner ersten Margarethe für das größere Stuttgart entschieden. Leider war die ehrgeizige Margarethe schon nach wenigen Ehejahren gestorben, eine einzige Tochter erinnerte Ulrich an sie. Katharina, eine schwierige, nicht besonders hübsche Zwölfjährige, die ihren Platz noch nicht gefunden hatte.

Ulrich hatte bald darauf wieder geheiratet, diesmal Elisabeth, eine Tochter Herzog Heinrichs des Reichen von Bayern-Landshut und seiner Frau Margarethe von Österreich. Eigentlich war sie bereits als Kleinkind dem damals zweijährigen Friedrich von der Pfalz versprochen worden, aber die Verlobung wurde gelöst, weil der junge Pfalzgraf in München die aus Augsburg stammende Münchner Hofdame Klara Dett, die so schön singen konnte, kennen gelernt und sich so unsterblich in sie verliebt hatte, dass es für ihn ein Leben lang keine andere Frau mehr geben sollte. Elisabeth war nun frei für die Ehe mit dem Grafen Ulrich, dem sie in einer knapp sechsjährigen Ehe sieben Kinder schenkte. Elisabeth starb auf der Flucht vor der in Stuttgart grassierenden Pest auf Burg Trausnitz in ihrer bayerischen Heimat an der Geburt des siebten Kindes. Ihrem Wunsch entsprechend wurde sie nach Stuttgart überführt und im Chor der Stiftskirche beigesetzt. Der Chronist Ladislaus Suntheim berichtet in seinen Aufzeichnungen, Elisabeth habe ihrem Mann geboren *„Eberharden und Heinrichen, und ain Sun Ulrich starb jung; noch ain Tochter starb jung, noch ain*

Tochter starb jung, und ain Tochter ist ain Klosterfraw gewesen bey Würms". Sieben Kinder in sechs Jahren, eine unendliche Folge von Schwangerschaft und Geburt, aus der es kein Entrinnen gab. Wieder war Ulrich Witwer, diesmal brauchte eine Kinderschar eine neue Mutter. Margarethe grübelte, ihrem Vater wäre es nie in den Sinn gekommen nach seiner geliebten Maria von Burgund ein weiteres Mal zu heiraten. Er hatte unter ihrem Tod gelitten, solange er lebte. Niemand sonst hätte er an seiner Seite haben wollen.

Ihre Schwägerin Mechthild hatte gelacht, als sie mit ihr darüber gesprochen hatte. Ulrich doch nicht, der braucht eine Frau an seiner Seite. Ohne Frau ist Ulrich von Württemberg nur ein halber Mensch. Er brauche viel Fürsorge und sei eigentlich ein Ehemann, wie man ihn sich nur wünschen könne. Leider habe er das aufbrausende Temperament und auch die Sturheit seiner Mutter Henriette von Mömpelgard geerbt. Nicht ohne Augenzwinkern hatte Mechthild hinzugefügt, ihr Mann habe immer gesagt, er hätte besser die Leibesfülle und nicht das rote Haar ihres gemeinsamen Großvaters Eberhard des Milden erben sollen. Das wäre besser für das Land gewesen. Aber sie hätten sich gut verstanden, die Brüder, hätten ja auch viel zusammenhalten müssen gegen die Mutter und ihre oft unklugen Entscheidungen. Aber auch Henriette von Mömpelgard hätte ein schweres Schicksal zu tragen gehabt. Der frühe Verlust der Eltern und der Heimat und dann auch noch des Großvaters, der Wechsel in einen ganz anderen Lebens- und Kulturkreis hätten ihr eben nicht gut getan, hätten sie aus der Bahn geworfen. Daran hätte auch die Zuwendung, die sie von ihrer Schwiegermutter Antonia Visconti erfahren hätte, nichts ändern können. Das war Salz in die offene Wunde in Margarethes Seele, immer noch gab es ihr einen Stich ins Herz, wenn sie sich mit Dingen befasste, die sie an die Trennung von ihrem Sohn erinnerten. Aber Mechthild hatte sie noch einmal darin bestärkt, dass Friedrich I. die

Erziehung seines Neffen sehr ernst und verantwortungsbewusst ausübe. Alle Landstände und Ratgeber hätten dem Verfahren zugestimmt. Zögernd hatten sich endlich auch die anderen Kurfürsten mit der „Usurpation" in Heidelberg abgefunden. Nur Kaiser Friedrich III. sträubte sich immer noch und war nicht gewillt, den „Thronraub" in der Pfalz durch seine Zustimmung zu legitimieren.

Während Margarethe hier auf eine Verständigung in der nahen Zukunft hoffte, sah Mechthild all die Kämpfe und Auseinandersetzungen voraus, die sich aus diesem Schritt ihres ungestümen Bruders entwickeln würden. Denn eigentlich konnte sich der Kaiser des Heiligen Römischen Reiches Deutscher Nation dieser Adoption, die nach den Regeln der Arrogatio, der Annahme an Kindes Statt, nach altem römischen Recht erfolgt war, nicht beugen. Friedrich hatte damit das deutsche Lehnsrecht mit einem Trick außer Kraft gesetzt. Alle Fürsten, die verantwortungsbewusst für ein Mündel regierten und ihren Platz räumen mussten, sobald der legitime Thronerbe volljährig wurde, mussten sich durch den Pfälzer an der Nase herumgeführt fühlen. Er war jetzt der rechtmäßige Herrscher der Pfalz, als Kurfürst derjenige unter den Fürsten, der bei Streitfragen über den Deutschen König zu urteilen hatte. Philipp war im römischen Sinne sein Filius und würde in seine legitimen Rechte als Erbe der Pfalz erst nach dem Tode seines Onkels eingesetzt werden. Ein schlauer Schachzug, dem sich der Kaiser nicht beugen durfte, wollte er nicht einen Präzedenzfall mit unübersehbaren Folgen für das Reich schaffen. Ein Schritt, der der Pfalz Ruhe und seinem Kindherrscher eine stetige Entwicklung hätte bringen sollen, beschwor eine nicht enden wollende Kette von Kriegen und Kämpfen herauf, aus denen der geborene Stratege Friedrich und die Pfalz zwar immer siegreich hervorgingen, die aber dennoch ihre Spuren hinterließen.

Auch die neue Eheschließung Ulrich des Vielgeliebten war nicht nur eine gute Lösung für die Heidelberger Witwe und den Stuttgarter Witwer. Mechthild sah tiefer. Die Heirat war ein Instrument, Ulrich einzubinden in die Politik der Pfalz. Nicht nur, dass ihr strategisch denkender Bruder Philipps Mutter vom Hof entfernte, mit der großzügigen Weiterzahlung ihrer Pfälzer Bezüge alimentierte er auch den stets klammen Stuttgarter Hof. Dass er dabei großzügig darüber hinweggesehen hatte, dass seit dem Tode Amadeus VIII. die noch fehlenden 60.000 Gulden aus der Mitgift Margarethes von ihrem Bruder Louis nicht bezahlt worden waren, machte die Sache noch delikater. Mit dem Pfälzer Geld wollte Friedrich den ungeliebten Nebenvormund vom Uracher Hof fernhalten und so das komplizierte Bündnisgewebe der Staaten im deutschen Südwesten im Griff behalten. Dass Friedrich mit dem Hof in Bayern-Landshut seit der Lösung der Verlobung mit Elisabeth sowieso nicht zum Besten stand und dort der nachmalige Ehepartner Ulrich die besseren Karten hatte, stand wieder auf einem anderen Blatt. Das brauchte den Pfälzer aber im Augenblick auch nicht zu kümmern, im Ernstfall würde das gemeinsame wittelsbachische Blut beider Häuser sich als stärker erweisen als alle Bündnisse und Geheimabsprachen.

Nach dem Tode seiner zweiten Frau hatte sich Ulrich in einen Krieg mit der Reichsstadt Esslingen ziehen lassen. Wie zu Zeiten seines Ururgroßvaters Eberhard des Greiners hatte alles ganz harmlos begonnen. Markgraf Albrecht Achilles, Burggraf von Nürnberg, hatte eine Fehde mit der Freien Reichsstadt Nürnberg begonnen und seine Bündnispartner Ulrich von Württemberg und den Markgrafen von Baden zu Hilfe gerufen. Alle Freunde hatten Ulrich von einem Eingreifen abgeraten, aber für ihn gab es kein Halten, denn er hatte ein Hühnchen mit Esslingen zu rupfen. Die Reichsstadt hatte zum Ärger des Württembergers die Zölle erhöht. Es kam, wie es kommen musste, die Württemberger überfielen wie in alten Zeiten Vaihingen und Möhringen, brannten die Esslinger Besitzungen nieder und raubten, was nicht niet- und nagelfest war. Die Esslinger reagierten wie immer: Sie zerstörten die Weinberge, die Weiler und Dörfer auf württembergischen Gebiet, die Leidtragenden waren wieder einmal die Bauern und die kleinen Leute. Das Land verödete, und Handel und Wandel kamen zum erliegen. In dieser Situation eskalierte der Krieg. Die Stuttgarter überfielen in einer Nacht- und Nebelaktion an die 130 Esslinger Frauen und Mädchen, die an einem lauen Frühlingsmorgen am Neckarufer Holz sammelten, und brachten sie nach Stuttgart. Dort hielten sie ihre Gefangenen drei Wochen lang fest und schickten sie dann heim nach Esslingen. Aber erst nachdem sie ihnen die Röcke *„knapp unterhalb des Gürtels abgeschnitten“* und ihnen das Versprechen abgenommen hatten, alsbald das für Nahrung und Unterkunft ausgegebene Geld während ihres Zwangsaufenthaltes in der Stadt Stuttgart zu bezahlen.

Neubeginn in Württemberg

Neugierig, wie sie einst in Cosenza eingeritten war und wie sie Heidelberg entgegengesehen hatte, so kam Margarethe von Savoyen auch nach Stuttgart. In Marbach hatte Ulrich auf sie gewartet und sie heimgeholt in seine Hauptstadt. Gespannt hatten sie einander betrachtet. Margarethe hatte wohl bemerkt, dass er die Augen zusammenkniff, um sie besser erkennen zu können. Ein schmaler Mann mit brennenden, dunklen Augen und kupferfarbenen Haaren, die an den Schläfen langsam grau zu werden begannen. Gewandt parierte er sein Pferd, warf dem Knappen die Zügel zu, bevor er absprang, und war schon an ihrer Seite. Ohne viel Aufhebens streckte er ihr die Arme entgegen und hob sie vom Pferd, bevor er sie auf den Boden setzte, schwenkte er sie unter dem Jubel der Anwesenden im Kreise herum. Staunend sah Margarethe, dass er sich um nichts scherte, er hielt sie im

Arm, redete auf sie ein, wartete nicht ab. „Marbach liebe ich sehr!“ sagte er, um seiner zukünftigen Frau zu erklären, warum er gerade diesen Ort für das Zusammentreffen ausgesucht hatte. „Das Schloss ist in keinem guten Zustand, und vor den Mauern werde ich eine Kirche bauen, die dem Heiligen Alexander geweiht sein wird. Eine Kirche, wie es weit und breit keine zweite gibt!“ Spontan und herzlich ging er mit allen um. Seine Heiterkeit ließ Verlegenheit gar nicht erst aufkommen. Im lebhaften Gespräch führte er sie zum Empfang im Rathaus, stellte die Honoratioren der Stadt vor und machte sie mit seinen Räten bekannt. Danach drängte der Graf auf sofortige Weiterreise nach Stuttgart. Trotz des schnellen Tempos hielt sich Margarethe an seiner Seite, was Ulrich grinsend zu genießen schien. Eine Frau, die gerne ritt, das machte ihm sichtlich Spaß. Manchmal betrachtete er sie amüsiert von der Seite. Wie würde sie sich einleben? Würde es eine herbe Enttäuschung für sie sein, dass Stuttgart nach ihren bisherigen Lebensmittelpunkten eher eine kleine Stadt mit einem nicht gerade eleganten Schloss war. Nicht dass ihm seine Residenz nicht gefiel, aber weil er sich so sehr wünschte, schönen Frauen zu gefallen, wollte er auch, dass alles, was ihm gehörte, seiner Frau gefiele.

Dicht gedrängt standen die Stuttgarter in den Straßen und sahen dem Zug der neuen Gräfin entgegen. Sie winkte lachend in die Menge und drehte den Kopf bereitwillig dorthin, wo sie ihren Namen hörte. Hochmütig war die neue Landesherrin nicht und auch nicht stolz, im Gegenteil, sie sah fröhlich und vergnügt aus, blickte mit wachen Augen neugierig um sich und machte zu Pferd eine ausgesprochen gute Figur. Das war eine, die würde zu ihrem raschen Landesherren passen. Wenn sie nur nicht so viel Geld ausgab wie die beiden letzten. Das Land könnte schon mal eine gebrauchen, die das Rechnen gelernt hatte. Margarethe fand sich überraschend leicht hinein in das neue Leben in Stuttgart. Ulrichs Töchter wirkten verschüchtert. Was sie von den beiden Buben halten sollte, wusste Margarethe noch nicht so recht. Der ältere Eberhard kam ihr zuerst frech und ein wenig verschlagen vor, und sie musste sich selber zur Ordnung rufen, ein siebenjähriges Kind so zu nennen. Dann wieder war er die Liebenswürdigkeit in Person. Der ein Jahr jüngere Heinrich war tapsig und langsam im Denken, seinem Bruder wollte er alles nachtun. Beider Hofmeister hatten es nicht leicht mit ihnen und vor allem mit dem Vater, der immer wieder neue Erziehungsmethoden an seinen Buben ausprobieren wollte und die Kinder dadurch nur noch aufsässiger machte. Da fehlt halt die Mutter, seufzten die Lehrer und Erzieher der beiden Jungen und zuckten die Schultern. Margarethe versuchte mit Güte und mit Zuneigung die Liebe der Kinder Ulrichs zu gewinnen. Das war nicht einfach, sie hatten alle zu viel Wechsel in ihren Kindskammern hinter sich und wehrten sich nun instinktiv gegen jede Veränderung, auch wenn es eine zum Besseren war.

Margarethe begriff in dieser ersten Stuttgarter Zeit sehr schnell, wie schwierig die Stellung ihres Mannes war. Als Vormund der Uracher Junggrafen hatte er ganz erheblich gegen die Uracher Räte zu kämpfen, die ihr Heil in einer starken Anlehnung an die Pfalz gesucht hatten. Von Mechthilds Seite her verständlich, denn sicher traute sie dem eigenen Bruder mehr als dem Stuttgarter Schwager, der zudem selber zwei Jungen hatte. Die Uracher argwöhnten, dass Ulrich als Senior des Hauses Württemberg immer zuerst die gesamte Grafschaft und dann erst die Interessen Urachs bedachte. Erst jetzt wurde klar, in welch starkes Abhängigkeitsverhältnis zu Pfalzgraf Friedrich er sich durch die Heirat mit ihr begeben hatte. War dies schon schwer genug zu durchschauen, so war das politische Beziehungsgeflecht vollends verwirrend geworden durch die Heirat der Mutter der jungen Uracher Grafen mit dem Kaiserbruder Albrecht VI. von Österreich. Albrecht hatte Mechthild geheiratet, um seine Beziehungen nach Westen auf die Pfalz zu verbessern. Damit hatte er sich in Opposition zu seinem kaiserlichen Bruder begeben, der keinerlei Ambitionen hatte, sich mit dem Usurpator der Pfalz gut zu stellen. Albrecht VI. hatte die bis dahin den Reichsstädten gehörende Grafschaft Hohenberg in den Besitz der Habsburger gebracht und damit die österreichischen Vorlande ganz hervorragend arrondiert. Dazu wollte er jetzt auch noch das Städtchen Ebingen hinzufügen, das ehedem der Grafschaft angehörte, aber bereits hundert Jahre zuvor von den Hohenbergern an die Württemberger verkauft worden war. Daraus entstand ein Streit mit beiden Landesteilen Württembergs. Dieser Streit wurde von Friedrich von der Pfalz in einer Einigung für Albrecht VI. entschieden, das Schlimme war, dass der Pfälzer auch im Namen des Stuttgarter Grafen der vorgeschlagenen Lösung zugestimmt hatte. Denn Friedrich erhoffte sich ja von einer Entscheidung für Albrecht von diesem Schützenhilfe bei seinem Streit mit dem Kaiser. Margarethe seufzte. Es gab keine Gerechtigkeit, der Vater hatte Recht gehabt, Menschen würden immer nach ihrem eigenen Vorteil entscheiden. Sie waren so geboren. So war es eben. Da mochte ihr Ulrich noch so toben, die ganze habsburgische Heiraterei sei „gegen die Interessen der württembergisch Kinder“ zustande gekommen. Der Kaiser in Wien war auch nicht glücklicher über die in Böblingen geschlossene Ehe, brachte sie doch seinen Bruder, von dem er sowieso nichts hielt, in eine bedenkliche Nähe zum bösen Fritz von der Pfalz. Margarethe konnte nur den Kopf schütteln, wenn einer meinte, er hätte alle Fäden entwirrt und hielte sie nun glatt und ruhig in der Hand, dann kam einer mit der Schere vorbei, machte „schnipp“, und alles begann wieder von vorne.

Aus Heidelberg kamen manchmal kleine Briefe Philipps. Zuerst hatte er sie seinem Hofmeister diktiert, jetzt schrieb er schon selber in rührender Kinderschrift. Briefe, die Margarethe jedes Mal aufs Neue einen Stich gaben und mit denen sie erst besser fertig wurde, als sie das erste Kind aus der Ehe mit Ulrich im Arm hielt. Mechthild, die aus Rottenburg herübergeritten kam, um den Nachwuchs in Stuttgart zu begutachten und auch weil sie mit ihrer doppelten Schwägerin, wie sie gerne sagte, über deren neu erwachte Lust am Bücherlesen reden wollte, lachte sehr, als Margarethe entschuldigend sagte, es sei ja nur ein Mädchen. „Ein Mädchen für den Mann, der nichts so sehr liebt wie Frauen, Mädchen…" rief sie immer noch lachend, als Ulrich in die Kindskammer trat. „Nichts kann der Stuttgarter Schwager mehr brauchen als Mädchen, der Vielgeliebte, wie sie ihn draußen im Lande nennen!" Insgeheim ärgerte sich Ulrich über Mechthild, die mit einem gezielten Satz ein ganzes wohl aufgerichtetes Gedankengebäude in ein Nichts zusammenfallen lassen konnte. Aber er machte diesmal gute Miene zum bösen Spiel. Zu sehr freute er sich über dies erste Kind aus seiner rundherum glücklichen Ehe. Eine Frau, mit der man einfach alles besprechen konnte, und deren Einkünfte, klug verwaltet, einen Großteil der Kosten des Stuttgarter Haushaltes bestritten. Gemeinsam mit Margarethe begann er sein Stuttgart zu planen. Das Kloster in der neuen reichen Vorstadt, das er schon lange hatte errichten wollen, jetzt endlich würde es sich über das Stadium der Planung hinausbringen lassen.

Für Margarethe wurde diese dritte Ehe zum ganz großen persönlichen Glück. Ulrich, der Vielgeliebte, war nicht nur ein liebevoller, sondern auch ein toleranter Ehemann, selten gab es Streit; und wenn doch, dann ging er meistens von Margarethe aus, die es nur schwer ertragen konnte, wenn der Graf von Württemberg seine Blicke allzu ungeniert über die Schönen des Landes schweifen ließ. Dann konnte sie böse werden und ihn mit sich vor Erregung überschlagender Stimme zur Ordnung rufen, dass er sich lachend die Ohren zuhielt und in komischer Entrüstung zurückschimpfte, für so schrille Töne würde er sich Trompeter und Posaunisten halten, dafür bräuchte er keine Frau. *„Mit allen drei seiner Gemah-*

linnen lebte Graf Ulrich vergnügt, sonderlich mit der letzteren ..." urteilten schon die Zeitgenossen. Ulrich war ein zärtlicher Vater, der seinen Kindern, solange sie klein waren, viel durchgehen ließ, und auch die größeren rannten oft ihren Hofmeistern davon und fanden beim Vater die Zustimmung, die ihre Lehrer und Erzieher ihnen verweigerten. Für die heranwachsenden Grafen Eberhard und Heinrich war das kein guter Wechsel auf die Zukunft. Aber es war auch nicht einfach, die Balance zu finden zwischen Verwöhnen und Erziehen, denn von den zwölf ehelich geborenen Kindern überlebten nur fünf den Vater. Dazu kam eine unübersehbare Schar von illegitimen Sprösslingen, die versorgt, erzogen, verheiratet oder in Klöstern untergebracht werden mussten. Keine einfache Aufgabe. Das erste Töchterchen, das Margarethe ihrem Ulrich geboren hatte, war nach der Mutter Margarethe genannt worden. Nachdem Markgraf Karl seinem Vater als Herrscher Badens gefolgt war, hatte sich zwischen Ulrich und ihm eine feste Freundschaft entwickelt. Was lag da näher, als die Bande noch fester zu knüpfen und die Kinder miteinander zu verheiraten. Die beiden Väter schlossen einen Heiratsvertrag für ihre kaum den Windeln entwachsenen Kinder Margarethe und Christoph. Eine gute Verbindung, an der nur einer Anstoß nahm: der alte Feind in Heidelberg. Nach der unglücklichen Schlacht bei Seckenheim war eine seiner Bedingungen für einen Friedensschluss die Auflösung der badisch-württembergischen Eheabrede. Für Christoph suchte sein Onkel Kaiser Friedrich III. dann eine neue Ehefrau und glaubte sie in der jungen Barbara Gonzaga gefunden zu haben, allein sie war ihrem Vater noch zu jung, um sie in die Fremde ziehen zu lassen, und so heiratete der badische Erbprinz schließlich Ottilie von Katzenelnbogen. Margarethe aber, die verschmähte Braut, heiratete im April 1469 den Grafen Philipp von Epstein-Königstein und starb bereits im folgenden Jahr an der Entbindung ihres ersten Kindes.

Bildnis Herzog Ulrichs des Vielgeliebten von Wirtemberg. Seitenflügel eines Altarbildes.

Kaum ein Jahr nach der erstgeborenen Margarethe lag wieder ein kleines Mädchen in der Wiege im Stuttgarter Schloss. Diesmal war es eine Philippine. Ihren Namen bekam sie nach dem von Ulrich und Margarethe gleichermaßen bewunderten Cousin Margarethes, Herzog Philipp dem Guten von Burgund, und nach ihrem Stiefbruder Philipp, der unerreichbar für seine Mutter im Heidelberger Schloss aufwuchs. Margarethe hatte diesmal fest mit einem Jungen gerechnet und gehofft, dadurch würde sich die Sehnsucht nach dem nun siebenjährigen Philipp ein wenig legen. Auch für die kleine Philippine wurde sehr früh eine Eheabrede getroffen, die Fünfjährige wurde dem nicht viel älteren Grafen Jakob II. von Horn versprochen. Nicht viel länger lebte das Kind bei seinen Eltern, denn der Heiratsvertrag enthielt die Klausel, dass die kleine Braut bei der Familie ihres zukünftigen Mannes in der flandrischen Grafschaft Horn erzogen werden sollte. Wieder hieß es für Margarethe Abschied nehmen von einem Kind. Sechzehnjährig wurde Philippine ihrem Ehemann angetraut, sie starb wenige Jahre später und wurde in Weert, einem Städtchen in der niederländischen Provinz Limburg, in der Kirche des Franziskanerklosters beigesetzt.

Erneut war Margarethe schwanger, und wieder kam eine kleine Gräfin zur Welt, ein Kind, das so schnell starb, dass es nicht einmal einen Namen erhielt.

Margarethe war schon über vierzig Jahre alt, nach dem Wissen der Zeit eine alte Frau, da schenkte sie noch einmal einem kleinen Mädchen das Leben. Helene, ein wahrhaftiges Glückskind, fröhlich wie die Mutter und sorglos wie der Vater, mit dichtem kupferfarbenem Haar und den raschen Bewegungen der Mutter. Helene, das Kind, das die Eltern nicht hergaben. Sie wuchs in Stuttgart bei ihren Eltern auf. Sehr spät erst, sie war immerhin schon über zwanzig, wurde für sie eine Eheabrede getroffen, und weit weg gaben die Eltern ihre Jüngste auch nicht. Graf Kraft VI. von Hohenlohe nahm sie mit nach Langenburg. Achtzehn Kindern schenkte sie das Leben und wurde so zur Stammmutter des Hauses Hohenlohe. Sie ist die einzige der Töchter Margarethe von Savoyens, die ihre Eltern überlebte. Als sie 1506 starb, wurde sie in der Stiftskirche St. Peter und Paul in Öhringen beerdigt.

Margarethe von Savoyen hatte sich als Kind oft an den alle anderen Fürstenhöfe überstrahlenden Hof der Herzöge von Burgund in Dijon gewünscht. Mehrmals war sie an der Seite ihres Vaters nach Dijon geritten, hatte der Familie ihres Cousins Philipp ihre Aufwartung gemacht. Die Beziehung dorthin war familiär und herzlich. All die Jahre hindurch hatte sie die bestehenden Bindungen an die Familie ihrer Mutter gepflegt und am Leben erhalten. Für Ulrich den Vielgeliebten war der ritterliche Herzog Philipp der Gute von Burgund einer der Fürsten, die er uneingeschränkt bewunderte. Für ihn war es nur eine Frage der Zeit, bis er seine heranwachsenden Söhne an den Burgunder Hof zur Ausbildung geben würde. Philipp der Gute hatte das Herzogtum Burgund zum reichsten und angesehensten Fürstentum Frankreichs gemacht. Schön von Angesicht, angenehm in den Umgangsformen war er von erlesenem Geschmack, dreimal verheiratet hatte ihm nur seine dritte Frau Isabella von Portugal einen Sohn geschenkt, den Grafen Karl von Charolais, der die burgundischen Besitzungen in Flandern regierte. Die Zahl seiner unehelichen Kinder hingegen tendierte gegen dreißig, die von ihrem Vater großzügig ausgestattet und gefördert wurden. Philipp neigte zu Wutanfällen, die seiner Umgebung Angst machten, die aber durch ein gutes Wort oder eine Entschuldigung ebenso schnell verrauchten, wie sie gekommen waren. Machtbesessen, freigiebig und fromm war Philipp einer der schillerndsten Herrscherpersönlichkeiten der Zeit. Es war kein Wunder, dass Ulrich von ihm begeistert war. Elegante Turniere und rauschende Feste liebte auch der Stuttgarter Graf. Philipp der Gute war einer der Verfechter der Idee eines Kreuzzuges gegen die Türken. Er hatte das Kreuz genommen, lange bevor der Kaiser dazu aufrief. Seit einiger Zeit schon spielte er mit dem Gedanken, Genua einzutauschen und damit einen Hafen zu haben, in dem er eine Kreuzzugsflotte aufbauen konnte, die er dann Kaiser und Papst zur Verfügung stellen wollte.

Es muss am Stuttgarter Hof wie eine Bombe eingeschlagen haben, als der in ganz Deutschland bewunderte Fürst Margarethe in einem Brief mitteilte, dass seine zum Reichstag in Regensburg reisenden Räte und Gesandten in Stuttgart Station zu machen gedächten. Philipp selber wollte sich mit Ulrich in Ulm treffen und dann auf der Rückreise einige Tage in Stuttgart verbringen. Die vornehmen, fremdartig gekleideten Herren aus Burgund erregten in Stuttgarts Straßen großes Aufsehen. Die Reise Philipps des Guten durch Deutschland glich dem Zug eines Kaisers. Wohin er kam, wurde er gefeiert und wie in einem Triumphzug von Hof zu Hof und Stadt zu Stadt weitergereicht. Ulrich den Vielgeliebten zog es nicht auf den Reichstag, er versprach sich nichts von dieser Zusammenkunft der Fürsten, die der Kaiser auf Wunsch des Papstes einberufen hatte, um einen Kreuzzug gegen die türkische Gefahr, die sich im Osten des Reiches zusammenbraute, zu organisieren. Wie zu erwarten gewesen, ließ sich Kaiser Friedrich III. in Regensburg nicht blicken, als seinen Gesandten hatte er Enea Silvio Piccolomini geschickt, den späteren Papst Pius II. Im Namen des Kaisers kündigte er die Aufstellung eines Heeres von 200.000 Mann gegen die Türken an, aber trotz dieses Aufgebotes fand sich keine Mehrheit für einen Kreuzzug, daran änderten auch die flammenden Appelle des Burgunders nichts. Zu teuer, zu gefährlich und vor allem zu wenig Erfolg versprechend, die Fürsten dachten nicht daran ihres Glaubens wegen in den Krieg zu ziehen. Tief enttäuscht vom Konzil reiste Philipp ab. Vier Tage blieb er in Stuttgart und bot dem staunenden Volk mit seinem prachtvoll herausgeputzten Gefolge einen wahrhaft exotischen Anblick. Ein Fest jagte das andere. Besonders Margarethe genoss die Gespräche mit dem gebildeten Fürsten, der am liebsten las und dessen Bibliothek zu den gepflegtesten ihrer Zeit gehörte. Philipp dichtete selber, zog Maler, Künstler und Literaten an seinen Hof, dessen Pracht, Atmosphäre und Großzügigkeit weithin ausstrahlte. Margarethe sprach von ihrer Liebe zu den alten Epen und Legenden, Literatur, die nicht in Vergessenheit geraten durfte. Sie hatte das Gebetbuch ihres Vaters geerbt, ein Wunder der Buchmalerei. Zu ihren liebsten Träumen gehörte, in Stuttgart eine Werkstatt eröffnen zu können, in denen die Buchkunst ein Zuhause haben würde. Eine Werkstatt, in der Künstler nach ihren Vorstellungen und Angaben arbeiten würden. Dort sollten die Bücher entstehen, die sie liebte und die sie in die deutsche Sprache übersetzen lassen wollte.

In Urach war der erst achtzehnjährige Graf Ludwig II. seiner Epilepsie erlegen. Jetzt musste erneut eine Vormundschaft eingerichtet werden, diesmal für den zwölfjährigen Eberhard. Noch in der Nacht nach dem Bekanntwerden der Nachricht ritt Ulrich nach Urach, um die Vormundschaft zu übernehmen und sich von den Räten der Grafschaft bestätigen zu lassen. Doch er fand die Tore der Stadt verschlossen, und auch auf sein dringendes Ersuchen wurde er nicht eingelassen. Kochend vor Wut ritt er zurück nach Stuttgart und verfasste eine scharfe Note an die Räte des Neffen. Alsbald erreichte ihn die Nachricht, dass auf Wunsch der Mutter des Grafen, der Frau Erzherzogin von Österreich, die Tore der Stadt sowohl für ihn als auch für den Pfalzgrafen bei Rhein verschlossen gehalten wären. Diesmal wollte sich Ulrich nicht wieder von seinem Heidelberger Feind in die Vormundschaft hineinregieren lassen. Als die Uracher Räte einen Landtag nach Leonberg einberiefen, um die Vormundschaftsfrage zu klären, erschien Ulrich, obwohl er anfänglich nicht hatte kommen wollen, doch und siegte auf der ganzen Linie. Er wurde alleiniger Vormund des Neffen. In den nächsten zwei Jahren handelten die beiden Landesteile oft übereinstimmend und wie ein Land. Dann mochte sich der nun vierzehnjährige Eberhard nicht mehr von einem Vormund an eigenen Entscheidungen hindern lassen. Er bat den Oheim, die Mutter in Rottenburg besuchen zu dürfen, weil er einen Rat brauche. Die Bitte wurde ihm gewährt. Eberhard ritt zur Mutter und von dort aus weiter nach Ettlingen zum Markgrafen Karl von Baden und ertrotzte die vorzeitige Volljährigkeit. Da konnte der Onkel in Stuttgart toben, soviel er wollte. Der junge Graf war flügge geworden. Die Vormundschaft in Urach war beendet.

Um Württemberg-Stuttgart gegen die ihm bedrohlich erscheinenden Expansionsgelüste der Pfalz abzusichern, hatte Ulrich an der Grenze einen Landgraben ausheben lassen, der unglücklicherweise in seinem Verlauf an einigen Stellen pfälzisches Gebiet überquerte. Lange verhandelten beide Seiten, konnten sich aber nicht über einen anderen Verlauf des Grabens einigen. Als Graf Ulrich auf einer Auslegung der Grenzziehung beharrte, griff Friedrich der Siegreiche das Stuttgarter Grafenpaar auf einem anderen Gebiet an. Er beharrte darauf, die noch ausstehende Zahlung von 5.000 Gulden Zinsen aus dem Wittum ihres ersten Ehemannes nunmehr sofort zu entrichten. Bei ihrer dritten Eheschließung hatte es Margarethe ihrem Mann Ulrich von Württemberg und ihrem Schwager Friedrich von der Pfalz gemeinsam überlassen, die Forderungen, die sie noch an ihren Bruder und an die Erben ihres ersten Ehemannes hatte, einzutreiben. Das war nicht einfach zu lösen, die Rechtsverhältnisse waren schwierig und verworren, und auf Seiten der Schuldner war die Lust zu bezahlen nicht eben sehr ausgeprägt. Denn es ging nicht um kleine Summen, sondern um richtige Vermögenswerte. Von ihrem Bruder Louis hatte sie noch mehr als 50.000 Gulden zu bekommen. René von Anjou, der jüngere Bruder ihres ersten Mannes, kam mit dem Geschmeide und den Kunstgegenständen, die Margarethe gehörten, und den aus den nicht abgegolte-

Margarethe von Savoyen, die dritte Ehefrau Ulrichs des Vielgeliebten. Ausschnitt aus einem Altarflügel.

nen Mitgiftzahlungen samt Zinsen auf eine annähernd gleich hohe Summe.

Nach dem Tod Ludwig von Anjous war Margarethe zu ihrem Vater zurückgekehrt, René war damals Gefangener des Herzogs von Burgund gewesen. Die leichte Haft hatte ihm gestattet, sich als Vermittler zwischen England, Frankreich und Burgund im Hundertjährigen Krieg zu bewähren. René hatte seitdem ein von vielen Höhen und Tiefen durchzogenes Leben geführt. Hin- und hergerissen zwischen den Parteien hatte er sich einige Jahre als Herrscher im Königreich Neapel-Sizilien halten können, bevor er von König Alfons V. von Aragon vertrieben wurde, ein Konflikt, der noch lange schwelen sollte. Durch seine Heirat mit Isabella, der Erbin Lothringens kam er in den Besitz Lothringens, dessen Herrschaft er nach langen Kämpfen seinem Sohn Johann übergeben hatte. In seinem Geburtsort Angers an der Loire widmete er sich der alten französischen Literatur, wobei er besonders die alten Weisen der Troubadoure aus der Provence sammelte. Als die Verhandlungen um Margarethes ausstehende Gelder sich immer mehr hinzogen, sandte sie selber einen Boten zu René nach Angers, der tatsächlich erfolgreich war. „Le bon roi René“ ließ sich eine jährliche Zahlung von 3.000 französischen Kronen abringen.

Ein erster Teilerfolg, den Margarethe aber nicht mit dem Schwager in der Pfalz teilen mochte. Natürlich erfuhr Friedrich trotzdem davon und reagierte fuchsteufelswild. Diesmal stellte er Margarethe vor vollendete Tatsachen und ließ ihr alle noch ausstehenden Gelder sperren. Margarethe ihrerseits beschwerte sich bei Herzog Albrecht von Bayern-München und bei Albrecht Achilles von Brandenburg, dem Vertrauten des Kaisers, über die erneuten Anfeindungen aus der Pfalz. Für jedermann klar ersichtlich trieben die Querelen zwischen den Nachbarn auf einen neuen Höhepunkt zu. Ulrich fühlte sich als Fürst des Reiches und als Senior des Hauses Württemberg mehr und mehr isoliert, denn auch auf die

Solidarität der Uracher Räte und seinen Neffen Eberhard konnte er sich nicht verlassen. So prekär wurde die Lage, dass Gericht, Rat und Gemeinde der Stadt Stuttgart für alle Ämter in der Grafschaft Württemberg-Stuttgart einen Appell an die Uracher verfassten, indem sie darauf hinwiesen, dass *„wir ains stamens und namen und von alter her In guter fruntschaft unterainander herkomen sind…“*, schon deswegen sollten die Uracher um *„sipp und fruntschaft“* wegen dem Stuttgarter Landesteil zu Hilfe kommen. Ulrich hatte sich völlig isoliert, er war in einer ausgesprochen unangenehmen Lage. Schließlich verzichtete Margarethe schweren Herzens auf ihre Anteile aus den Rheinzöllen bei Oppenheim und Mannheim, dadurch schrumpfte das Geld aus der Pfalz auf lediglich 2.000 Gulden im Jahr. Friedrich in Heidelberg konnte sich ins Fäustchen lachen, er hatte sein Schäflein im Trockenen und verzichtete großzügig auch im Namen seines Sohnes Philipp „für alle Zukunft“ auf alle Ansprüche auf die Gelder aus Savoyen und Anjou. Der Streit spitzte sich immer mehr zu. Aber nicht nur mit Württemberg und Baden gab es Auseinandersetzungen, auch Papst und Kaiser hatten ihre liebe Not mit dem Pfälzer, der im Mainzer Bischofsstreit im Widerspruch zu Kaiser und Reich stand.

Der Kaiser ernannte Ulrich von Württemberg zum Reichshauptmann und stellte ihn gemeinsam mit Markgraf Karl von Baden an die Spitze eines Reichsheeres, das die Pfalz in einem Reichskrieg zur Vernunft bringen sollte. Gemeinsam mit Markgraf Karl von Baden und dessen Bruder Bischof Georg von Metz geriet Ulrich V. von Württemberg in der Schlacht von Seckenheim am 30. Juni 1462 in die Gefangenschaft seines schärfsten Gegners, Friedrich von der Pfalz. Vielfach gewarnt, zuletzt von seinem Freund, dem Grafen Hans von Rechberg hatte er sich nicht davon abbringen lassen, in die Pfalz einzufallen und dicht bis vor Heidelberg zu rücken. Die Schlacht hatte erst kurz nach der Mittagszeit begonnen und nur wenige Stunden gedauert, da war sie verloren. Die meisten Reisigen des kaiserlichen Heeres waren in pfälzische Gefangenschaft geraten wie die beiden kaiserlichen Hauptleute. Am Tag nach der Schlacht suchten drei der ranghöchsten Räte Ulrichs, die sich unversehens als Regenten des Landes wieder gefunden hatten, Markgraf Albrecht Achilles auf, um ihn von der Niederlage in Kenntnis zu setzen.

Der erfahrene Stratege versuchte in der allgemeinen Aufregung zunächst nicht die Übersicht zu verlieren und sich mit den Worten: *„Denn der erste erschreck ist das großt und wurdet alle tage lynnder!“* zu beruhigen. Aber die Tage vergingen, und der Schrecken blieb. Durch die Gefangennahme Ulrichs in Seckenheim wurde die Beilegung aller Differenzen zwischen Württemberg und der Pfalz ausschließlich in die Hände des Pfalzgrafen gelegt. Von nun an diktierte der „böse Fritz“ das Geschehen, und zwar auf eine Weise, die den Württembergern Hören und Sehen vergehen ließ. Bereits wenige Tage nach der Katastrophe bekam Margarethe einen mitfühlenden Brief Philipps des Guten von Burgund, der seine liebe Cousine seiner aufrichtigen Anteilnahme versicherte, seine Gesandten hätten ihn von der Gefangennahme ihres Mannes unterrichtet. Der Herzog von Burgund beschwor Margarethe, den Mut nicht zu verlieren, sondern wie bisher Kraft und Tugend zu zeigen, ihr Volk und ihre Untertanen zu trösten und ihn über die weiteren Verhandlungen zur Freilassung Ulrichs zu unterrichten. Er wolle aber auch den Untertanen noch einen Brief schreiben und so sein Mitgefühl zum Ausdruck bringen. Der Brief ist ein ganz persönliches Zeichen der Wertschätzung für Ulrich und Margarethe von einem der bedeutendsten und höchsten Fürsten des Reiches, der sich auch während der weiteren Gefangenschaft für die Gefangenen einsetzte.

Herzog Philipp der Gute von Burgund bemühte sich nach Kräften um eine Lösung auf dem Wege der Diplomatie. In den Krieg ziehen mochte er nicht, zumal er sich auch keine großen Chancen gegen den Pfälzer ausrechnete. Erst als Kaiser Friedrich III. die Möglichkeit einer Ehe seines Sohnes Maximilian mit der Enkelin des Herzogs, der Tochter seines Sohnes Karl, Maria von Burgund, in greifbare Nähe rücken ließ und Markgraf Albrecht Achilles von Brandenburg mit dem Amt des Reichsvikars winkte, war der Burgunder bereit, die kriegerische Auseinandersetzung mit der Pfalz noch einmal zu überdenken. Aber Friedrich der Siegreiche war zu gewieft, sich in einen Krieg hineinziehen zu lassen. Er vermied alles, was erneute Truppenbewegungen notwendig gemacht hätte. Als Margarethe sich von ihrem ersten Schock erholt hatte, begann auch sie ihre Gesandten zu den befreundeten Höfen in Burgund und Anjou und an die Schweizer Eidgenossenschaft zu senden, um Ulrich aus der Haft freizubekommen. Die Gefangenschaft im Heidelberger Schloss war hart und unmenschlich. Seinem Gefangenen ließ er selbst im Kerker die Fußfesseln nicht abnehmen. Nicht er verhandelte mit den Räten der Eingesperrten, die Räte sollten sehen, wie ihre Herren litten, und so eher bereit sein, einzugehen auf die Bedingungen, die der Pfälzer zu stellen gedachte. Fast täglich betete Margarethe in der Stiftskirche und gelobte eine Wallfahrt nach Santiago de Compostela, wenn sie ihren Ulrich nur unbeschadet wieder aus der Gefangenschaft zurückbekäme. Endlich, im April 1463, nach fast zehnmonatiger Haft, wurde Ulrich von Württemberg freigelassen. Friedrich der Siegreiche hatte die Haftbedingungen noch einmal verschärfen lassen und erst als die gefangenen Reichshauptleute ihren Gesandten erklärten, sie würden die an Folter grenzende Haft nicht mehr lange durchstehen, waren Baden und Württemberg bereit, die Bedingungen des Pfälzers zu erfüllen. Die Forderungen, die Friedrich stellte, waren eine Fessel, die Württemberg finanziell für Jahrzehnte keinerlei Entwicklungsspielraum ließ.

Ulrich musste sich verpflichten, der Pfalz ein Lösegeld von 100.000 Gulden zu zahlen, davon 60.000 Gulden innerhalb der nächsten drei Jahre, die restlichen 40.000 verzinst mit einer jährlichen Zinssumme von 2.000 Gulden. War das schon ein Betrag, der weit außerhalb der Möglichkeiten des kleinen Württemberg-Stuttgart lag, so musste sich der Landesherr des Weiteren verpflichten, auf das enge Bündnis, das er mit Markgraf Karl von Baden eingegangen war, zu verzichten und darüber hinaus binnen Jahresfrist dafür zu sorgen, dass Papst und Kaiser sich mit Friedrich dem Siegreichen von der Pfalz versöhnten, widrigenfalls würde noch einmal ein Bußgeld von 10.000 Gulden fällig. Die für seine Tochter Margarethe eingegangene Heiratsabrede mit Christoph von Baden musste sofort rückgängig gemacht werden, eine badisch-württembergische Ehe durfte es nicht geben. Stadt und Amt Marbach musste als Lehen der Pfalz ausgehändigt und von dort wieder empfangen werden. Ein schmerzlicher Vorgang für Ulrich, denn noch niemals war Württemberg der Pfalz lehnspflichtig gewesen. Eine Maßnahme, die Württemberg in die Abhängigkeit von der Pfalz brachte und das bei einer der Lieblingsstädte des Vielgeliebten. Die Schmach wurde noch verschärft durch eine Bedingung, gegen die sich Ulrich am längsten gewehrt hatte: Margarethe verlor alle ihre Ansprüche auf ihr Wittum aus zweiter Ehe, die Einkünfte aus Möckmühl und Löwenstein, den Zehnten aus Heilbronn, alles dahin. Schmerzlich war auch, dass sie gezwungen wurde, alle die Schmuckstücke, die ihr Ludwig IV. geschenkt hatte, an die Pfalz zurückzugeben. Hier wog der Verlust der Erinnerung schwerer als der unmittelbare Wertverlust. Ihr edelsteinbesetzter Ehering, die goldene Krone, die sie zur Geburt Philipps bekommen hatte, die schönen Ketten, die goldene Brosche, nichts blieb ihr aus der Heidelberger Zeit.

Die finanzielle Lage war prekär. Da vom Kaiser und vom Reich keinerlei Hilfe zu erwarten war, kam es einer mehr als großzügigen Geste gleich, dass Markgraf Albrecht Achilles von Brandenburg mit Ulrich einen Heiratsvertrag zwischen seiner Tochter Elisabeth und Eberhard, dem nun sechzehnjährigen älteren Sohn Ulrichs abschloss. Zwar war die brandenburgische Markgräfin erst zwölf Jahre alt, aber Albrecht Achilles zahlte die 20.000 vereinbarten Gulden der Mitgift seiner Tochter bereits vor der Eheschließung aus. Ein ganz unübliches Verfahren, das seine Ursache einzig und allein in der Finanzkrise am Stuttgarter Hof hatte. Aber die Vereinbarungen mit der Pfalz rissen Löcher, die nicht einfach zu stopfen waren.

Damit Margarethe auch weiterhin ihren Hofstaat unterhalten konnte, musste ihr Ulrich die Einkünfte der Städte Winnenden und Backnang verschreiben. Wieder wurden die Einkünfte des Landes spürbar belastet. Die enormen Zahlungen, die Württemberg nach der Freilassung Ulrichs zu leisten hatten, belasteten den Stuttgarter Landesteil in der zweiten Hälfte des 15. Jahrhunderts bis an die Grenze des Tragbaren. Die Katastrophe war spürbar und für alle ablesbar, aber Margarethe mochte trotzdem nicht jammern. Sie hatte ihren Ulrich wieder. Seine Gesundheit hatte unter der schweren und strengen Haft gelitten. Schlimmer aber war, dass er seelisch überhaupt nicht mehr belastbar war. Oft saß er stundenlang in seinem Sessel und grübelte, dann erzählte er schnell und stoßweise aus der Zeit im Kerker: „Dann hat er uns zum Mahl geladen, in die oberen Stockwerke des Schlosses bringen lassen, aber die Fußfesseln nicht abgenommen. Aufgetischt hat er uns ein Mahl von mehreren Gängen, alles war da, was man essen und trinken mochte – bis auf Brot. Kein Stück gab es davon, auch wenn man fragte, wurde keines gebracht. Schließlich hat er uns aufstehen geheißen und ans Fenster treten. Dann hat er gesagt, all die Dörfer seien verwüstet von des Kaisers Reisigen, die Felder trügen nichts, und wo es kein Getreide gäbe, da gäbe es auch kein Brot. Danach sind wir mit unseren Ketten und dem schlechten Gewissen wieder in den Keller gebracht worden." Nach solchen Ausbrüchen brütete der Graf wieder still vor sich hin, aber diese Stimmung hielt nicht lange an. Bald schon wollte er sein altes Leben wieder aufnehmen. Träumte von dem Kloster, das er in der neuen Vorstadt errichten wollte, und überhaupt müsse jetzt endlich etwas gebaut werden, und zwar schnell und ohne Rücksicht auf Geld.

Bald nach seiner Rückkehr aus der Gefangenschaft, niedergedrückt von der Schuldenlast und den sich auftürmenden Alltagssorgen, fand Ulrich zu seinem Optimismus zurück. Er bat den Kaiser, Württemberg zum Herzogtum zu machen und der Stadt Stuttgart, die sehr unter der Schuldenlast des Landes zu leiden habe, durch die Verlegung des Königlichen Hofgerichts von Rottweil in die württembergische Landshauptstadt aufzuhelfen. Aber der Kaiser reagierte nicht, er hatte andere Sorgen. Sollten doch die Württemberger sehen, wie sie wieder auf die Beine kamen. Es war empörend, wie sich der Kaiser aus der Affäre zog, dachte Margarethe, Ulrich war schließlich nicht aus eigenem Antrieb in den Krieg gezogen, als Hauptmann des Reiches hatte er auf Wunsch des Kaisers mit militärischen Mitteln in den schwelenden Mainzer Bischofsstreit eingegriffen. Jetzt hatte Württemberg die Folgen eines Reichskrieges zu tragen. Es musste etwas geschehen. Die versprochenen Gelder aus Angers trafen nur selten und in manchen Jahren gar nicht ein. Jetzt brauchten sie das Geld. Als Diplomat hatte Renatus von Anjou schließlich einiges an Geld verdient. Le bon roi René nannten ihn seine Landsleute im Tal der Loire, am Hofe von Dijon war er trotz mancher Zwistigkeiten in der Vergangenheit gerne gesehen. Es ginge ihm gut, das hatte ihr Vetter Philipp der Gute immer wieder versichert. Der König von Frankreich hätte ihm seine Dienste großzügig vergolten. René konnte also gut das zahlen, was sie seiner Familie dreißig Jahre zuvor aus Anstand überlassen hatte. Das Gute daran war, es würde ihr und Ulrich gehören, denn auf diese Gelder hatte der böse Fritz ganz eindeutig schriftlich und für alle Zeit verzichtet. Dreimal schrieb sie nach Angers. Als sie dann immer noch keine Antwort in Händen hielt und die Lage in Württemberg immer bedrohlicher wurde, traf sie eine Entscheidung. Sie würde das Gelübde der Wallfahrt nach Santiago de Compostela einlösen und ihr Gelübde mit einer Reise nach Angers verbinden.

Die Gräfin reitet

Sprachlos hatte Ulrich seiner Frau zugehört. Die finanzielle Lage des Landes und des Herrscherhauses war bedrückend. Das Geld aus der Pfalz fehlte überall, nicht genug, dass damit ein großer Teil des gräflichen Haushaltes bestritten worden war, der Landhofmeister hatte mit den regelmäßigen Zahlungen auch manches Loch im Landeshaushalt stopfen können. Margarethe hätte weinen mögen, wenn sie an Ulrichs Seite durch Stuttgart ritt. Die Bevölkerung freute sich wie eh und je, wenn sie den Vielgeliebten und seine Frau sahen, aber die sorgenvollen Gesichter hellten sich nur wenig auf, der laute Jubel von ehedem war verstummt. Die Lage war ernst, begonnene Bauprojekte konnten nicht mehr fortgesetzt werden, die Baustellen lagen verödet, sogar die Stiftskirche blieb eingerüstet, das von Ulrich mit ganzem Herzen gewünschte Dominikanerkloster kam über die Pläne nicht hinaus. Sogar die mit so viel Elan begonnene Mauer um die neue Reiche Vorstadt war ein Torso, in den Baulücken wuchsen Disteln und Unkraut. Die schmucke Stadt, von der die Herrin des Landes einst geträumt hatte, war in weite Ferne gerückt. Die immer neuen Steuern und Abgaben verbitterten selbst diejenigen, die mit großem Opfermut das Lösegeld für Ulrich mit aufgebracht hatten. Jetzt sollte es endlich wieder aufwärts gehen. Als der erhoffte Aufschwung auf sich warten ließ, machte sich Hoffnungslosigkeit breit.

„Erfolg gebiert Erfolg“, hatte Margarethe gesagt und „wer nicht wagt, der nicht gewinnt! Ich reise nach

Angers zu René von Anjou und hole das Geld, das mir zusteht, und wenn es mein Leben kostet."

Ihre Worte trafen Ulrich tief und unmittelbar. Er war schuld, dass sie diese Reise auf sich nehmen musste, hätte er besonnener gehandelt, dann bräuchte sie jetzt nicht verlorenem Geld hinterherlaufen. Zärtlich nahm sie seine Hand und drückte sie:

„Es ist mein Wunsch und meine Entscheidung. Ich fahre auch nach Angers weil ich eine Wallfahrt nach Santiago de Compostela gelobt habe, als mein Gemahl in Heidelberg gefangen lag. Seine glückliche Heimkehr war mir ein Gelöbnis wert. Jetzt ist es soweit. Die Kinder können mich entbehren. Wer weiß, wie lange ich noch gesund bin. Lass mich reisen, und wir werden sehen, zu was es führt."

Wie immer, wenn Margarethe sich etwas in den Kopf gesetzt hatte, musste es schnell gehen. Die Vorbereitungen für den Jakobsweg liefen seit einigen Wochen bereits auf Hochtouren. Inzwischen hatte Ulrich begriffen, dass der Entschluss seiner Frau endgültig und sie mit keinem noch so gewichtigen Argument von der Wallfahrt abzuhalten war. Sie wollte nur wenige Begleiter mitnehmen, alles andere lehnte sie als zu teuer ab. Wer auffiele, der sei mehr in Gefahr als derjenige, der sich klug bescheide, und außerdem sei der von ihm immer wieder vorgetragene Einwand; Frauen täten so etwas nicht, einfach nicht wahr. Fast ein Viertel aller Wallfahrer, wenn nicht noch mehr, sei weiblich. Sie wolle nichts mehr davon hören, was sich für eine Gräfin von Württemberg schicke und was nicht. Schließlich stimmte Ulrich zu. Die Wallfahrt der Gräfin wurde in der Stiftskirche mit einer feierlichen Messe eingesegnet. Lediglich zwei ihrer Hofdamen, einige wenige Ritter und Gesandte Ulrichs, ihr persönlicher Sekretär und ein Priester sollten Margarethe begleiten. Sie wollte von Beginn an, soweit das möglich war, auf „St. Jakobs Wegen" reisen, in den Hospizen des Jakobsweges unterkommen und es nicht besser haben als die anderen Pilger.

Zuerst aber wollte sie quer durch Frankreich in die alte Königsstadt Angers an der Loire zu ihrem Schwager René reisen. Seine Untertanen nannten den listenreichen René „le bon roi René". Er war ein Fürst, der trotz wechselvoller politischer Schicksale am Ende seine Schäfchen ins Trockene gebracht hatte. Zudem hatte sie sich gewünscht, einige der Orte ihrer Kindheit aufzusuchen.

Außerdem hatte sie der Versuchung nicht widerstehen können, einen Besuch am Hof Philipps des Guten in Dijon einzuplanen. Mit seinem Zuspruch und seinem Rat hatte er ihr mehr geholfen als viele andere, mit der schrecklichen Situation der Gefangennahme Ulrichs fertig zu werden. Jetzt hatte sie gehört, dass es ihm nicht gut ginge. Die Beschwerden des Alters machten ihm das Regieren fast unmöglich, und sein Kanzler träfe alle Entscheidungen. Sehr zum Verdruss seines einzigen Sohnes Karl, des Grafen von Charolais, der ungeduldig darauf wartete, die Macht zu übernehmen und das Burgunderreich noch größer und mächtiger zu machen als seine Vorgänger.

Sehr schwer fiel Margarethe der Abschied von Helene, ihrer jüngsten Tochter, die nun auch schon acht Jahre alt war und mit ihrer lebhaften Fröhlichkeit sehr an die junge Margarethe erinnerte. Noch einmal drückte die Mutter sie an sich. Schon zu Pferde, wandte sie sich noch einmal um und winkte. Bis nach Rottenburg würde Ulrich sie begleiten, so war es ausgemacht. Dort würde Mechthild, die Schwägerin, sie in Empfang nehmen und nach Freiburg eskortieren lassen. Mechthild liebte Freiburg, die Stadt in der sie mit ihrem zweiten Mann Albrecht VI. eine Universität gegründet hatte. Die Ehe war nicht glücklich gewesen. Als Albrecht starb, hatte ihm Mechthild eine standesgemäße Bestattung ausrichten lassen. So gehörte es sich. Seitdem lebte sie auf ihrem Witwensitz Rottenburg, den sie zu einem wahren Hort der Künste und der Wissenschaften gemacht hatte. Immer wieder zog es sie nach Freiburg. Universitätsluft schnuppern, nannte sie das. Leider konnte sie seit einiger Zeit nicht mehr so reiten wie früher. Die Gicht, an der sie von Jugend an gelitten hatte, war schlimmer geworden, und das Fahren im Wagen oder gar das Getragenwerden in einer Sänfte behagte ihr nicht. Jetzt ritten beide Frauen ins Gespräch vertieft nebeneinander. Es war ein schöner, sonniger Tag, die Wege waren trocken, das Reiten angenehm. Viel Freude hatte Mechthild an ihrem Sohn Eberhard. Er war zwar immer noch so wild und ungebärdig wie als Junge, aber er wurde zunehmend reifer und vernünftiger. Dass man ihn kein Latein habe lernen lassen, sei ein bleibendes Ärgernis, aber vielleicht auch eine Chance für die Wissenschaft und die Literatur im Lande. Denn seit einiger Zeit würde er sich für alles Geschriebene interessieren, ohne Latein bliebe ihm da natürlich vieles verschlossen. In letzter Zeit habe er entdeckt, dass man Übersetzungen in Auftrag geben und sich dadurch vieles erschließen könne.

Schmerzlich und beglückend zugleich war das Wiedersehen mit Basel, der Stadt, in der einst ihr Vater zum Papst gewählt worden war, und der Ort, an dem Ludwig IV. bei ihrer zweiten Brautfahrt auf sie gewartet hatte, um sie heimzuholen nach Heidelberg. Das war mehr als zwanzig Jahre her, damals war vieles von dem, was das Basler Konzil auf den Weg gebracht hatte, noch lebendig gewesen. Die Straßen waren neu gepflastert worden, die Häuser herausgeputzt und die Herbergen und Gasthäuser für die hohen Gäste hergerichtet worden. Seit drei Jahren hatte die Stadt eine Universität, deren bedeutendster Förderer Papst Pius II., der einst als Beobachter an dem Konzil teilgenommen hatte, gewesen war. Margarethe ging alleine in die Kirche St. Leonhard und stand lange vor dem Heilspiegelaltar, den Meister Konrad Witz in den Jahren vor dem Konzil geschaffen hatte. Damals hatte Aufbruchstimmung in der Stadt geherrscht, der Wunsch nach Erneuerung und nach Reformen war groß gewesen. Wünsche, die in den folgenden

Jahren im Streit der verschiedenen Interessen, in einem Pestausbruch und den anschließenden Jahren wirtschaftlicher Not untergegangen waren. Aber die noch junge Universität blühte und brachte junge Menschen in die Stadt. Fast grün schimmerte der Rheinstrom in der Sonne, von seinem linken Ufer grüßten die schlanken Türme des Münsters, leuchtete das farbig gedeckte Dach. Dort, in dem fünfschiffigen Inneren des Münsters, hatte Margarethe sehr oft mit dem Vater gebetet. Dabei hatte sie sich ausgemalt, wie es wäre, wenn die beiden Säulenreihen brächen und sie, mit dem Vater unter den Steinmassen begraben, im Himmel bei der Mutter aufwachen würden. So sehr hatte sie sich in die Trauer ihres Vaters hineinversetzt. Fast plastisch stand Amadeus VIII. In der Erinnerung vor ihr, sie ertappte sich dabei, wie sie ihm zulächelte. Erschrocken sah sie sich um, aber da war niemand, sie war wirklich alleine.

Auf Basel folgten einige Tage der Ruhe in Ripaille. Dorthin war der junge Herzog Amadeus IX. von Savoyen gekommen, Margarethes Neffe, der seit dem Tod ihres Bruders Louis die Herrschaft übernommen hatte. Sie erinnerte sich an den zarten kränklichen Jungen, dem seine energische Mutter immer seine jüngeren und tatkräftigeren Brüder vorgezogen hatte. Von Mönchen erzogen, hatte sich Amadeus zu einem weltfremden jungen Mann entwickelt, dem seine angeborene Epilepsie zunehmend zu schaffen machte. Verheiratet war er mit Jolanthe, der hoch gebildeten und tatkräftigen Schwester König Ludwig XI. von Frankreich. Seit einigen Jahren hatte sie dem frommen und guten Werken zuneigenden Amadeus, der deswegen schon bei Lebzeiten in den Ruf der Heiligkeit geriet, die Macht aus den Händen genommen und gestaltete die Politik Savoyens nun weitgehend alleine. Ripaille, jener Hort der Gelehrsamkeit und Frömmigkeit schlief den Dornröschenschlaf, auch in den umliegenden Wäldern waren Jagden selten geworden, seit das Land einen Herrscher hatte, dem laute Festlichkeiten keine Freude machten und der sich am liebsten in die Einsamkeit zurückzog.

Dijon, Heimat der Mutter, deren Neffe Philipp der Gute einer der bedeutendsten Fürsten der Zeit war. Der Dritte der großen Herzöge von Burgund hatte das Land noch weiter arrondiert, mit kluger Politik und weitreichenden Entscheidungen vom Ausgang des hundertjährigen Krieges zwischen England und Frankreich profitiert. Mit seiner Entscheidung, den entflohenen Thronfolger in Burgund vor seinem Vater König Karl VII. zu verstecken, hatte er geglaubt einen Wechsel auf die Zukunft in der Tasche zu haben. Aber Ludwig XI. entpuppte sich als großer Intrigant, bigott und grausam gegen alle, die sich seinem Machtstreben widersetzten. „Wer nicht heucheln kann, kann auch nicht herrschen" war eines seiner Lieblingsworte. Aber davon drang schon seit einiger Zeit nichts mehr in die düstere Leere, in der der Geist seines Onkels Philipp des Guten gefangen war. Der einst so kluge, hoch gebildete und an allem interessierte Herrscher versank im Altersschwachsinn. Er erkannte kaum noch jemanden, musste gefüttert und geführt werden, ein Bild des Jammers für alle diejenigen, die ihn auf der Höhe seiner Macht erlebt hatten. Für Margarethe war das Wiedersehen mit dem so bewunderten Cousin fast gespenstisch. Wie er da auf seinem Sessel saß, die Hände unruhig hin- und herfahrend, immer noch sorgfältig gekleidet, war er nur noch eine Hülle des strahlenden Herrschers von einst. Ihm zur Seite stand sein einziger Sohn Karl, Graf von Charolais, der Erbe Burgunds, hoch aufgerichtet, schlank und schön, so wie Margarethe seinen Vater in Erinnerung hatte.

Ungeduldig wartete er darauf, seinem Vater auf den Thron zu folgen. Liebenswürdig lud er die liebe Cousine ein, im herzoglichen Palast Wohnung zu nehmen und zu bleiben, so lange sie wolle. Ein Angebot, das Margarethe gerne annahm. Die Gastfreundlichkeit des glanzvollen burgundischen Hofes war eingebunden in ein nahezu perfektes Zeremoniell, das bis ins Kleinste alles regelte, was am Hof geschah. Nichts blieb dem Zufall überlassen. Niemand konnte sich aus dem Protokoll herauswinden. Es war ein verordneter Glanz ohne Herzlichkeit, ohne familiäre Güte. Margarethe wurde behandelt, wie es ihrem Rang als Gräfin von Württemberg zukam. Ihrem Rang entsprechend lief das Protokoll ab. Die exakte Organisation eines Hofes, dessen zentraler Mittelpunkt nichts mehr wahrnahm, war gespenstisch. Margarethe war froh, als sie weiterreisen konnte nach Vezelay. Als sie sich von Philipp dem Guten verabschiedete, standen ihr die Tränen in den Augen. Er erkannte sie nicht. Wenn sie ihren Namen nannte, dann straffte er sich kurz, anerzogene Herrschergesten, die nun im Nichts endeten. Wortlos ging sie hinaus zu ihren Begleitern. Wortlos ritt sie in die sanfte Landschaft Burgunds hinein. Weinberge überall, jetzt am Ende des Sommers hatte die Ernte begonnen. Noch hingen die Trauben schwer und glänzend an den Stöcken, bald schon würden sie, geschnitten und gekeltert, für einen neuen Jahrgang köstlichen Burgunderweines sorgen. Die Sonne, die fröhlich winkenden Menschen auf den Feldern und in den alten Weindörfern längs der Straße holten das Lächeln auf Margarethes Gesicht zurück.

Vezelay war erreicht, der „ewige" Hügel, dessen Basilika der heiligen Maria Magdalena, der Begleiterin Jesu geweiht war. Staunend sah Margarethe dem lebhaften Treiben in dem berühmten Pilgerort zu. Hier trafen sich Menschen aus aller Herren Länder, Arme und Reiche, Alte und Junge, Prinzen und Spielleute, ein jeder ein Wallfahrer auf den Wegen des Herrn. Jedes der dicht an dicht stehenden Häuser nahm Pilger auf, die Einwohner verkauften fromme Bilder und andere Devotionalien. Die Hospize der Orden waren hoffnungslos überfüllt. Auf dem verschlungenen Weg hinauf zur Basilika folgte eine Pilgergruppe der anderen, ein unendlicher Zug. Schweigende Menschen mit ernsten Anliegen an die verehrte

Heilige. Für heute wollte Margarethe nur eines: Schlafen, ausruhen und dann am anderen Tag beten in der berühmten Basilika, einem der ganz großen Heiligtümer Burgunds. Nicht weit vom Reformkloster Cluny gelegen, war es Vezelay trotzdem gelungen sich zu einem der bekanntesten Wallfahrtsorte zu entwickeln. Hier hatte der Heilige Bernhard von Clairvaux mit flammenden Worten die Christenheit zum zweiten Kreuzzug aufgerufen. Von Vezelay aus waren die Könige Richard Löwenherz und Philipp-August an der Spitze eines gewaltigen Ritterheeres zum dritten Kreuzzug aufgebrochen. Nachdem er sich in der Basilika hatte einsegnen lassen, war der Heilige Ludwig, Frankreichs König, von Vezelay aus in das Heilige Land aufgebrochen.

Am nächsten Morgen war Margarethe mit ihrer Begleitung unter den Pilgerscharen, die hinauf zogen zur Basilika. Es gelang ihr mit einiger Mühe, anders als der Pilgerstrom, die Kirche einmal zu umrunden und so den Blick auf die Landschaft Burgunds von allen Seiten zu genießen. Dann reihte sie sich ein in den endlosen Strom und stand plötzlich wie geblendet im lichtdurchfluteten Kirchenschiff. Ihr geschulter Blick hatte rasch das bildhauerische Meisterwerk der „Mystischen Mühle" entdeckt, am schönsten aber war die wunderbare Darstellung des Pfingstwunders im Mittelportal: Jesus Christus in seiner Glorie, umgeben von den Aposteln. Ein Bild von erhabener Einfachheit und ergreifender Klarheit. Margarethe schluckte, das war Glaube in Stein gehauen, der aus einer längst vergangenen Zeit hinüberleuchtete direkt in ihr innerstes Sein. Lange verweilte sie im Gebet versunken in der Kirche. Noch nie hatte sie in einem Raum ein so überirdisches Licht, das wie aus einer anderen Welt zu kommen schien, wahrgenommen. Ganz benommen war sie nach einer ihr unendlich lang vorkommenden Zeit durch die Vorkirche wieder hinaus ins Tageslicht getreten.

Sie erreichten Angers am frühen Abend. Seit Tours waren sie der Loire gefolgt, hatten die dichten Wälder von Chinon passiert, in Saumur Station gemacht und noch einmal in einer Herberge dicht vor Angers eine Nacht verbracht, um ausgeruht und mit frischen Pferden bei Herzog René in Angers anzukommen. Margarethe war aufgeregt. Wie würde man sie empfangen? Was würde René sagen, der Schwager, den sie nicht einmal kennen gelernt hatte in den wenigen Monaten ihrer ersten Ehe in Cosenza. Mehr als dreißig Jahre war Ludwig von Anjou nun schon tot. Margarethes Töchter waren heute älter als sie damals bei ihrer ersten Ehe. Kaum vorstellbar, dass es noch immer Schulden aus jenen Zeiten zu begleichen gab. Was würde René sagen? Sie fieberte der Begegnung entgegen und fürchtete sie doch.

Neugierig sah sie sich um. Angers war eine alte Stadt. Zuerst Stammessitz der gallischen Andekaven, dann zunächst Hauptstadt der Grafschaft, später des Herzogtums Anjou. Römer, Franken und Normannen waren hier Herren gewesen und hatten ihre Spuren im steinernen Gesicht der Stadt hinterlassen. Die Römer hatten in „Juliomagus", einer ihrer bedeutenderen Niederlassungen an der Loire, riesige Thermen, wuchtige Befestigungsanlagen und ein beeindruckendes Amphitheater gebaut. Hier hatte der berüchtigte Foulques, Graf von Anjou aus dem Haus der Fulkonen, gewütet, und jedes Mal, wenn ihn die Reue wegen seiner Untaten überkam, Klöster und Kirchen gestiftet, um damit Buße zu tun. Als die Fulkonen im 12. Jahrhundert als Haus Plantagenet England erheirateten, wurde Angers so etwas wie die heimliche Hauptstadt des Inselreiches. Reich ausgestattet von den Herrschern der Plantagenet, die ihren Namen ihrem Ahnherrn Gottfried verdankten, der immer einen frischen Ginsterzweig (plante genêt) als Helmzier trug. Ein halbes Jahrhundert lang erstreckte sich das gewaltige Reich der Fulkonen vom Norden Englands und Westfrankreichs bis hin zu den Pyrenäen. Angers blühte auf, eine Architektenschule entstand, mit dem berühmten Stil des Anjou. Aber die Herrlichkeit endete bereits zu Beginn des 13. Jahrhunderts. Anjou fiel an die französische Krone, seine Grafen und Herzöge waren nun Kapetinger, später Mitglieder des Hauses Valois.

Nach dem Tode Ludwig III., der kinderlos in Cosenza gestorben war, erbte sein Bruder René Titel und Ansprüche. Volkstümlich und beliebt wurde er vom Volk „le bon roi René“ genannt. Er förderte die Wissenschaften und die Künste, hatte aus der alten Universitätsstadt das „Athen des Westens“ gemacht. Schöne alte Häuser säumten die Straße, die hinaufführte zum Schloss. Es lag hoch über dem Maine-Tal auf einem Felsen und grüßte von dort uneinnehmbar in die Stadt hinunter. Eine gewaltige Festungsanlage, umschlossen von einer fast 700 Meter langen Mauer, die einem unregelmäßigen Fünfeck gleich, von siebzehn an die vierzig Meter hohen, trutzigen runden Türmen flankiert wurde, geeignet, Feinde allein durch ihren martialischen Anblick in Angst und Schrecken zu versetzen. Der in mühseliger Fronarbeit in den Fels gehauene Burggraben war dreißig Meter breit und elf Meter tief. Der Weg hinauf war steil und bedrückend, die Festung machte einen so unbezwingbaren Eindruck, dass Margarethe unwillkürlich den Kopf einzog und alle Gespräche erstarben. Dank ihres Passierscheines wurden sie von überaus freundlichen Wächtern eingelassen. Die Pferde wurden ihnen abgenommen und versorgt, die Packpferde von der Last befreit. Alles lief wie am Schnürchen. Herzlich begrüßt vom Haushofmeister des Herzogs von Anjou wurden Margarethe und ihre Begleiter in das Gästehaus geführt und bezogen dort die für sie bestimmten Gemächer. Hier im Innenhof strahlte der ganze Gebäudekomplex eine wohltuende Ruhe aus. Alles schien sich ineinander zu fügen. Angelegt wie eine mittelalterliche Cité lagen die Gebäude der Residenz des Fürsten neben den Wohnungen der Offiziere und der Dienerschaft. Die Kapelle St. Geneviève wurde wie das königliche Logis zu Beginn des

Jahrhunderts von der Mutter Ludwigs und Renés, der schönen, früh gestorbenen Yolande von Aragon erbaut. Das hübsche kleine Schloss mit der nördlichen Galerie hatte ihr Sohn René erst vor wenigen Jahren erbauen lassen. Hinter den runden Türmen lebte er ganz seiner Leidenschaft für die Literatur. Die schönen Gärten mit den Gehegen exotischer Tiere waren ebenfalls erst unter seiner Herrschaft entstanden.

Abends lud der gute König René seine Gäste zu einem festlichen Mahl in sein kleines Schloss. Er kam seinen Gästen bis zum Portal entgegen. Ein gemütlich aussehender älterer Herr, der Margarethe, sie wusste nicht warum, an Ulrich den Vielgeliebten erinnerte. Ein ungekünstelter Herrscher, der mit einer knappen Handbewegung ins Schloss hineinführte und seine Gäste ohne viel Aufhebens an der Tafel Platz nehmen ließ. Es gab Wein von den Hängen der Loire. Lachend fragte er Margarethe, ob sie lieber einen Burgunder wolle. Das Essen war ein köstliches Mahl in fünf Gängen. Das Wildbret hatte der Herzog von Anjou selber gejagt, die Fische stammten aus der Loire, das Gemüse aus den Gärten innerhalb der Festungsanlage. Während sich Margarethe und Herzog René über längst vergangene Zeiten unterhielten, brüteten ihre Ratgeber über dem Heiratsvertrag, der vor genauso langer Zeit für sie und Ludwig ausgehandelt worden war. Schwierige Rechtsverhältnisse, die es nun mühsam nachzuvollziehen und zu entwirren galt. Während gerechnet und gefeilscht, für gut befunden und verworfen wurde, zeigte René der Schwägerin von ehedem einen der bedeutendsten Schätze seines Hauses, die berühmte Serie der Teppiche, auf denen die Offenbarung des Johannes in Bilder gewebt worden war. Ludwig I., Herzog von Anjou, Renés Großvater hatte das gewaltige Werk einst in der Werkstatt des berühmten Pariser Teppichkünstlers Nicolas Bataille anfertigen lassen. Auch heute, nach vielen Jahrzehnten, galt der Zyklus immer noch als das bedeutendste Kunstwerk des Hofes von

Anjou. Als Vorlage hatte Nicolas Bataille Miniaturen des kongenialen Hofmalers Karls V. von Frankreich, Hennequin de Brügge, benutzt. Bild für Bild hatte der berühmte Meister in siebenjähriger Arbeit in insgesamt 103 gewebte Bilder umgesetzt. Ein Wunderwerk der Webkunst. Seit seiner Entstehung wurde der Zyklus von den Herzögen von Anjou wie ihr Augapfel gehütet und nur bei besonderen Gelegenheiten öffentlich gezeigt. René erklärte, dass das von seinem Großvater bestellte Wunderwerk bei der Hochzeit seines Vaters Ludwig II. mit Yolande von Aragon in der Kathedrale ausgestellt war. Tag für Tag sei das Volk an den Bildern vorbeidefiliert, staunend, in Ehrfurcht versunken. Jeder hätte wenigstens einen der Teppiche einmal berühren wollen. Offiziere hätten daneben gestanden um die Teppiche zu schützen. 168 Meter sei der Zyklus lang, wenn alle seine Teile nebeneinander hingen. Jeder Teppich war fünf Meter hoch, sieben Teppiche insgesamt zeigen jeder in zwei mal sieben Bildern die Herrschaft des Antichrist, jeder Teppich hat an seinem Rand eine große menschliche Gestalt, die auf die nachfolgenden Bildfolgen hinweist.

Nicht alle Teppiche waren ausgestellt, aber die, die sie zu Gesicht bekam, ließen Margarethe in Bewunderung erstarren. So viel Schönheit, so viel Hingabe an ein Werk, das Generationen in ehrfürchtiges Staunen versetzte. Was für ein großer Künstler hatte hier seine Gedanken in einem Kunstwerk die Zeiten überdauern lassen. René lächelte und holte aus einem Schrank ein verschlossenes Kästchen, öffnete es und legte vorsichtig Blatt für Blatt einer Miniaturenfolge auf den großen Kanzleitisch. „Das sind die Vorlagen des Malers, jeweils sieben, denn sieben ist die Zahl der Vollkommenheit." Margarethe, die Miniaturen liebte, seit sie das Gebetbuch Amadeus VIII. an ganz besonderen Tagen betrachten durfte, konnte ihre Blicke nicht abwenden. Schließlich hatte sie die Miniatur entdeckt, deren Bild auf dem vor ihr hängenden Teppich zu sehen war. Vollkommen im Maßstab hatte der Weber die Malerei von der Miniatur auf das Riesenstück des Teppichs übertragen.

Ein Wunder. „Der Teppich genießt den besonderen Schutz unserer Familie“, flüsterte René. „Und wenn ich, wie es ja aussieht, dem Drängen des Königs nachgebe und für mein geliebtes Anjou den kinderlosen Grafen von Maine adoptiere, damit nach seinem Tod das Herzogtum an die Krone Frankreichs zurückfällt, an dem Tag werde ich den Teppich der Kathedrale von Angers schenken, denn die Krone ist ihn nicht wert ... “ Sprachlos betrachtete Margarethe den Herzog. Aber der schien sie vergessen zu haben: „Ich werde in die Provence gehen, nach Aix, dort kann man leben, weit weg von allem und die Lieder der Troubadoure sammeln.“ Plötzlich wandte er sich lachend an Margarethe: „ ... und mit dem Geld das ich bekomme, weil ich Anjou abtrete, werde ich die Schulden meines Bruders bezahlen, ein Teil ist ja schon getilgt, den Rest werden wir fest verbindlich für alle Zeiten festlegen.“ Immer noch lachend legte er den Arm um Margarethes Schultern und kehrte mit ihr in sein geliebtes kleines Schloss zurück.

Von da an ging alles sehr schnell. René legte fest, dass fünfzehn Jahre lang jährlich ein Betrag von 3.000 Gulden an den Grafen Ulrich von Württemberg-Stuttgart und seine Erben gezahlt werden solle. Dann wäre die Schuld für ewige Zeiten getilgt. Der Vertrag wurde aufgesetzt und endlich unterschrieben und gesiegelt. Margarethe konnte ein Triumphgefühl gegenüber Friedrich dem Siegreichen nicht unterdrücken. Endlich einmal saß sie am längeren Hebel. Sie vertraute diesem so ganz anderen Fürsten. Aber erst wenn das Geld im Januar des nächsten Jahres auch wirklich angewiesen würde, konnte sie sicher sein, dass ihr Gefühl sie nicht getrogen hatte.

Es war schon spät im Jahr. Die Begleiter Margarethes drängten auf eine zügige Weiterreise. Le bon Roi René begleitete Margarethe noch ein gutes Stück auf dem Jakobsweg von Angers nach Poitiers. Jeder hing seinen

Gedanken nach. Was wäre gewesen, wenn der Vater den jüngeren Bruder für sie ausgesucht hätte, dann würde sie jetzt an der Seite dieses freundlichen Bücherliebhabers und Künstlerfreundes leben. Schnell versuchte sie sich das Gesicht Ulrichs vorzustellen und freute sich darauf, ihm den ausgehandelten Vertrag zu zeigen, und wusste schon jetzt, was er darauf sagen würde: „Dann reicht es für mein Dominikanerkloster!" Unverbesserlicher Optimist der er war! Sehr vergnügt und zufrieden schieden die beiden, die einst ganz nah miteinander verwandt gewesen waren. Sie hatten eine Hypothek aus der Vergangenheit aufgelöst und blickten gelassen in die Zukunft.

Von Poitiers ging der Weg über Saintes durch die liebliche Landschaft der Charente immer weiter nach Süden. Seit Poitiers berührten sie Städte, kamen sie durch Landschaften, in denen Eleonore von Aquitanien gelebt hatte, Ehefrau zweier Könige und Mutter zweier Könige. Geliebt, verjagt, gehasst und vergöttert wie kaum eine andere Frau ihrer Zeit und doch im Gedächtnis der Menschen geblieben als eine bedeutende Frau, die Kunst und Literatur gefördert hatte.

Bordeaux tauchte am Horizont auf, jene Stadt, die noch bis vor wenigen Jahren englisch gewesen war. Seit den Zeiten Eleonores von Aquitanien, seit dreihundert Jahren war der Handel mit England über Bordeaux gelaufen. Nach dem Ende des hundertjährigen Krieges war die Vorliebe für England und alles Englische der Stadt zum Verhängnis geworden. Die französische Krone bestrafte die Kapitale im Süden für ihre Vorliebe, annullierte alle in Jahrhunderten gewachsenen Privilegien. Die Stadt veramte und konnte sich lange nicht mehr erholen.

Allmählich saß auch Margarethe die Müdigkeit in allen Knochen. So sehr sie sich auch untereinander Mut zusprachen, es war ganz offensichtlich, dass die Strapazen der Reise ihren Tribut forderten. Das Schlimmste war, dass es nur quälend langsam voranging. Margarethe hatte sich vorgenommen, an normalen Tagen dreißig Kilometer zurückzulegen. Bei gut ausgebauten Straßen und Wegen ging es etwas schneller, bei guten Herbergen und Hospizen stiegen sie und ihre Begleiter ausgeruht auf frische Pferde und begannen den Reisetag nach einer Frühmesse munter und vergnügt. Aber wenn das Wetter schlecht war, die Wege aufgeweicht und rutschig, dann war das Reiten äußerst unangenehm. Manchmal, wenn sie überrascht von einem plötzlichen Schauer bei einem Bauern Schutz suchten, dann verjagte sie der Hund, und es brauchte viel Überredungskunst des mitreisenden Priesters, bis sie bleiben durften. Margarethe, der so etwas in ihrem bisherigen Leben noch nicht widerfahren war, trug es mit Fassung, sie malte sich aus, wie manche ihrer Standesgenossinnen auf ähnliche Lebenslagen reagieren würden, und der Gedanke daran erfüllte sie mit Fröhlichkeit. Sie hatte gehört und es zunächst kaum glauben wollen, dass reiche Leute und Herrscher, die es sich leisten konnten, Stellvertreter auf die Wallfahrt schickten.

Endlich erreichten sie St. Jean-Pied-de Port, die letzte Station des Jakobsweges auf französischem Boden. Vor ihnen erhoben sich die Berge der Pyrenäen wie ein bedrohliches Hindernis auf dem Weg zum Ziel. Die trutzigen Wehrmauern der Zitadelle grüßten die Pilger schon von weitem. Eine Nacht noch in Frankreich, dann ging es über die Berge hinein nach Spanien. Von nun an unterwarf sich Margarethe ganz den Regeln der Wallfahrer. Es galt nicht mehr, in einem weichen Bett zu schlafen, nach einer Nacht im Hospiz sollte die Pilgerfahrt fortgesetzt werde, warme Bäder und überhaupt alles Wohltuende für den Körper war von nun an zweitrangig und hatte hinter der Wallfahrt zurückzustehen. Dem alten Römerweg folgend, ging es immer weiter hinauf zur Höhe des Ibaneta-Passes. Dort hatte Karl der Große seinen sterbenden Paladin Roland in die Arme genommen, nach dem die Nachhut des weit vorausziehenden kaiserlichen Heeres im Pyrenäental von Roncevalles von den Sarazenen angegriffen und aufgerieben worden war. In seiner Not hatte Roland, der als Neffe des Kaisers einer seiner zwölf Paladine war, seinen Olifant, das aus einem Elefantenstoßzahn gefertigte, reich mit Schnitzereien verzierte Horn an die Lippen gesetzt und so gewaltig geblasen, dass der Schall Kaiser Karl erreichte und ihn die Gefahr, in der sich seine Ritter befanden, erkennen ließ. Er eilte zurück, aber es war zu spät. Sie lagen erschlagen auf der Wallstatt, der Held Roland erlag seinen Verletzungen in den Armen des Kaisers.

Die erste Nacht auf spanischem Boden verbrachte Margarethe im weithin berühmten Augustinerkloster dicht an der Grenze. Bei Puente la Reina trafen sich die vielen Pilgerwege zu einem einzigen, der direkt auf Santiago de Compostela zuführte. Margarethe und ihre Begleiter reihten sich ein in den unendlichen Strom der Pilger, die ihren Pilgerstab in der einen, ihr schmales Bündel in der anderen Hand dem Ziel ihrer Wallfahrt zuzogen, dem Grab des Apostels Jakobus in Compostela. Wie hieß es in dem Pilgerführer, den sie wieder und wieder gelesen hatte: *„Nimm diese Tasche als Zeichen der Pilgerschaft, damit du geläutert und befreit zurückkehren mögest. Die Tasche ist klein. Der Vorrat, den sie enthält, ist mager, denn du sollst auf deinen Herrn vertrauen. Sie ist offen und oben ungebunden, damit du freigiebig bist in deinen Almosen. Sie ist aus der Haut toter Tiere, da auch du die Laster und Begierden des Fleisches durch Hunger und Durst, Fasten, Kälte und Entbehrung abtöten sollst."*

Wie anders war diese Wallfahrt, als sich Margarethe das vorgestellt hatte. Neue Eindrücke veränderten ihr Denken, machten ihren Kopf frei für Gedanken, die ihr noch vor kurzer Zeit ungeheuerlich vorgekommen wären. Der Stab in ihrer Hand war ihr Trost und Hilfe zugleich, so wie es der Pilgerführer beschrieben hatte: *„Nimm auch den Stab gleichsam als deinen dritten Fuß, er* *beweist deinen Glauben an die Dreieinigkeit, er verteidigt dich gegen die Wölfe und gegen deine Feinde, damit du sicher zurückkehren mögest."* Sicher zurückkehren zu den Ihren nach Stuttgart und auch nach Winnenden, der Stadt, der sie erst seit wenigen Jahren verbunden war. Sie hatte Heimweh nach Ulrich, seinem Lachen und seinem unverwüstlichen Optimismus.

Meile auf Meile verwandelte sich unter ihren Füßen in Gedanken. Pamplona, Burgos, Städte und Dörfer mit Hospizen, Klöstern, mächtigen Kathedralen und einfachen Dorfkirchen. Orte, in denen Wunder geschehen waren wie in San Domingo de la Calzada. Dort gefiel ein junger Mann, der mit seinen Eltern auf dem Jakobsweg unterwegs war, einer Wirtstochter so gut, dass sie des Nachts zu ihm ins Bett stieg. Er wehrte sie ab und schickte sie fort. Aus Rache versteckte sie einen Silberbecher in seinem Pilgerbeutel. Der vermeintliche Diebstahl wurde entdeckt, und der junge Pilger trotz seiner Unschuldsbeteuerungen zum Tode am Galgen verurteilt. Seine Eltern setzten ihre Pilgerfahrt fort und klagten am Jakobusgrab dem Heiligen ihr Leid. Nach 36 Tagen kehrten sie nach San Domingo zurück. Der Sohn hing noch am Galgen und begann zu ihrem Entsetzen zu sprechen: „Ich bin nicht tot. Gott und sein Diener, der Heilige Jakobus, haben mich errettet. Ich bitte Euch, gehet hin zum Richter der Stadt und bittet ihn, herzukommen und mich herunterzulassen." Der Richter saß gerade beim Mittagessen, vor sich auf der Tafel hatte er ein gebratenes Huhn und einen Hahn. Als er hörte, um was die Eltern ihn baten, deutete er auf das Geflügel und sagte: „Nach so vielen Tagen am Galgen ist Euer Sohn so tot wie das Geflügel auf meinem Tisch". Kaum hatte er das ausgesprochen, da erhoben sich die gebratenen Hühner flügelschlagend und flogen zum Fenster hinaus. Der erschreckte Richter ließ den Jungen vom Galgen nehmen, und zur Freude der Eltern stand er auf und lebte.

Für Margarethe war dies eine der anrührendsten unter den zahlreichen Legenden des Jakobsweges.

Nun waren sie nur noch wenige Tagesreisen von Santiago de Compostela entfernt. In Triacastela in Galizien taten sie es allen anderen Pilgern nach und nahmen einen großen Kalkbrocken mit bis nach Castanola. In den dort aufgestellten Öfen wurde der für die Jakobsbasilika notwendige Kalk gebrannt. So trug Margarethe wie jeder andere Pilger auch zum Bau der Basilika des Heiligen Jakob bei. Unmittelbar vor der heiligen Stadt nahmen die Pilger in einem Wäldchen am Fluss ein reinigendes Bad. Nicht jeder der Begleiter Margarethes badete zur gleichen Zeit, denn das Wehklagen einiger Pilger bestätigte ihnen, dass der Reiseführer, den sie benutzten, Recht hatte, wenn er warnte: *„Die Pilgerscharen die von Frankreich nach Santiago ziehen, waschen sich aus Liebe zum Apostel hier nicht nur ihre Geschlechtsteile, sondern den Schmutz am ganzen Körper ab – und währenddessen widerfährt ihnen nicht selten das Missgeschick, dass ihre Kleidung gestohlen wird.“* Aber auch diese letzte Klippe vor dem Einzug in die Stadt des Heiligen umschifften die Pilger um Margarethe und standen dann auf dem Berg der Freude. Von dort aus konnte man die Jakobsbasilika zum ersten Mal sehen. Respektvoll ließen die Mitreisenden Margarethe den Vortritt. Denn wer als erster einer Pilgergruppe den Berg der Freude bestieg und die Basilika sah, der galt als König und wurde noch lange so angesprochen. Voller Stolz berichtete der „König“, auch wenn er wieder zu Hause angelangt war, von diesem Tag, an dem er König sein durfte auf einer besonderen Reise. Manchem blieb dieser Name ein Leben lang.

Endlich war das Ziel erreicht. Entbehrungen und Mühen waren vergessen, getragen von einem geheimnisvollen Kraftfeld war Margarethe angekommen am Ziel der Wallfahrt. Diesem Augenblick hatten alle entgegengefiebert. Die Pilger, die nun hineingehen würden in die

Kathedrale, die sich über dem Grab des Heiligen Jakobus erhob. Hier hatte der Jünger der Legende nach seine letzte Ruhestätte gefunden, nachdem er von einer mühseligen und erfolglosen Missionsreise in Spanien in seine Heimat Jerusalem zurückgekehrt und dort von den Schergen des König Herodes enthauptet worden war. Seine Jünger hatten den Leichnam in ein Boot gelegt und ihn mit Hilfe eines Engels nach Spanien zurückgebracht und dort beerdigt. Im Kampf gegen das Emirat von Cordoba wird der Heilige Jakobus zum wichtigsten Helfer der Christen gegen die Mauren. Eine große Leidensgeschichte zum Martyrium des Jakobus war in Spanien seit dem 6. Jahrhundert bekannt. Aber erst zwei Jahrhunderte später, als Bischof Theodemir das Grab des Apostels wiederentdeckte, entstand ein zunächst lokaler, später sich immer mehr ausweitender Kult. In der Legende um die Niederlage der Nachhut Karls des Großen im Tal von Roncevalles verbindet sich das untergehende Frankenreich mit dem aufstrebenden Königreich Asturien. Wunder und andere erstaunliche Ereignisse am Grabe des Apostels ließen Sagen und Legenden um das Jakobusgrab entstehen und wurden von einer ständig sich vermehrenden Pilgerschar in immer entferntere Gegenden Europas getragen. So wurde Santiago de Compostela im Laufe der Jahrhunderte nach Rom und Jerusalem zur drittwichtigsten Pilgerstätte der Christenheit.

Lange betete Margarethe am Jakobusaltar unter dem das Grab des Heiligen lag. Stunde um Stunde verging mit dem Betrachten der Kunstwerke, sogar auf die Empore stieg sie hinauf, dem Pilgerführer folgend: *„Sollte jemand traurigen Sinnes zur Empore aufsteigen, so wird er, wenn er oben durch die Schiffe schreitet, fröhlich, freudig erregt beim Anblick dieses ungemein schönen Gotteshauses."* Unendlich froh und erleichtert trat Margarethe wieder hinaus in das Sonnenlicht des Tages. Nur kurz dachte sie an den langen Rückweg, der nun vor ihr und ihrer Begleitung lag. Aber nichts konnte ihr die Erinnerung rauben an diesen erhabenen Moment, dem heiligen Jakobus ihr

Herz geöffnet zu haben. Unten auf dem Platz neben dem großen Brunnen inmitten der fröhlichen Menschen, die wie sie den Jakobsweg beschritten hatten und nun erfüllt waren vom Glaubens an die Heilige Dreieinigkeit erstand sie kleine Jakobsmuscheln. Für die, die daheim in Stuttgart für ihre glückliche Rückkehr beteten. Mit einem Male bekam sie eine grenzenlose Sehnsucht nach Ulrich und den Kindern, dass sie am liebsten stehenden Fußes aufgebrochen wäre. Aber der Rückweg musste sorgfältig vorbereitet werden, zerschlissene Kleider ersetzt, die Schuhe überprüft, Mäntel und Hüte erneuert werden. Dann erst konnte frohgemut der Pilgerstab ergriffen und der Beutel geschultert werden. Heim ging es, heim nach Stuttgart und zu Ulrich, der sie sehnsüchtig erwartete, da war sie sich ganz sicher. Der Heimweg war schwieriger, als sie es sich vorgestellt hatte. Die Ungeduld trieb sie vorwärts, mochten ihre Begleiter auch noch so warnen. Wer ruhigen Schrittes seinen Weg zog, der sei am Ende schneller als derjenige, der zu schnell Unmögliches erreichen wolle. Noch auf spanischem Boden musste Margarethe eine ganze Woche lang in einem Hospiz Unterschlupf suchen, weil sie ihre Kräfte überschätzt hatte. Erholt ging es dann über die Pyrenäen. In St.-Jean-de Pied ruhten sie wieder einen Tag, von hier aus ging es wieder zu Pferd den alten Jakobsweg vorbei an Toulouse zum ehrwürdigen Kloster St. Gilles. Je mehr Länder und Städte Margarethe durchreiste, je mehr Menschen sie kennen lernte, desto leichter wurde ihr ums Herz. Der Jakobsweg hatte ihr Herz freigemacht und lenkte die Gedanken in neue Bahnen.

St. Gilles in der Camargue war ein berühmter Wallfahrtsort am Unterlauf der Rhône. Von Athen aus war der vornehme Athener Aegidius in die Provence gepilgert, dort lebte er als Einsiedler und wurde von einer Hirschkuh ernährt. Bei einer Jagd des Königs wurde er von einem Pfeil getroffen, der eigentlich der Hirschkuh gegolten hatte, und verletzt. Der erschrockene König stiftete zur Buße ein Benediktinerkloster, in dem der Einsiedler Aegidius fortan lebte. Bei einer Pilgerfahrt nach Rom schenkte der Papst Aegidius oder Gilles, wie er in der Provence genannte wurde, herrlich geschnitzte hölzerne Türen. Wie aber sollten die in die Provence kommen? Der Heilige betete und warf die Türen in den Tiber, bei seiner Rückkehr schwammen sie im Hafen des Klosters und mussten nur noch geborgen werden. In St. Gilles begann eine der vier großen Pilgerstraßen Frankreichs nach Santiago de Compostela.

Die nächste Station war Arles, die alte Hauptstadt des Königreiches Burgund. Hier hatte die Königin Johanna von Neapel gelebt, dieselbe, die einst Ludwig von Anjou adoptiert hatte. Darauf gründeten die Herzöge von Anjou ihre Ansprüche auf das Königreich Neapel. Alte Geschichten, fand Margarethe, die immer noch lebten und Einfluss nahmen auf die Geschicke von Ländern und Menschen. Avignon tauchte am Horizont auf, die trutzige Residenz der Päpste und Gegenpäpste. Seit 1430, seit der letzte in Avignon amtierende Gegenpapst Benedikt XIV., der nur von einem einzigen Kardinal gewählt worden war, sein Pontifikat beendet hatte, war der riesige Papstpalast seiner Funktion beraubt. Dieselbe Johanna I. von Neapel hatte die Stadt einst an Papst Clemens VI. verkauft. Nicht ganz uneigennützig, denn nachdem sie ihren Ehemann hatte ermorden lassen, ließ sie sich in der ihr gehörenden Provence nieder. In einem Scheinverfahren rechtfertigte sie sich vor einem aus Kardinälen bestehenden Gericht und erreichte dann durch den Verkauf der Stadt an den Papst ihre Begnadigung. Damals residierten die aus Rom vertriebenen Päpste aber schon vier Jahrzehnte in der alten Stadt am linken Ufer der Rhône, die hier bereits seit fast dreihundert Jahren von dem aus zweiundzwanzig Bogen bestehenden Pont St. Bénézet überspannt wird. In dieser Landschaft, in diesem Kulturkreis hatte auch Margarethe ihre Wurzeln. Sie war sich dieser Tatsache bewusst, begriff aber staunend, dass ihr Heimweh nach Stuttgart größer war als ihre Verbundenheit mit der südlichen Landschaft. Sie wollte nur noch nach Hause, und ein Blick in die Gesichter ihrer Begleiter zeigte ihr, dass diese genauso dachten. Die Gräfin ritt durch Burgund und dachte nicht daran, Halt zu machen. Sie passierte Savoyen ohne Aufenthalt. Nur in Basel blieb sie einige Tage, um des Vaters zu gedenken und in der Kathedrale zu beten. Prinzessin von Savoyen, Papsttochter, Königin, Kurfürstin und Gräfin – das alles war sie durch Geburt und Heirat. Jakobspilgerin aber war sie ganz alleine durch sich selber. Sie hatte die Strapazen auf sich genommen und kehrte nun heim in ihr Leben, bereit seine Herausforderungen anzunehmen.

Nachklang in Stuttgart

Welche Freude wieder in Stuttgart zu sein. Wie schön das Schloss, wie freundlich die Menschen, wie glücklich ihr Ulrich. Daheim zu sein, im eigenen Bett zu schlafen nach all den Monaten der Abwesenheit. Welch ein Glück heimzukehren. Helene war kein Kind mehr, sondern ein junges Mädchen mit den dunklen Augen Ulrichs und seinem üppigen kupferfarbenem Haar, eine fröhliche junge Frau, das einzige Kind, das noch in Stuttgart lebte. In den Monaten, die Margarethe weg gewesen war, hatte sich Helene innig an den Vater angeschlossen, der nun störrisch wie ein Maultier behauptete, dieses Kind gäbe er nicht her, weder einem Mann noch in ein Kloster.

Seit Generationen hatte kein Württemberger mehr ein Kloster gestiftet. Am Margarethentag des Jahres 1471 aber war es soweit: Ulrich der Vielgeliebte legte den Grundstein zur Dominikanerkirche des neuen Klosters in der Reichen Vorstadt, die immer noch unter den finanziellen Einbrüchen nach dem pfälzischen Krieg zu leiden hatte. Neben Maria, der Mutter Gottes, war St. Ulrich der Schutzheilige der Kirche. Als zwei Jahre später Kaiser Friedrich III. Stuttgart einen Besuch abstattete, wurde das Kloster mit zwölf aus Nürnberg herbeigeholten Mönchen von Graf Ulrich eröffnet. *„Zu Besserung der* *unsern in Stuttgart"*, wie es in der Gründungsurkunde hieß. Aber die neuen Mönche hatten es nicht leicht in der Stadt, Mönche und Nonnen der anderen Klöster befürchteten, dass ihre Pfründe nun noch kleiner würden, und sie beobachteten die Neuankömmlinge misstrauisch. Bald schon würde die Reformation über diese jüngste Klostergründung in Stuttgart hinwegfegen. Margarethe bewunderte den Eifer und die Hingabe, mit der sich Ulrich nun wieder der Fertigstellung der Reichen Vorstadt widmete, die Hauptstadt seines Landes sollte anderen Residenzstädten in nichts nachstehen. Zu ihrem Erstaunen traf das Geld aus Angers von nun an Jahr für Jahr in Stuttgart ein. Der Vertrag wurde auch nicht gebrochen, als René zu Beginn der siebziger Jahre seine Residenz nach Aix-en-Provence verlegte.

Wie hatte Margarethe den Plan einer neuen großen Vorstadt bewundert, den ihr Ulrich kurz nach ihrer Hochzeit vorgelegt hatte. Bereits zu seiner zweiten Hochzeit einige Jahre zuvor hatte er nördlich der Altstadt einen großen Turnieracker anlegen lassen. Mit großer Freude hatten sie beide in den ersten Jahren ihrer Ehe diese Vorstadt großzügig und mit allen modernen Errungenschaften ausgestattet. Breite Straßen und große Gärten, Licht und Sonne sollten nicht ausgesperrt werden. Enge und Lichtmangel förderten Krankheiten, ließen Kinder und Greise früher sterben. Immer wieder hatte Margarethe an Turin denken müssen, die Residenzstadt im Piemont, in der sie einen Teil ihrer Jugend verbracht hatte, nachdem ihr Vater nach dem Aussterben des Hauses Savoyen-Achaja die Herrschaft im Piemont übernommen hatte. Aber nach der Schlacht bei Seckenheim war das Geld knapp: Angefangene Bauten wurden nicht vollendet, Straßen endeten im Nichts, sogar die Stadttore und die Mauern wurden nicht fertiggestellt. Einmal hatte Ulrich versucht, die Steuern anzuheben, aber die Bürger hatten rebelliert, sie zahlten schon genug am verlorenen Krieg und am Lösegeld und hätten große Verluste erlitten. Die Zeiten seien schlecht geworden, und der Landesherr möge doch bitte zur früheren Sparsamkeit zurückkehren, denn damals sei *„ain loblich, ersam leben"* gewesen und nicht *„ain sölich unordnunge"* wie heute. Über diesen Ausspruch hatte sich Margarethe sehr geärgert, wusste sie doch,, dass dieser Seitenhieb der Stuttgarter Ehrbarkeit gerade gegen sie gerichtet war.

Ein besonderer Dorn im Auge war den Stuttgartern die Buchwerkstatt ihrer Landesherrin. Seit ihrem Aufenthalt in Angers waren Margarethe die dort gesehenen Teppiche und Miniaturen nicht mehr aus dem Kopf gegangen. Schon bald nach ihrer Rückkehr aus Santiago de Compostela hatte sie mit dem Aufbau einer Buchwerkstatt begonnen. Drei Jahre hatte sie gebraucht, um einen begabten Maler zu finden und ihn zu bewegen, nach Stuttgart zu kommen. Einfacher war es gewesen, Schreiber aufzutun, jetzt aber hatte sie in dem jungen Ludwig Henfflin einen Schreiber und Maler gefunden, der alles das so umsetzen konnte, wie sie es sich vorstellte. Die Stuttgarter Werkstatt florierte, das musste selbst ihre verwöhnte Schwägerin Mechthild zugeben. Nicht einmal Eleonore von Schottland, die Frau Sigmund des Münzreichen, verfügte über eine so gute Werkstatt in Innsbruck. Alle drei Fürstinnen standen der burgundischen Renaissance nahe, ihnen allen gemeinsam war die Liebe zum langsam sterbenden Rittertum. Besonders Mechthild hatte hier in dem weit über achtzigjährigen Hermann von Sachsenheim einen Dichter, der ihr nicht nur zu Füßen lag, sondern ihr auch seine Werke widmete. Ihr zu Ehren hatte er „des Spiegels Abenteuer" geschrieben. Mechthild und ihrem Bruder Friedrich ist auch sein umfangreichstes Werk, die mehr als 6000 Verse umfassende Dichtung „Die Mörin" gewidmet. Eleonore von Österreich übersetzte das alte Heldenlied „Pontus und Sidonia" aus dem Französischen und formte es um zum Prosaroman. Margarethe, geschult an den mit Miniaturen und Bildern ausgeschmückten Büchern ihres Vaters, hatte auch die Bücher ihres Schwiegervaters Ludwig des

Gebarteten in Heidelberg genau studiert. Mit großer Liebe und sensiblem Einfühlungsvermögen ließ sie nun langsam Buch für Buch anfertigen. Jede Seite ein Kunstwerk von unvorstellbarer Schönheit, Bilder in zarten Farben, Gesichter mit heller Fröhlichkeit, sich einander zuneigend. Margarethe konnte nur mit äußerster Willensanstrengung dem Wunsch widerstehen, die Bilder zu berühren, so wie sie damals dem Drang widerstanden hatte, ihren kleinen Sohn an sich zu drücken. Täglich fast war sie in die Werkstatt gegangen, als dort Eleonores „Pontus und Sidonia" entstand, jene Liebesgeschichte in der die Liebenden immer wieder getrennt werden. Besonders liebte sie ihre dreibändige Bibel, wieder und wieder besah sie behutsam Seite für Seite. Ein einziger Maler hatte an allen hellen Stunden des Tages gemalt und gezeichnet, geduldig, ohne Hast, Tag für Tag, Monat für Monat, Jahr für Jahr. Ihr liebstes Buch aber war immer noch der Abenteuerroman „Herpin" von Elisabeth von Nassau-Saarbrücken. Jetzt war die gebildete Tochter Friedrichs von Lothringen und Margarethes von Vaudemont-Jointville schon lange Jahre tot, aber ihr Werk lebte und hielt die Erinnerung an die außergewöhnliche Fürstin wach. „Herpin" erzählt die Geschichte einer adeligen Familie über mehrere Generationen hinweg. Eine sehr verwickelte, dramatische Geschichte von Liebe und Tod, Verrat und Leidenschaft, Intrige, Kampf und Krieg. Herpin de Bourges verkaufte sein Land, bevor er als Kreuzfahrer am ersten Kreuzzug das Kreuz nahm. Nach seinem Tod versuchte sein Sohn das Land zurückzuerobern, auch er stirbt und nach ihm seine Söhne. Gewalt und List machen ihnen den Garaus, fromme Frauen schenken illegitimen Söhnen das Leben, zärtliche Stunden inmitten von Kampf und Krieg, Leben und Gesellschaft seiner Zeit entnommen. Margarethes „Herpin" enthält 260 sorgfältig gezeichnete, gemalte und gerahmte Bildchen. Philipp sollte die Bücher erben, in der Heidelberger Bibliothek würden sie neben den Büchern seines Großvaters hoch willkommen sein. In Stuttgart war sie sich nicht so sicher, was würde der Sohn Ulrichs, Eberhard, damit machen? Nein, Philipp sollte sie haben als Andenken an seine Mutter und an seinen Großvater, der Herzog von Savoyen, aber auch Papst gewesen war.

Seit langem schon hatte es Gerüchte über eine Vermählung des Kurprinzen von der Pfalz gegeben. Für den 19-jährigen Philipp hatte sein Onkel Friedrich der Siegreiche eine Hochzeit mit der Erbin der Grafschaft Katzenelnbogen ausgehandelt. Die Grafschaft hätte eine gute territoriale Ausweitung der Pfalz bedeutet, eine gute Ehe für das Land. Aber nicht für das Haus hatte Philipp gekontert, er würde beleibe nicht eine einfache Gräfin heiraten. Daraufhin hatte sein Onkel Verbindungen zum burgundischen Hof in Dijon aufgenommen. Nach seinem Verständnis wäre nur die Tochter Karls des Kühnen, Maria, eine gleichwertige Partnerin für den Kurprinzen der Pfalz gewesen. Aber der arrogante Burgunder träumte von einem ganz anderen Schwiegersohn. Er hatte Maximilian, den Sohn des Kaisers, im Visier. War der Herzog von Burgund nicht bedeutender als der ewig klamme, entschlusslose Habsburger, der kaum eine seiner Ideen ausführen konnte, weil ihm immer das Geld fehlte? Aber er war der Kaiser. Für Karls einziges Kind, seine Erbtochter Maria, kam nur der Kaisersohn Maximilian in Frage und kein anderer. Aber was, wenn sich der Kaiser anders entschlösse? Dann brauchte Karl der Kühne einen anderen Bräutigam. Also musste er den Pfälzer hinhalten, bis die Wunschverbindung mit einem Vertrag abgesichert war. Aber auch Philipp brauchte eine Braut: Er hatte sie gefunden in Margarethe von Bayern-Landshut, der Tochter Ludwigs des Reichen und der Kurfürstentochter Amalie von Sachsen. Damit kam er zwar seinem Vetter Eberhard von Württemberg-Urach in die Quere, der bereits seine Fühler ausgestreckt hatte, aber in Landshut rangierte der Württemberger hinter dem Pfälzer. Nicht zuletzt wegen seiner Teilnahme auf Seiten des Kaisers am unseligen pfälzischen Krieg. Außerdem hatte

Sohn Georg gerade die polnische Königstochter Jadwiga zugesprochen bekommen. Warum also einen Grafen nehmen, der zwar im Reich geachtet war aber nur eine halbe Grafschaft sein eigen nennen konnte.

Alle Heiratsprojekte zogen sich hin, weil des Kaisers Sohn Maximilian sich nicht entscheiden konnte. Schließlich drehte sich das Hochzeitskarussell doch, und Philipp musste auf Maria von Burgund verzichten, bekam dafür aber Margarete von Bayern-Landshut. Eine profitable, aber auch problematische Verbindung, denn so kamen zwei Linien des Hauses Wittelsbach wieder zueinander, und Braut und Bräutigam mussten, bevor sie die Ehe eingehen konnten, auf Erbansprüche in Bayern-Landshut für sich und ihre Nachkommen verzichten. Als Ort der Hochzeit wurde das pfälzische Amberg ausgewählt, um dem Brautvater, Herzog Ludwig, der an Gicht litt und einen bedenklichen Körperumfang hatte, die weite Reise nach Heidelberg zu ersparen. Natürlich weigerte sich Ulrich der Vielgeliebte mit nach Amberg zu gehen, er hatte keine Lust, seinem Kerkermeister Friedrich dem Siegreichen zu begegnen. So reiste Margarethe gemeinsam mit ihrem Neffen Eberhard dem Älteren und seiner Mutter Mechthild. An der Hochzeit durfte auch Helene, die einzige noch unverheiratete Stiefschwester des Hochzeiters teilnehmen. Am Ende aber waren weder Friedrich der Siegreiche noch Ludwig der Reiche unter den Gästen. Beide hatten die Reise aus gesundheitlichen Gründen absagen müssen. Außer dem reichen Heiratsgut der Landshuter Braut brachte die Hochzeit der Pfalz keinerlei territorialen Gewinn. Aber die Wittelsbacher wussten, was sie ihren Kindern schuldig waren, und so wurde die Hochzeit mit fürstlichem Prunk begangen. Als erstes wurde die Stadt der Hochzeit festlich herausgeputzt. Für die Beleuchtung der Festlichkeiten im Schloss wurden insgesamt nicht weniger als zwanzig Zentner Unschlitt gekauft, dazu für Wandelkerzen acht Zentner Wachs und vier Zentner Docht, hinzukommen noch

2000 Stäbe für die Beheizung der Küchen innerhalb und außerhalb des Schlosses. 30 Zentner Kohlen wurden beschafft, das reichte aber nicht, denn jede Menge dürres Holz musste herbeigeschafft werden. Der Landhofmeister der Pfalz war mit seinem Stab monatelang beschäftigt, alles zu organisieren, die Gäste und ihre Pferde unterzubringen, die Turniere zu planen und Unvorhergesehenes gerade noch rechtzeitig abzuwenden. Mehr als 150 Köche waren dafür zuständig, dass die fürstlichen Gäste und Besucher auch richtig verpflegt wurden. Eine organisatorische Aufgabe, die allen Beteiligten höchste Präzision abverlangte. Endlich aber war der Tag der Hochzeit da.

Es war ein glänzender Zug, der sich am Vorabend der eigentlichen Hochzeit auf Amberg zu bewegte. An seiner Spitze ritt der Bräutigam, dann dessen Mutter Margarethe von Württemberg. An der Seite Philipps von der Pfalz ritt seine Tante Mechthild, älteste Schwester und Vertraute seines Adoptivvaters. Auch ihr Sohn Eberhard im Bart, Vetter des Bräutigams hatte sich mit seinen Edlen dem Zug angeschlossen. Am Samstag fand ein „Scharfrennen vor der Braut auf einer Wiese“ statt. Unter den fürstlichen Damen, die dabei zusahen waren die Braut und Mechthild von der Pfalz mit ihren Jungfrauen. Gekommen waren die Brüder der Brautmutter Amalie aus Dresden. Sie selber nahm an fast keiner der Festlichkeiten teil, speiste immer alleine in ihren Gemächern. Hinter vorgehaltener Hand wurde die Unfähigkeit der Fürstin, andere Menschen zu ertragen, auf ihre schwierige Ehe mit Ludwig dem Reichen zurückgeführt. Auch in Landshut sah man sie nie an der Seite ihres Gemahls, sie zog den herzoglichen Sommersitz in Burghausen dem Eheleben vor. Ein Wermutstropfen im Freudenbecher war das Fehlen des Kaisers, der sich gar nicht weit von Amberg entfernt in Ansbach bei seinem Ratgeber Kurfürst Albrecht Achilles von Brandenburg aufhielt. Beide fanden es nicht ratsam, dem Kurfürsten von der Pfalz zu begegnen, denn es sollten nur noch wenige Monate vergehen, bis der Kaiser die Reichsacht über Friedrich verhängen würde. Auch ein enger Verwandter fehlte auf dem Hochzeitsfest: Herzog Albrecht IV. von Bayern-München, er hatte sich gerade mit seinem Landshuter Vetter überworfen und wollte das auch zeigen. Trotzdem reichte der Platz nicht aus, als Philipp von der Pfalz, angetan mit einem silberdurchwirkten Anzug seiner in sechs goldgestickte Röcke gekleideten Margarete das Ja-Wort vor dem Bischof von Regensburg gab. Margarethe von Savoyen saß neben Mechthild von der Pfalz in der ersten Reihe der Gäste und konnte während des feierlichen Hochamtes die Tränen nicht zurückhalten. Zu sehr hatte sie sich auf diesen Tag gefreut. Sie hatte ihren einzigen Sohn so lange entbehren müssen, dass sie nun den Blick nicht von ihm wenden mochte.

Jetzt stand er am Altar, er glich in nichts seinem schwächlichen Vater, sondern – Margarethe sah es mit Staunen – eher ihrem Schwager Friedrich dem Siegreichen, und – wie sie bei einem Seitenblick auf Mechthild feststellte – er hatte fast das Profil seiner Tante Mechthild. Von ihr hatte er scheinbar überhaupt nichts mitbekommen. Der herrische Blick der Wittelsbacher, die leicht aufgeworfenen Lippen, die hochgezogenen Augenbrauen, ein Pfälzer war er, nicht nur der Erziehung, sondern auch seinem Äußeren nach. Es war, als hätte Mechthild ihre Gedanken erraten. Verstohlen drückte sie die Hand Margarethes: „Er ist sehr liebenswürdig, fromm und gebildet, ein wahrhaft vorbildlich erzogener junger Fürst…“ Margarethe nickte, sie wusste, dieser Sohn war ihr fremd geworden. Um sich abzulenken, bewunderte sie den schmalen Goldreif, der einer niedrigen Krone gleich das sorgfältig frisierte Haar der Schwiegertochter schmückte. Eine wundervolle Arbeit, vielleicht italienisch, in Mantua wurden solche Bänder nach Vorlagen Mantegnas gearbeitet. Aber auch die Ketten und Ringe Margaretes von Bayern-Landshut waren es wert, näher betrachtet zu werden. Befriedigt sah Margarethe von Savoyen, dass ihre Tochter Helene durchaus mit den fürstlichen Damen mithalten konnte. Sie sah hinreißend aus in ihrem golddurchwirkten Kleid mit den zarten Rosenblättern. Margarethe trocknete ihre Tränen, es war eine ergreifende Hochzeit, sie konnte zufrieden sein.

Eberhard im Bart hatte sich schnell über den Korb aus Landshut hinweggetröstet. Bereits auf der Hochzeit in Amberg war der gut aussehende Junggeselle im „welschen“ Gewand als Bräutigam der begehrenswerten Barbara Gonzaga aufgetreten und hatte für Furore gesorgt. Am Helm trug er das Waldhorn von Württemberg-Urach. Vor seinen Turnierauftritten wurde vor ihm ein Hengst geführt, der mit einer blausamtenen Satteldecke bedeckt und mit einem Schellengehänge geschmückt war. Eine neue italienische Sitte, die großes Aufsehen hervorrief und den Ausruf zeitigte „... wo die Herren seien, da klingeln die Schellen!“ In wenigen Monaten schon würde er die schöne Markgräfin Barbara von Mantua heiraten, die in ihrer oberitalienischen Heimat nur „Bellissima“ genannt wurde. Die Leute munkelten, Eberhard sei Italien zu Kopfe gestiegen, deswegen würde er sich und sein Gefolge auch in die neumodische italienische Tracht kleiden. Überall, wo sie auftauchten, fielen die württembergischen Edlen in ihren blauen Damastjacken, den schwarzen Hosen und Baretten auf und wurden angegafft. Eberhard war das nur recht. Sein Uracher Fest sollte in nichts der Hochzeit in Amberg nachstehen. Er würde die gleiche Pracht entfalten können und seine fürstliche Abstammung beweisen. Dazu würden die anwesenden Mantuaner noch einen Hauch des Exotischen über das Fest legen.

So kam es denn auch. Wieder lud der Adel des deutschen Südwestens zu einer prunkvollen Hochzeit. Philipp von der Pfalz war gemeinsam mit seiner jungen Frau nach Urach gekommen. Ein Paar, dem das Glück aus den Augen strahlte. Die gräfliche Familie aus Stuttgart war bis auf den Grafen Heinrich vollständig versammelt. Neben Ulrich nahmen sein Sohn Eberhard der Jüngere und dessen Frau Elisabeth von Brandenburg an der Hochzeit teil. Schließlich war Elisabeth mit Barbara ganz eng verwandt. Beide verstanden sich gut, Barbara, die im ersten Jahr nach ihrer Vermählung sehr glücklich in Urach lebte, tröstete die Stuttgarter Base über das Unglück der eigenen Ehe hinweg. Für Elisabeth war das Glück Barbaras, schnell und problemlos schwanger geworden zu sein, ein Anlass zu ständigem Kummer. Als aber das Kind Barbaras und Eberhards so schnell starb, da war es Elisabeth, die tröstend an der Seite der Cousine stand.

Große Sorgen bereitete Margarethe der seltsame Gemütszustand ihres jüngeren Stiefsohnes Heinrich. Immer schon war er merkwürdig gewesen, schwerfällig im Denken, wankelmütig in seinen Entschlüssen. Aber jetzt, da er der Pein der Inhaftierung in Burgund erst nach dem Schlachtentod Karls des Kühnen in Nancy entronnen war, schien ihr der Geisteszustand des Stiefsohnes ernsthaften Anlass zur Sorge zu geben. Oft musste sie an den glänzenden Sohn Philipps des Guten denken, wie sie ihm bei ihrem letzten Besuch in Dijon begegnet war. Der herrische Burgunder in seiner strahlenden Jugend und Pracht, ein Fürst, der sich vor nichts fürchtete. Jetzt war das große Reich Burgund zerstört, Maria, seine Tochter, ihres Erbes beraubt, sie selber Frau des Habsburgers Maximilian. Karl der Kühne war nach der blutigen Schlacht nackt im Dreck des Schlachtfeldes gefunden worden, seinen Rock hatten Diebe geraubt, seine kostbare Kriegszelteinrichtung war dem Feind in die Hände gefallen. Mömpelgard war wieder frei, und Heinrich konnte dahin zurückkehren, denn geistlich mochte er nicht mehr werden.

Doch nicht nur Heinrich, auch ihr Stiefsohn Eberhard war seinem Vater keine Hilfe, im Gegenteil. Er warf das Geld zum Fenster hinaus, wollte einen eigenen Hofstaat.

Immer wieder gab es furchtbare Szenen mit Elisabeth, seiner Frau, die er hasste. Immer öfter kam Eberhard im Bart von Urach herübergeritten. Schon lange war die Wiedervereinigung des Landes bei diesen Treffen eines der großen Themen, die Onkel und Neffe besprachen. Im Herbst aber war erst einmal die feierliche Einweihung der Universität in Tübingen, in die Wege geleitet von Eberhard, möglich geworden durch Mechthilds klugen Verzicht auf ihren Anteil aus ihrem Wittum in Sindelfingen. Eigentlich, so hatte der Vielgeliebte gemault, gehöre die Universität nach Stuttgart. Aber da hatte Eberhard nicht mit sich reden lassen. Überhaupt, so neckte Margarethe ihren Ulrich gerne, sei er viel öfter auf Uracher Markung als auf Stuttgarter. Müde war er geworden, ihr Ulrich. Selbst sein geliebtes Kloster konnte ihn nicht mehr zur alten Lebendigkeit erwecken. Öfter als sonst war Margarethe in den letzten Monaten in Winnenden gewesen, sie fühlte sich dort wohl und an den Jakobsweg erinnert. Nach dem Tod Friedrichs des Siegreichen war sie einige Male mit Mechthild in Heidelberg gewesen, hatte sich an der glücklichen Ehe Philipps und Margaretes gefreut und ihnen, nachdem nach drei Jahren immer noch kein Kurprinz in der alten Wiege lag, dringend zu einer Wallfahrt nach Zell geraten. Jetzt hatte sie in einem vor Freude überströmenden Brief ihres Sohnes erfahren, dass Margarete schwanger sei. Der heilige Philipp war auch diesmal wieder seinem Ruf gerecht geworden. Glück pur gab es auch vom Hof in Langenburg zu vermelden, Helene, die geliebte Tochter, brachte Jahr für Jahr ein Enkelkind auf Schloss Langenburg zur Welt. Ihre Ehe mit Kraft von Hohenlohe war sehr glücklich. Margarethe musste immer noch lachen, wenn sie daran dachte, welchen Klatsch es an den Fürstenhöfen hervorgerufen hatte, dass sie als Mutter die Hälfte der Mitgift dieser Tochter aus ihrem persönlichen Vermögen bezahlt hatte.

In letzter Zeit allerdings war sie, die immer so gerne geritten war, kaum mehr auf ein Pferd gestiegen. Lieber hatte sie sich in einer Sänfte tragen lassen oder den unbequemen Wagen genutzt. Dieses seltsame Ziehen im Unterleib wurde immer schlimmer. Dann wieder war es wochenlang verschwunden, und sie dachte gar nicht mehr daran, bis es dann mit unverminderter Kraft erneut einsetzte. Nur dem Ulrich nichts sagen. Er war schon geschlagen genug mit seinen Söhnen, die ihn mit jeder Handlung, mit jedem Schreiben mit jedem Auftauchen unglücklich machten. Weiß war sein Haar geworden, sein Gang schleppend, müde strich er sich über die Augen, die nicht mehr „so mitmachten, wie er es gewohnt war". Oft ging er hinaus in die Kirche des Dominikanerklosters in der Vorstadt. Das war der Ort, wo er sich am wohlsten fühlte. Nein, sie durfte ihn nicht noch mehr beunruhigen. Dann kam das Fieber, das stieg und stieg, manchmal löschte es ihr Bewusstsein aus. Dann wieder schrie sie vor Schmerzen, dass es gellend durch das Schloss hallte. Ärzte kamen, Eberhard im Bart schickte seinen Leibarzt aus Urach, Philipp den pfälzischen Leibarzt aus Heidelberg. Helfen konnten sie nicht, vielleicht die Schmerzen lindern. Ulrich wich nicht von ihrem Bett. Tag und Nacht wachte er an ihrer Seite. Halb verrückt vor Sorge um sie, flehte er sie an, ihn nicht alleine zu lassen in dieser Welt aus Not und Elend, aus Lug und Trug.

Am 30. September 1479 starb Margarethe von Württemberg nach schwerer Krankheit und wochenlangem Leiden, tief betrauert von ihrem Mann, Ulrich dem Vielgeliebten, und der Bevölkerung. Ihre letzte Ruhe fand sie nach einem würdigen und ergreifenden Begräbnis im Chor der Stuttgarter Stiftskirche. Nach Margarethes Tod mochte auch Ulrich nicht mehr leben. Der einst so optimistische, durch nichts zu entmutigende Herrscher fand sich, gequält durch seinen missratenen Sohn Eberhard den Jüngeren, mehr und mehr ins Abseits gedrängt, nicht mehr im Leben zurecht. Leidend und fast blind schloss er sich, nachdem er sein Land seinem Erben Eberhard dem Jüngeren übergeben hatte, eng an seinen Uracher Neffen an. Er starb bei einer für ihn von Eberhard im Bart im Leonberger Forst gegebenen Jagd in der alten Burg in Leonberg, fast auf den Tag genau ein Jahr nach dem Tod Margarethes.

Zeittafel

nach 1315	Eberhard II., Graf von Württemberg, genannt der Greiner, wird als Sohn des Grafen Ulrich III. und seiner Frau Sophie von Pfirt geboren.
nach 1319	Elisabeth, Gräfin von Henneberg-Schleusingen wird als Tochter des Grafen Heinrich VIII., des Reichen, von Henneberg-Schleusingen und der Markgräfin Jutta von Brandenburg geboren.
1329	Elisabeth von Bayern wird als Tochter Kaiser Ludwig IV., des Bayern, und der Gräfin Margarethe von Holland geboren.
1342	17. September. Eberhard II. heiratet Gräfin Elisabeth von Henneberg-Schleusingen. Aus der Ehe gehen zwei Kinder hervor, Ulrich, der Vater Eberhards des Milden, und die Tochter Sophie, spätere Herzogin von Lothringen.
nach 1342	Ulrich von Württemberg, der Sohn Eberhard des Greiners, wird in Stuttgart geboren.
1350	Elisabeth von Bayern heiratet auf Wunsch ihres Bruders Cangrande della Scala von Verona. Die Ehe bleibt kinderlos.
1359	14. Dezember. Cangrande della Scala wird in Verona von seinem Bruder Cansignorio ermordet. Elisabeth kehrt nach München zurück.
nach 1360	Antonia Visconti wird als Tochter Bernabo Viscontis und seiner Frau „Regina“ Beatrice della Scala in Mailand geboren. Dort wächst sie mit 16 ehelichen und zahlreichen unehelichen Geschwistern auf.

1362 Ulrich, Graf von Württemberg, heiratet Elisabeth von Bayern, Witwe des Cangrande della Scala von Verona.

nach 1362 Eberhard III. wird in Stuttgart als Sohn Graf Ulrichs von Württemberg und Elisabeths von Bayern, Tochter Kaiser Ludwig des Bayern, geboren.

1367 Überfall des Grafen Wolf von Eberstein auf Eberhard den Greiner und seinen Sohn Ulrich im Wildbad, entweder Wildbad oder Teinach.

1377 Graf Ulrich von Württemberg verliert die Schlacht bei Reutlingen.

1380 Eberhard III., Graf von Württemberg heiratet in Urach Antonia Visconti, die die unvorstellbar hohe Mitgift von 70.000 Gulden mitbringt.

nach 1383 Henriette von Montbéliard-Montfaucon als Tochter Heinrichs von Orbes, Grafen von Montbéliard-Montfaucon, und Maria von Chatillon in Mömpelgard geboren.

1384 23.März. Elisabeth Gräfin von Württemberg, Frau Eberhard des Greiners, stirbt und wird im Chor der Stiftskirche begraben

1388 23. August. Eberhard der Greiner gewinnt die Schlacht bei Döffingen. Sein Sohn Ulrich von Württemberg fällt, der Städtekrieg wendet sich zu Gunsten Württembergs.

Am gleichen Tag wird Eberhard IV., der einzige überlebende Sohn Eberhards III. und Antonia Viscontis, in Stuttgart geboren.

1392 15. März. Eberhard II., der Greiner, stirbt in Stuttgart. Er hat während seiner langen Regierungszeit bedeutende territoriale Zugewinne gemacht, er erwarb Calw und

Böblingen (1357). Nachfolger wird sein Enkel, Eberhard der Milde

1395 Eberhard III. siegt über die Schlegler in Heimsheim.

1397 13. November. Eheabrede Eberhard des Milden in Mömpelgard für seinen neunjährigen Sohn Eberhard mit Henriette von Montbéliard-Montfaucon, der erbberechtigten Enkelin des verstorbenen Grafen von Montbéliard.

1402 12. August. Elisabeth von Bayern, Gräfin von Württemberg, stirbt in Stuttgart und wird im Chor der Stiftskirche beigesetzt

1405 26. März. Antonia Visconti stirbt in Stuttgart und wird in der Stiftskirche beigesetzt.

1406 27. März. Eberhard der Milde heiratet Burggräfin Elisabeth von Nürnberg. Beilager erst 1412.

1412 Ludwig I. Von Württemberg wird als Sohn Eberhards IV. von Württemberg und Henriettes von Mömpelgard in Stuttgart geboren.

1413 Ulrich V., Graf von Württemberg, der „Vielgeliebte“, wird als zweiter Sohn Eberhards IV. und seiner Frau Henriette von Mömpelgard geboren.

1417 16. Mai. Eberhard der Milde stirbt in Göppingen. Durch seine kluge Bündnispolitik schenkte er dem Land eine lange Friedensperiode. Beispiele sind das Bündnis mit den oberschwäbischen Städten vom 27. 8. 1395 und der Marbacher Bund 1405.

1419 7. März. Mechthild von der Pfalz wird als erstes Kind der 2. Ehe Kurfürst Ludwigs III. von der Pfalz und der Gräfin Matilda Mafalda von Savoyen in Heidelberg geboren und bereits am 25.11. des gleichen Jahres mit dem siebenjährigen Ludwig von Württemberg verlobt.

2. Juli. Eberhard IV., der Jüngere, Graf von Württemberg, Sohn Antonia Viscontis, stirbt in Waiblingen an einer pestartigen Krankheit.

1420 Frühjahr/Sommer. Margarethe von Savoyen als Tochter Herzog Amadeus VIII. von Savoyen (Papst Felix V., 1439 - 1449) und der Herzogin Marie von Burgund in Morges im Schloss geboren.

Vermählt 1431/32 mit Herzog Ludwig III. von Anjou, Titularkönig von Neapel (1403 - 1434).

2. Ehe 1444/45 mit Kurfürst Ludwig IV. von der Pfalz (1424 - 1449). Mutter von Kurfürst Philipp dem Aufrichtigen von der Pfalz (14. 7. 1448 - 28. 2. 1508, Kurfürst 1476 - 1508)

1436 21. Oktober. Mechthild heiratet in Stuttgart Ludwig I. von Württemberg. Insgesamt gehen fünf Kinder aus der Ehe hervor.

Mechthild (nach 1436 - 1495) verheiratet seit 1454 mit Ludwig II., Landgraf von Hessen (1438 - 1471)

Ludwig II. (1439 - 1457), ab 1450 Graf von Württemberg in Urach

Andreas (geboren und gestorben 1443)

Eberhard (siehe Sonderrubrik)

Elisabeth (1447 - 1505) verheiratet

1. seit 1470 mit Johann III., Graf von Nassau in Saarbrücken (1423 - 1472) und

2. ab 1474 mit Heinrich dem Älteren, Graf zu Stolberg (1436 - 1511)

1440 Ulrich V. heiratet in 1. Ehe Margarethe von Cleve (1416 - 1444) Tochter Herzog Adolf I.,

des Weisen, von Cleve und der Herzogin Marie von Burgund.
Eine Tochter: Katharina (1441 - 1497), Nonne in Adelberg.

1442 Die Grafen Ludwig I. und Ulrich der Vielgeliebte teilen das Land Württemberg in zwei Hälften. Ludwig erhält den östlichen Teil mit der Residenz Urach, der jüngere Ulrich den westlichen Teil mit der Residenz Stuttgart.

1444 14. Februar. Henriette, Gräfin von Württemberg und Mömpelgard, stirbt im Schloss zu Mömpelgard und wird in der Kirche St. Maimboeuf beigesetzt.
Ulrich V. von Württemberg heiratet in 2. Ehe Elisabeth von Bayern-Landshut (1419 - 1451), Tochter Herzog Heinrich IV., des Reichen, von Bayern-Landshut und der Herzogin Margarethe von Österreich.
Vier Töchter, drei Söhne.

1445 nach Oktober. Eberhard VI./II. Graf/ Herzog von Württemberg in Waiblingen als Sohn Ulrich des Vielgeliebten und seiner zweiten Frau Elisabeth von Bayern-Landshut geboren.
11. Dezember. Geburt Eberhards im Bart im Uracher Schloss als Sohn Graf Ludwigs I. von Württemberg und Mechthilds, Pfalzgräfin bei Rhein.

1446 nach August. Heinrich, Graf von Württemberg, wird in Stuttgart geboren.
1. Ehe 1485 mit Gräfin Elisabeth von Zweibrücken-Bitsch (n. 1464 - 1487). Ein Sohn: Ulrich 1487 - 1550

1450 23. oder 24. September. Ludwig I. von Württemberg stirbt im Schloss zu Urach und wird in der Klosterkirche zu Güterstein beigesetzt.

1451 29. November. Elisabeth, Gräfin/Herzogin von Württemberg in Ansbach als Tochter von Kurfürst Albrecht Achilles von Brandenburg und von Markgräfin Margarethe von Baden geboren.

1452 10. August. Mechthild von der Pfalz heiratet in Böblingen Albrecht VI. von Österreich, den Bruder Kaiser Friedrichs III., in zweiter Ehe.

1453 Ulrich der Vielgeliebte heiratet in dritter Ehe Margarethe von Savoyen (1420 - 1479). „Mit allen drei Gemahlinnen lebte Graf Ulrich vergnügt, sonderlich mit der letzteren."

Vier Töchter:

1. Margarethe (1453 - 1470), Gräfin von Eppstein-Königstein
2. Philippine (n. 1453 - 1475, Gräfin von Horn
3. Helene (n. 1453 - 1506) Gräfin von Hohenlohe
4. Mädchen, jung gestorben

1455 11. Dezember. Barbara Gonzaga von Mantua wird als Tochter Ludovicos III., Markgraf von Mantua, und seiner Frau Barbara von Hohenzollern, Markgräfin von Mantua, in Mantua geboren.

1457 Albrecht VI. von Habsburg gründet auf Veranlassung seiner Frau Mechthild von der Pfalz die Universität Freiburg

1465/67 Eberhard II, der Jüngere, heiratet Markgräfin Elisabeth von Brandenburg, Tochter des Markgrafen Albrecht Achilles und Markgräfin Margarethe von Baden. Unglückliche und kinderlose Ehe.

1466/67 Margarethe von Savoyen reist nach Angers und dann auf „St. Jakobs Wegen" nach Santiago de Compostela.

1468 Pilgerfahrt Eberhards im Bart ins Heilige Land. Pilgersegen dazu in Güterstein am Grab des Vaters. Ritterschlag über dem Heiligen Grab.

1473 Uracher Vertrag. In beiden Landeshälften Württembergs soll beim Aussterben des Mannesstammes der andere nachfolgen.

1474 20. Februar: Pfalzgraf Philipp heiratet in Amberg Margarethe von Bayern-Landshut, Tochter Herzog Ludwigs des Reichen und seiner Frau Amalie von Sachsen, in einer ähnlich glanzvollen Hochzeit wie nur wenige Monate später (4. Juli) sein Vetter Eberhard von Württemberg in Urach Markgräfin Barbara Gonzaga von Mantua.

1475 2. August. Barbara, das erste Kind Eberhards im Bart und Barbara Gonzagas, wird geboren. Das Kind stirbt bereits in der Wiege. Danach bleibt die Ehe kinderlos

1476 13. November. Papst Sixtus IV. genehmigt in einer Bulle die Universität Tübingen.

1477 Gründung der Universität Tübingen.
11. März. Mit dem Verlesen der päpstlichen Bulle in Urach wird die Universität Tübingen für rechtlich bestehend erklärt.
14. September. Johann Vergenhans eröffnet als Gründungsrektor der Universität Tübingen die Universitätsmatrikel
9. Oktober: Der päpstliche Beauftragte verkündet die ersten Universitätsstatuten, und Eberhard verleiht der neuen Alma Mater eigene Gerichtsbarkeit, das Satzungsrecht, Verwaltungsautonomie und Steuerfreiheit.
Umwandlung der Pfarrkirche zum Heiligen Amandus in Urach in eine Kirche der „Brüder vom gemeinsamen Leben“, die Eberhard im Bart aus Hessen ins Land rief.

1479 30. September. Margarethe von Savoyen, Frau Ulrichs des Vielgeliebten, stirbt in Stuttgart im Alten Schloss und wird im Chor der Stiftskirche beigesetzt

1480 1. September. Ulrich IV. der Vielgeliebte, Graf von Württemberg-Stuttgart stirbt in Leonberg.

1481 Übernahme des Kollegiatsstiftes Herrenberg durch die Brüder vom gemeinsamen Leben.

1482 Münsinger Vertrag. Wiedervereinigung Württembergs nach 41-jähriger Trennung und Bestimmung Stuttgarts als endgültiger Residenz und Hauptstadt Württembergs.

Reise Eberhards im Bart zu Papst Sixtus IV., dem Erbauer der Sixtinischen Kapelle, nach Rom. Aufenthalt bei Lorenzo dem Prächtigen in Florenz. Auszeichnung mit der „Goldenen Rose“ des Papstes. Glanzvoller Empfang durch die Kardinäle unter Führung von Eberhards Schwager, Kardinal Francesco Gonzaga.

22. August. Mechthild von der Pfalz stirbt in Heidelberg und wird in der Kartause Güterstein neben ihrem ersten Mann Ludwig von Württemberg begraben.

Der Witwensitz Barbara Gonzagas wird auf Böblingen umgeschrieben.

Eberhard und Barbara errichten auf dem Einsiedel ein Jagdschlösschen mit einem „italienischen“ Dach.

1485 Stuttgarter Vertrag: Eberhard der Jüngere wird mit 8.000 Gulden jährlich und den Gebieten im Kirchheim/Owen/Weilheim und Winnenden abgefunden.

1486 6. Juli. Weihe der von Peter von Koblenz gebauten Andreaskapelle auf dem Güterstein. Hier lässt Eberhard im Bart die sterblichen Überreste seiner Mutter beerdigen und seinen Vater aus der Klosterkirche umbetten.

1487 Eberhard im Bart tritt dem Schwäbischen Bund bei, der sich in Esslingen konstituiert hat.

8. Februar. Ulrich, Herzog von Württemberg, als Sohn des Grafen Heinrich von Württemberg und Gräfin Elisabeth von Zweibrücken-Bitsch in Reichenweiher im Schloss geboren.

1492 Esslinger Vertrag: Endgültige Sicherung der in Münsingen festgelegten Unteilbarkeit des Landes.

Errichtung des Brüderhauses St. Peter auf dem Einsiedel. Gabriel Biel wird Vorsteher. Die Stiftung wird möglich durch das Einverständnis Barbaras, die von Eberhard als Mitstifterin genannt wird.

1495 Kaiser Maximilian erhebt Eberhard im Bart auf dem Reichstag zu Worms zum Herzog von Württemberg.

1496 24. Februar. Eberhard im Bart stirbt in Tübingen. Er wird in der blauen Kutte und mit der Kappe der „Kappenherren“ auf dem Einsiedel beerdigt. Von dort werden seine Gebeine 1537 auf Wunsch Herzog Christophs in die Tübinger Stiftskirche umgebettet.

Nach dem Tode Eberhards bezieht Barbara Gonzaga ihren Witwensitz auf Schloss Böblingen

1498 Eberhard II. wird als Herzog von der Landschaft abgesetzt.

1501 Barbara Gonzaga kauft einen Garten in Böblingen an der heutigen Herrschaftsgartenstraße.

1503 Barbara Gonzaga kauft einige Wiesen in der unmittelbaren Umgebung von Urach.
30. Mai. Barbara Gonzaga stirbt in Böblingen und wird im Dominikanerinnen-Kloster in Kirchheim unter Teck zur letzten Ruhe gebettet.

1504 17. Februar. Eberhard II. stirbt auf Burg Lindenfels im Odenwald und wird in Heidelberg in der Stiftskirche zum Heiligen Geist begraben.

1524 11. März. Gräfin/Herzogin Elisabeth stirbt in Nürtinger Schloss und wird im Chor der Stiftskirche in Stuttgart beigesetzt.

1550 6. November. Herzog Ulrich stirbt in Tübingen im Schloss und wird in der Stiftskirche St. Georg beigesetzt.

Literaturliste (Auszug)

Andics, Helmut: Die Frauen der Habsburger, Wien, München, Zürich 1989

Benker, Gertrud: Ludwig der Bayer. Ein Wittelsbacher auf dem Kaiserthron. 1282 bis 1347. München 1980

Benz, Richard: Heidelberg, Schicksal und Geist, Sigmaringen, 1961

Beyschlag, Siegfried: Städte, Höfe, Gelehrte 1430 - 1490. In: Annalen der deutschen Literatur, hrsg. Von H. O. Burger, Stuttgart 1971

Bietigheim 789 bis 1989. Beiträge zur Geschichte von Siedlung, Dorf und Stadt, herausgegeben von der Stadt Bietighheim-Bissingen, 1989

Borst, Otto: Stuttgart. Die Geschichte der Stadt, Stuttgart - Aaalen 1963

Buchner, Maximilian: Die Amberger Hochzeit (1474). Ein Beitrag zur politischen und kulturellen Geschichte des ausgehenden Mittelalters. In: Zeitschrift für Geschichte der Oberpfalz. Neue Folge # 25 (1910); # 26 (1911).

Calmette, Joseph: Die großen Herzöge von Burgund, München 1963

Decker-Hauff, Hansmartin: Geschichte der Stadt Stuttgart, Band 1, Stuttgart 1966

dto.: Frauen im Hause Württemberg, Leinfelden-Echterdingen 1997

Eberhard, Wilhelm: Ludwig III, Kurfürst von der Pfalz und das Reich (1410 – 1427), Giessen 1896

Fürstliche Witwen auf Schloss Böblingen. Katalog zur Ausstellung in der Zehntscheuer. Hrsg. von Dr. Günter Scholz, Böblingen 1987

Haus Württemberg, 900 Jahre: Leben und Leistung für Land und Volk. Hrsg. von Robert Uhland, Stuttgart-Berlin-Köln-Mainz, 1985

Hiereth, Sebastian: Herzog Georgs Hochzeit zu Landshut. Landshut in Wort und Bild, heraussgegeben von Max Ammer, Band 1, Landshut, o. J.

Hofmann, Bernhard: Barbara von Hohenzollern. Markgräfin von Mantua, in: 40. Jahresbericht des historischen Vereins für Mittelfranken, Ansbach, 1880

Joachimsohn, Paul: Frühhumanismus in Schwaben, in: Würtembergische Vierteljahreshefte N. F. 5, 1896

Kristeller, Paul: Barbara von Brandenburg, Markgräfin von Mantua, in : Hohenzollernjahrbuch 3, 1872

Merten, Klaus: Schloss Urach. Hrsg. v. Staatlichen Liegenschaftsamt, Tübingen; Württembergischen Landesmuseum, Stuttgart, München o.J.

Nau, Elisabeth: Der Betstuhl des Grafen Eberhard V. von Württemberg in der Amanduskirche zu Bad Urach, München 1986

Ohler, Norbert: Reisen im Mittelalter, München und Zürich, 1986

Raff, Gerhard: Hie gut Wirttemberg allewege. Das Haus Württemberg von Graf Ulrich dem Stifter bis Herzog Ludwig, Stuttgart 1988

Roemer, Hermann: Geschichte der Stadt Bietigheim an der Enz, herausgegeben im Auftrag der Stadtverwaltung, Stuttgart, 1956

Rolf, Bernhard: Kurpfalz, Südwestdeutschland und das Reich 1449 - 1476. Die Politik des Pfalzgrafen und Kurfürsten Friedrich des Siegreichen, Dissertation. Heidelberg, 1978.

Rombach, Otto: Atem des Neckars, Stuttgart 1970

dto.: Glückliches Land, Stuttgart 1976

Schiek, Siegwalt: Der Einsiedel bei Tübingen. Seine Geschichte und seine Bauten. Hrsg. Von der Gemeinde Kirchentellinsfurt. Sigmaringen 1982

Schreiber, Dr. Heinrich: Geschichte der Albert-Ludwigs-Universität. 1. Theil. Von der Stiftung der Universität bis zur Reformation, Freiburg im Breisgau, 1857

Seibt, Ferdinand: Karl IV. Ein Kaiser in Europa. 1346 bis 1378, München 1978

Simon, Kate: Die Gonzaga. Eine Herrscherfamilie der Renaissance, Köln 1991

Spieß, Karl-Heinz: Unterwegs zu einem fremden Ehemann. Brautfahrt und Ehe in europäischen Fürstenhäusern des Spätmittelalters. In: Fremdheit und Reisen im Mittelalter. Hrsg. Von Irene Erfen und Karl-Heinz Spieß, Stuttgart 1997

Springer, Otto: Geschichte der altwürttembergischen Landstadt Waldenbuch, Stuttgart 1912

Stadt Bietigheim (Herausgeberin): 600 Jahre Stadt Bietigheim.1364 bis 1964, Bietigheim 1964

Stälin, Christoph Friedrich von: Würtembergische Geschichte. Dritter Teil: Schwaben und Südfranken, Schluß des Mittelalters 1269 - 1496, Stuttgart 1856

Stälin, Dr. Paul Friedrich: Die Heirath des Württembergischen Grafen, nachherigen Herzogs, Eberhard im Bart mit der Markgräfin Barbara Gonzaga von Mantua im Jahre 1474 in: Württembergische Jahrbücher für Statistik und Landeskunde 1872

Urach, Beschreibung des Oberamts: hrsg. vom K. Statistischen Landesamt. Zweite Bearbeitung, Stuttgart 1909

Württemberg im Spätmittelalter. Katalog. Bearbeitet von Joachim Fischer, Peter Amelung und Wolfgang Irtenkauf. Stuttgart 1985

Württemberg, Das Haus: Ein biographisches Lexikon. Hrsg. von Sönke Lorenz, Dieter Mertens, Volker Press, Stuttgart 1997

Zeilinger, Gabriel: Die Uracher Hochzeit 1474. Form und Funktion eines höfischen Festes im 15. Jahrhundert., Frankfurt am Main 2003

Zitter, Miriam: Die Leibärzte der württembergischen Grafen im 15. Jahrhundert (1397 - 1496). Zur Medizin an den Höfen von Eberhard dem Milden bis zu Eberhard im Bart. Leinfelden-Echterdingen: DRW Verlag, 2000.

Verzeichnis der Abbildungen

Verzeichnis der Abbildungen

Barbara Gonzaga

1. *Am Hof von Mantua*, Gemälde von Mantegna.
   Palazzo Ducale, Mantua

2. *Hochzeitsbild des Grafen Eberhard im Bart mit Barbara Gonzaga, Urach 1474.*
   Wandgemälde im Königlichen Residenzschloß in Stuttgart.

3. *Graf Eberhard im Bart und seine Gemahlin Barbara von Mantua.* Dargestellt auf den Glasfenstern der Tübinger Stiftskirche.

Margarete von Savoyen

1. *Bildnis Herzog Ulrichs des Vielgeliebten von Wirtemberg.* Seitenflügel eines Altarbildes. Schwäbischer Maler um 1470, Landesmuseum im Alten Schloß, Suttgart

2. *Margarethe von Savoyen, dritte Ehefrau Ulrichs des Vielgeliebten.* Ausschnitt aus einem Altarflügel. Schwäbischer Maler um 1470, Landesmuseum im Alten Schloß, Suttgart

Stammbaum Württemberg

Ulrich II.
*n.1291 †1344
⚭ Sophie
von Pfirt
*v.1312 †1344

Eberhard II.
*n.1315 †1392
⚭ Elisabeth
von Henneberg
*1319 †1384

Ulrich IV.
*n.1315 †1366
⚭ Katharina
von Helfenstein
*v.1333 †n.1386

Ulrich
*n.1340 †1388
⚭ Elisabeth
von Bayern
*1329 †1402

Sophie
*n.1340 †1369
⚭ Lothringen

Eberhard III.
*n.1362 †1417
⚭ I Antonia Visconti von Mailand *n.1350 †1405
⚭ II Elisabeth von Nürnberg *1391/92 †1429

Eberhard IV.
*1388 †1419
⚭ Henriette
von Mömpelgard
[illegible]

Elisabeth
*n.1412 †1n.1475
⚭ Werdenberg

Anna
*1408 †1471
⚭ Katzenelnbogen

Ludwig I.
*1412 †1450
⚭ Mechthild von der Pfalz *1419 †1482

Ulrich V. *1413 †1480
⚭ I Margarethe von Cleve *1416 †1444
⚭ II Elisabeth von Bayern-Landshut *1419 †1451
⚭ III Margarethe von Savoyen *1420 †1479

Mechthild
*n.1436 †1495
⚭ Hessen

Ludwig II.
*1439 †1457

Andreas
*1443 †1443

Eberhard V./I.
*1445 †1496
⚭ Barbara Gonzaga
von Mantua
*1455 †1503

Elisabeth
*1447 †1505
⚭ I Nassau-
Saarbrücken
⚭ II Stolberg

Barbara
*1475 †n.1474

Katharina
*1441 †1497

Eberhard VI./II.
*n.1444 †1504
⚭ Elisabeth
von Brandenburg
*1451 †1524

Heinrich
*n.1445 †1519
⚭ I Elisabeth von
Zweibrücken-Bitsch
*n.1464 †1487
⚭ II Eva von Salm
*um1468 †1521

Margarethe
*n.1444 †1479

Ulrich
*n.1444 †n.1444

Elisabeth
*1450 †1501
⚭ Henneberg

Margarethe
*n.1453 †1470
⚭ Eppstein-
Königstein

Philippine
*n.1453 †1475
⚭ Horn

Helene
*n.1453 †1506
⚭ Hohenlohe

Ulrich
*1487 †1550
⚭ Sabina
von Bayern
*1492 †1564

Maria
*1496 †1541
⚭ Braunschweig-
Wolfenbüttel

Georg
*1498 †1558
⚭ Barbara
von Hessen
*1536 †1597